北京外国语大学“新经典”高等院校非通用语种专业系列教材
北京外国语大学教材建设基金资助出版教材
总主编　王定华

韩中视译技巧与实践

한중 시역 실전 노하우

李丽秋／著

外语教学与研究出版社
北京

图书在版编目（CIP）数据

韩中视译技巧与实践 / 李丽秋著. -- 北京 : 外语教学与研究出版社, 2021.12（2023.2 重印）
北京外国语大学“新经典”高等院校非通用语种专业系列教材 / 王定华总主编
ISBN 978-7-5213-3291-9

I. ①韩… II. ①李… III. ①朝鲜语－翻译－高等学校－教材 IV. ①H555.9

中国版本图书馆 CIP 数据核字（2022）第 005131 号

出 版 人　王　芳
策划编辑　崔　岚　李　丹
责任编辑　高　静
责任校对　王　媛
封面设计　水长流文化
出版发行　外语教学与研究出版社
社　　址　北京市西三环北路 19 号（100089）
网　　址　http://www.fltrp.com
印　　刷　北京虎彩文化传播有限公司
开　　本　787×1092　1/16
印　　张　19
版　　次　2022 年 1 月第 1 版　2023 年 2 月第 3 次印刷
书　　号　ISBN 978-7-5213-3291-9
定　　价　58.00 元

购书咨询：（010）88819926　电子邮箱：club@fltrp.com
外研书店：https://waiyants.tmall.com
凡印刷、装订质量问题，请联系我社印制部
联系电话：（010）61207896　电子邮箱：zhijian@fltrp.com
凡侵权、盗版书籍线索，请联系我社法律事务部
举报电话：（010）88817519　电子邮箱：banquan@fltrp.com
物料号：332910001

北京外国语大学
“新经典”高等院校非通用语种专业系列教材

总序

国之交在于民相亲，民相亲在于心相通。近些年，随着“一带一路”倡议的提出和不断推进，我国的国际交往日益增加，而我国人民和世界各国人民心相通的一个重要前提条件就是具备相应对象国的国家语言能力。只有语言相通、文化相通，才能实现真正意义上的民心相通。在此大背景下，我国对于外语人才的需求日益多元化，掌握通用语种的人才固然重要，而通晓非通用语种的人才更为需要。

北京外国语大学（以下简称“北外”）一直是国内开设外语语种最多的高校。近年来，按照2015年教育部印发的《关于加强外语非通用语种人才培养工作的实施意见》，北外对培养国家急需的非通用语种人才又进行了周密安排。截至2019年，北外共获批开设101个外语语种，覆盖了全世界与中国已建交国家和地区的官方语言或主要使用语言。在培养符合国家和社会需要的复语复合型、高层次、国际化外语人才，开展国别和区域研究以及智库建设方面北外也取得了显著进展。

外语教育的根本是培养高素质人才，围绕人才培养，除了专业建设、课程设置和教师发展，还要加强教材建设。非通用语种人才培养在专业上都是零起点教学，基础阶段的教学质量极其关键。北外确定的培养兼具中国情怀与国际视野、外语水平与跨文化交际能力出众、具备国别和区域研究知识、通晓国际规则、具有较高人文素养和综合能力的非通用语人才培养目标也要通过高质量的师资使用高质量的教材进行教学来实现。北外非常重视非通用语种教材建设。截至2019年，由北外教师编写并在外研社出版的非通用语种教材涵盖28个语种，出版数量共计200余本，囊括基础阶段的精读课程和听、说、读、写等技能类课程以及高年级阶段的翻译、文化、文学、经贸等知识类课程。同时，教材出版形式、教材内容建设以及教材体系不完善等情况距离当今培养高质量非通用语种人才的需求也存在不小的差距。随着信息技术的飞速发展，原有的教材编写体系和呈现方式亟待改变，非通用语种教材建设面临新的机遇和要求。由此，北京外国语大学组织编写“北京外国语大学‘新经典’高等院校非通用语种专业系列教材”，以满足国家和学校人才培养的需求。

在新时代，北外将在深入开展教学研究的基础上，根据人才培养方案、课程体系和教学大纲的要求组织编写符合语言学习规律，符合时代要求，适合中国学习者特点，规范、实用的非通用语种系列教材，满足北外以及国内其他高等学校对于非通用语种本科阶段的教学需求。我们聘请了北外教材出版研究领域的多位专家以及欧洲语言文化院、亚非学院、西葡语学院、俄语学院、英语学院的教学负责人共同参与系列教材的选题策划以及质量审核工作。本系列教材的编写者既有教学经验丰富的老专家，也有近年来崭露头角的中青年教师。“北京外国语大学‘新经典’高等院校非通用语种专业系列教材”以培养人才、引领教学、服务社会为宗旨，以打造高质量教材为原则，从基础阶段综合语言训练型教材着手，按照教学规律、课程设置和教学体系有序编写；力图打造语言规范、地道鲜活，内容与时俱进的系列教材。从装帧设计上，基础阶段的语言综合训练型教程将以全彩的崭新面貌问世，改变以往非通用语种教材陈旧的面貌，满足新时代外语学习者的学习需求。

国民多则用语广，国家强则外语通。语言是人类进行各种交流和社会交往的工具，也是其使用者民族文化和历史的载体。掌握包括非通用语种在内的多种语言有利于在对外交往中真正做到沟通世界各国文化、实现民心相通。我们希望“北京外国语大学‘新经典’高等院校非通用语种专业系列教材”能够推出精品，以高质量的教材服务全国非通用语种老师和同学们。

王定华

北京外国语大学党委书记、教授

2019年6月26日

前言

视译结合了口译和笔译的双重特点，具有独特的认知模式。它综合了多种语言基本能力，如阅读能力、记忆能力、表达能力、转换能力等。因此视译是培养同声传译能力的基础，也被认为是由交替传译向同声传译过渡的一种衔接训练，应用于本科高年级及研究生阶段的口译教学。

本教材用于针对韩中视译的训练，已在北京外国语大学朝鲜语MTI视译课中连续应用六年。其间经过不断修改和提炼，从时事新闻中筛选、补充新例句，添加新文本，最终定稿。

本教材由十四课组成，口译技巧与主题训练相结合，技巧部分包括：视译概论、快速阅读、信息提取、顺句驱动、断句衔接、词性与语态转换、成分与句型转换、反说、增补、省略、释意、跨文化分析、隐喻的处理、预测，主题训练涉及政治、外交、经济、贸易、社会、能源、教育、消费、信息、科技、金融等领域。

每课由四部分组成：技巧讲解、段落视译、实战练习、自主练习。

技巧讲解部分针对视译的常用技巧进行详细讲解，每课突出一个重点，分别介绍不同类型的句型在视译中的常用技巧，并通过解析大量代表性例句进行示范和具体讲解。

段落视译选取学生相对熟悉的中国国情相关内容，使学生可以在练习过程中逐步提高速度。针对同一段源语，展现交传和视译的不同处理方法，使学生逐步适应视译的思维特点，为实战练习做准备。

实战练习和自主练习的语篇以正式的会议演讲为主，辅以部分知识性时事分析节目。实战练习选取课文中的难句进行讲解，展示如何运用所学技巧进行分解处理，帮助学生顺利完成完整语篇的视译。自主练习通过同一主题的语篇加大训练量，学生在课下运用所学技巧，深化并巩固相关主题的语言和背景知识。前三课主要为阅读练习，第四课开始，每课的实战练习和自主练习都配有音频文件，学生可登录外研社综合语种教育出版分社网站（mlp.fltrp.com）下载使用。此外，实战练习和自主练习均附有参考译文，供学生参考。

本教材填补了国内韩中视译教材的空白，创新之处在于：

第一，技巧与主题双线并行。传统的教材多以主题训练为主，系统的技巧总结较少。本书采用口译技巧与主题训练相结合的方式，每一课的不同环节均围绕同一个主题，兼顾技巧与实践，帮助学习者全面系统地提升口译水平。

第二，理论与实践有机结合。本书在针对不同技巧进行讲解时，均适当地联系相关理论，既提出依据，又可以让学生了解相关理论，如韩礼德的衔接理论、巴黎释意论等。同时结合大量例句，结合练习，将二者有机地结合起来。

第三，语言与知识相辅相成。本书选取语料涉及多个热点时事领域，将固定搭配、跨文化表达等语言知识点与政治、经济、外交等多个领域的背景知识融合在一起，可以同时提升外语水平，扩宽背景知识。

第四，中国与韩国国情交叉。本书虽然以韩中单向口译为主，但段落视译的内容绝大部分为中国相关语料，可以通过回译锻炼学生的中韩口译。课文和课后练习以韩国语料为主，可以同时加深对中韩两国国情的理解，锻炼双向口译。

本项目主要特色如下：

第一，技巧系统，突出视译技能培养。视译是从交传过渡到同传的必经之路，本书结合视译特点，从基本原则、断句衔接、增补缩略、跨文化因素到预测，通过系统的技巧训练，完成交替传译到同声传译的过渡。

第二，内容全面，有机融入思政教育。本书从学生熟悉的生活消费到政治、金融，从国内到国际，覆盖多个重要领域。将“新基建”“双循环”等大政方针融入其中，使学生熟悉各种国家方针政策，深入领会中国话语，培养家国情怀。

第三，语料真实，再现口译现场情景。本书实战练习和自主练习语料均选自实际国际会议现场，具有真实感。可以帮助学生适应不同的语音语调，熟悉会议的风格与节奏，顺利完成模拟现场的口译任务。

第四，编排合理，易于专业教学与自学。技巧从宏观到微观，逐步深入，先学习基本原则和逻辑捕捉，再进入转换、反说等具体技巧，最后进入跨文化和预测。内容从易到难，循序渐进，从日常生活过渡到专业领域。易于教学，也适合有一定语言基础的学生自学。

由于教材内容较多，单词表中只列出了一些难词，因此需要学生课前充分预习，并自行查找文本的相关背景资料，以便深入理解例句与课文，融会贯通，化为己用。为了方便自学和教学，本教材的课文和练习均附有参考译文。但参考译文不应成为禁锢思维的工具，不同的译者可以产出多种风格的译文，因此参考译文只作为参考，并非唯一的答案。正常情况下，本教材内容可以在一个学期内完成，也可根据学生的实际接受情况调整进度。

目前国内的韩中视译教材尚处于空白状态，本教材亦处于摸索阶段，由作者单独编写，难免存在不足之处，有待于在教学过程中不断提高和完善，使其更好地服务于朝鲜语翻译专业本科及研究生的教学、学科建设和翻译人才的培养。

本教材的编写获得北京外国语大学教改项目资助，并由北京外国语大学资助出版，特此表示衷心感谢！

李丽秋

2021年10月

目录

第一课

视译概论

口译主题 | 生活消费

段落视译 | 韩国方便食品获益宅经济

实战练习 | 코로나19가 가져온 중국 온라인 소비 트렌드 변화

自主练习 | 홈코노미

一、技巧讲解

1 视译的定义

所谓视译就是看着稿子将源语译为目的语，译员一边看稿一边根据发言人的语速将源语口头译出。视译一词在汉语中本是一个简称，在英语中有两个对应词，“sight translation”和“sight interpreting”，即“视阅口译”和“视听口译”。视阅口译即译员在用阅读的方式获取源语信息的同时，用口头方式将该信息翻译成目的语，有时也可以配合交替传译进行；视听口译即视稿翻译，就是一面听着发言人的发言，一面看着稿子，同时和发言人的语速同步口头翻译出稿件的内容，也就是常说的“带稿同传”。

从定义上可以看出，这两种不同的视译形式对译者的能力要求有差别，视阅口译要求的能力相对基础，视听口译则提出了更高的能力要求。视译结合了口译和笔译的双重特点，具有独特的认知模式，它综合了许多的语言基本能力，如阅读能力、记忆能力、表达能力、语言转换能力等，因此视译是培养同声传译能力的基础，也被认为是由交替传译向同声传译过渡的一种衔接训练。

视译一直被视为同传的入门技巧，主要作为一种辅助手段，应用于本科高年级和研究生阶段的口译教学，以及较高水平的职业培训，同时也是高级翻译培训机构筛选口译人才的手段之一。它既是口译译员必须具备的重要技能之一，也是培养口译人员的基础训练内容之一。

随着我国经济快速发展和中韩交流日益增多，职场口译对视译的需求日趋增加，如产品宣传册现场介绍、PPT辅助推介和促销产品、外国专家培训企业员工等等，应用范围非常广泛。尤其是在需要通过投影仪或PPT将数据、图表等图文支持演示给观众的发言中，而这样的发言在涉及环境保护、商务演讲、企业推广及科学技术专业性会议中比比皆是。另外，在商务谈判或者法庭口译中，当场才出具的一些材料也需要进行视译。[1]

在美国蒙特雷国际研究学院和高级翻译学院、巴黎高等翻译学校、联合国口译司等国际主流的译员培训院校和机构中，同声传译训练均是从注意力的分配训练（如影子跟读练习）到视译，然后再过渡到无稿同声传译。

1 秦亚青，何群 . 英汉视译 [M]. 北京：外语教学与研究出版社，2009.

2 视译与口笔译的关系

从形式上看，视译是介乎传统笔译和口译之间的一种特殊的语言信息转换方式，它能够有效地训练学生快速接受听力和视觉信息，并进行大脑存储分析和口头语言转换的综合协调能力，对学生的口译学习，尤其是同声传译学习有很大的促进作用。

视译与传统笔译无论在信息获取、信息处理，还是变成最后的译文的过程都有所不同。笔译的信息传达途径是从文字到文字，而口译的信息传达途径是从声音到声音，视译的传达途径则为从文字到声音，或者是从文字及声音到声音。

传统笔译通常遵循“信达雅”原则，在忠实于原文的基础上进行逐字推敲，尽可能做到语言的传神与优美。而在视译工作场合下，译员能够获得发言人的演讲稿件或是发言提纲和PPT文稿，这些文本给了视译译员较好的文本参考。同时演讲稿文本语言较书面化，译员受到时间限制，必须在最短的时间内对文本文字进行加工翻译，需要运用相应的笔译技巧对语言进行转换，但是通常没有足够的时间对文字进行推敲，很难做到语言优美传神，其最重要的工作原则为“准确、流畅、快速”。

在认知处理和对译员的技能要求等方面，视听口译与同声传译很相似，源语理解输入和译语输出同时产生，译员都面临时间压力，需要注意力高度集中，对预测、断句、语言重组及应变能力等同传技能也要求颇高。视译和同传在翻译要求、原则和技巧方面基本是相同的，但在步骤、媒介（听觉和视觉）和难点上又有所不同。

视译与同声传译最大的共同点就是都要和源语发言人保持语速一致，视译是译员一边看着源语文本，一边跟着源语发言人的语速将源语译为目的语；同声传译是指译员以3~10秒滞后于源语发言人的语速将源语译出，因此可以说视译也是一种同声传译。所以，视译和同声传译在翻译速度和节奏方面是一样的，二者的基本原理和技巧也大致相似。

但是，作为两种不同的口译形式，视译和同声传译又有所不同。首先，二者获取信息的渠道不同，同声传译绝大部分情况下完全依赖听力获取信息，信息获取的过程较为被动，一旦听力来源受损，则不可能完成语言的转换过程。而视译有文本可依，译员可以主动获取信息，信息获取的途径多样化。

其次，口译流程与压力程度不同。在语言转换过程中，同声传译要求精力集中于听力信息，接收信息后在大脑中对信息进行存储加工后转换为目的语输出，在记忆机制上完全依赖于短时记忆，通常在信息不对等的情况下就开始翻译。源语的词句形式直接影响到译语的词句选择，尽管译员可能会意识到译语词句有选择不合理的地方，却由于时间仓促而无能为力。在视译的过程中，译员需要边听边看，同时将听到的和看到的信息加以对比处理。一方面译员在工作过程中的精力分配更加分散，信息接收途径增多，处理信息的压力也相对增大，一旦处理不当，则造成信息转换无法完成。另一方面，视译获取的信息通常较为完整，发言人的语速、口译和词语选择对译员的影响相对较小，译员可以通过文本信息对译语形式进行处理，使其更符合译语语言习惯。

视译不仅是交传通往同传的桥梁，更是一种实实在在的翻译实践活动。与同传和交传一样，视译也需要短时记忆。视译虽然可以控制节奏，但要在阅读的同时整理语序，否则便不能保证译语通顺流畅。视译比同传更容易受到源语的干扰，对文本语言结构的依赖，反而会给视译过程增加难度。因此尽管视译在某些方面不如同传和交传的难度大，但其自身的难度却是显而易见的。

3 视译原则与评估标准

视译的基本原则可以概括为拆分长句、合理衔接、顺句驱动、适当预测。

拆分长句是指将长句拆分成短句。从语言结构上看，和汉语相比，韩语中长句较多，一些口头演讲和即席演讲也是如此。尤其是一些较长的定语和状语，给口译的处理带来了不少困难。进行视译时将长句适当拆分断开，可以降低句子的复杂程度，每一次翻译的语段较短，已经译完的部分即从工作记忆中释放，从而减轻认知负荷。

合理衔接指利用多种连接词将拆分的短句连接起来，可以减少停顿，使译文逻辑更为清晰，表达更加流畅。尤其是遇到内容出现较大的转折或跨越时，恰如其分的衔接可以使译语连接得更加自然，这是评估视译水平和口译质量的重要标准之一。

顺句驱动就是逐句翻译，在译语句法结构尽量与源语保持一致的情况下，结合多种调整与转换技巧，准确地将源语转换为译语。由于句法结构大体一致，因此也可以改变认知负荷，将更多注意力放在表达上面。但中韩两种语言句法结构不同，因此在顺句驱动的过程中往往需要改变思路，并且灵活运用多种表达方式。

适当预测指根据上下文关系对下面的内容进行适当的预测。例如，谓语出现的位置不同是韩语和汉语语言结构上一个很大的不同，如果能够很好地了解上下文的语言和逻辑结构，与演讲人保持思维一致，或是根据前面的语言和逻辑结构推想出演讲人要表达的观点，就可以通过适当的预测来组织译文，使译文的表达更加准确流畅。

在遵循以上原则的基础之上，可以从以下四个方面对视译质量进行评估：陈述流畅度、语言准确度、逻辑连贯度和信息忠实度。陈述流畅度包括吐字清晰、语调自然、语速均匀、音量适中、声音平稳从容、无过多的填充词、无过多的自我修正；语言准确度包括发音准确、用词及语法准确、语言得体；逻辑连贯度包括信息具有逻辑性，并且使用恰当的连接手段；信息忠实度指无信息误解、无信息遗漏，无信息增添。练习初期首先注重提高陈述流畅度和语言准确度，在此基础之上再追求逻辑连贯度和信息忠实度。

4 视译的习得与技能训练

视译训练要求学生译语流畅、易懂、不回溯、步调均匀平稳。停顿是影响连贯的一个重要因素，切诺兹（Cenoz）认为，停顿可以分为流利停顿和非流利停顿，流利停顿亦称“交界停顿”，位于句法单位（包括短语、分句和句子）的边界或交界。非流利停顿亦称“非交界停顿”，指那些非正常停顿，一般位于非句法单位交界处。

非流利性停顿分为三大类：词汇性停顿、形态性停顿和计划性停顿。词汇性停顿预示词汇提取困难，尤其指那些发生在单个词前面的停顿。形态性停顿预示语言形态层面言语产出发生困难，通常发生在犹豫标记（包括重复、自我纠正等）之前。计划性停顿预示着计划言语产出内容或计划言语产出语言形式发生困难。[2]

视译技能的习得可以有效地克服这种停顿的影响。安德森（Anderson）将技能习得分为三个阶段：认知阶段、关联阶段、自动化阶段。在认知阶段，学习者发展出陈述性的译码技能，记忆了该技能的部分事项；在关联阶段，学习者逐渐能够发现错误并降低错误，加强足以表现该项技能的成分连接；在自动化阶段，学习者的处理方式日渐自动化，当学习者的知识结构由宣言性知识转化为程序性知识时，便完成了该技能的习得。

德雷福斯（Dreyfus）的技能习得模式认为，学生习得技能要经历五个阶段：新手、高级初学者、合格者、熟练者和专家。新手严格按照所学规则行事；而合格者学会总结规律，并能很快找到手头任务的适用规则。也就是说，合格者能够积极地为采取行动做决策；熟练者已经能自觉地引导自己的决策并在计划中制定规则。整个发展过程呈现出从严格地遵守规则到基于隐性知识的直觉推理过渡。

有研究在此基础之上将视译技能习得和发展特征阐发如下：[3]

| 表1 视译技能发展特征 |

视译技能习得阶段	视译表现特征
新手	循规蹈矩、断句机械，不会主动判断，自由心证。
高级初学者	有限的应变能力，对多重任务平均用力。
合格	见招拆招、疲于应对（多重活动累积信息），有意识地计划产出、初步形成套语。
熟练	成竹在胸，对语篇有整体认识，对多重任务进行优先排序，洞察与常规模式的差异，根据现场情况灵活运用准则。
专家	能灵活运用且不依赖所学规则，能够预测句子走向，有前瞻性，对待新情况和新问题能够冷静分析。

2 Cenoz, J.Pauses & Communication Strategies in Second Language Speech[J].Reports-Research, 1998(143): 25-36.

3 万宏瑜．基于形成性评估的口译教师反馈——以视译教学为例[J]. 中国翻译，2013(4)：45-49.

要想提高视译技能，需要进行多种训练，主要可以从理论技巧、语言和背景知识等方面采用以下几种方法：

第一，学习基本理论技巧。

通过学习视译基本理论，可以了解视译的基本理论依据和常见困难及解决办法，包括视译与口译的基本区别在于互动、快速阅读、意义单位确定、顺句驱动、逻辑衔接、信息弥补、语速控制等等。

第二，预制语块习得。

预制语块又称语块、词块、组块等，是由连续或非连续的两个或多个词组合而成的有一定心理现实性的（即使用时是整存整取而不经过语法生成或分析的）预制语言单位。语块的最小单位并不是单个的词，而是那些固定和半固定模式化了的语言结构。

路易斯（Lewis）将语块分为单词和短语、搭配词、惯用话语、句子构架和引语等，再从结构和功能上将其分为聚合词、搭配词、惯用话语、句子构架和引语等。预制语块普遍存在于人脑的记忆中，而且随着对记忆材料的熟悉程度的增加，预制语块的数量也相应增加，从而使大脑可以存储和回忆更多的信息。在积累了一定量的预制语块之后，口译效果也势必达到质的飞跃。

第三，获取背景知识。

在进行视译任务之前信息的获得能有效减轻认知负荷，缩短信息处理时间，减少各类有声和无声停顿。译前背景知识的获取可以有效地降低源语信息的理解与表达难度，提高译文信息的忠实度与语言表达的准确度。背景信息的正面作用最能体现在理解环节，可以有效地减少理解错误，以及因理解错误障碍导致的省译行为，从而全面提升视译质量。

在视译学习中，除了扩充知识领域、熟习双语的言谈结构与常套语，最重要的是看到文字的同时，在思考上脱离文字，力求使译文摆脱源语的语言外壳，不受源语结构所束缚。充分的视译练习可以训练译员在理解源语信息时寻找的是意义，而不是拘泥于原文的措辞。视译训练同样能够训练译员的信息重组能力、流利的信息输出能力等。

初期的视译往往流于字面，拘泥于字面意思，对非套语断句机械处理，译语不流畅。到中后期顺句驱动规则运用有所进步，但是表达时总显得疲于应对。只有加大练习量使所学技能和相关实际操作方法进一步内化才能有所突破，在接下来的训练中要努力消除不必要的停顿，再增加背景知识的阅读和学习。技巧训练的关键在于掌握规则后通过大量的课后练习和阅读使规则内化，才能从长时间的静默停顿到自然流畅顺译，真正做到游刃有余。

二、段落视译

韩国方便食品获益宅经济

韩文	中文释义
홈코노미(home+economy)	宅经济
간편 식품(簡便食品)	方便食品
수혜를 입다	受益
해관총서	海关总署
농림축산식품부	农林畜产食品部
급증하다(急增--)	急剧增加
집계되다(集計--)	统计
트렌드(trend)	趋势
속속(續續)	接连、纷纷

코로나19 상황에서 중국에서는 '홈코노미'가 유행하고 있는 가운데, 한국 간편 식품 업계가 수혜를 입고 있다. 코로나19로 중국에서 유행하고 있는 '홈코노미'가 한국 식품 업계의 중국 진출에 중요한 기회로 작용하고 있다.

중국 해관총서와 한국 농림축산식품부의 통계를 종합한 결과, 2020년 5월 한국의 대중 수출액(홍콩·마카오·대만 제외)이 전년 동기 대비 감소했지만, 한국의 간편 식품 수출액은 전년 동기 대비 무려 63.9% 급증한 것으로 집계되었다.

중국 화동 지역은 한국 식품 업계가 주목하는 시장으로 떠오르고 있다. 화동 지역 소비자는 중국에서 평균 소득이 가장 높고, 새로운 사물을 가장 빨리 받아들이기 때문에 화동 소비자의 입맛을 사로잡지 못한다면 중국 소비자의 미래 소비 트렌드를 파악할 수 없다.

하지만 한국 요리의 풍미와 화동 소비자의 전통적인 입맛 간 차이점으로 화동 지역에서 한국 간편 식품이 일본, 동남아 등 경쟁국에 밀리고, 하이디라오, 왕왕 등 중국 본토 식품 업체가 간편 식품 시장에 속속 진출하고 있는 등 한국 간편 식품 업체가 여러 도전에 직면해 있다.

在新冠疫情下，中国的"宅经济"风靡一时，这使得韩国方便食品业受益匪浅。中国在疫情环境下流行起来的"宅经济"为韩国食品业进入中国提供了重要机遇。

综合中国海关总署及韩国农林畜产食品部的数据，2020年5月，韩国对华（不含中国香港、中国澳门及中国台湾）出口额同比虽然减少了，但方便食品的出口额同比却增加了63.9%。

中国华东地区正在成为韩国食品业关注的市场。华东地区的消费者是中国人均收入最高、接受新事物最快的消费者，如果不能征服他们的“味蕾”，就无法把握中国消费者的未来消费趋势。

然而，韩国料理的风味与华东地区消费者的传统口味之间存在着差异，这就使韩国方便食品在华东地区受到日本、东南亚竞争国的排挤，加上海底捞、旺旺等中国本土食品企业纷纷进入方便食品市场，致使韩国方便食品业面临着各种挑战。

视译译文

	断 句	译 文
1	코로나19 상황에서	疫情下
2	중국에서는 '홈코노미'가 유행하고 있는 가운데,	中国的“宅经济”风靡一时，
3	한국 간편 식품 업계가	这使得韩国方便食品业
4	수혜를 입고 있다.	受益匪浅，
5	코로나19로 중국에서 유행하고 있는 '홈코노미'가	疫情环境下中国流行的“宅经济”
6	한국 식품 업계의 중국 진출에	为韩国食品业进入中国
7	중요한 기회로 작용하고 있다.	提供了重要机遇。
8	중국 해관총서와 한국 농림축산식품부의	海关总署及韩国农林畜产食品部的
9	통계를 종합한 결과,	综合数据显示，
10	2020년 5월	2020年5月，
11	한국의 대 중 수출액(홍콩·마카오·대만 제외)이	韩国对华（不含中国香港、中国澳门及中国台湾）总出口额
12	전년 동기 대비 감소했지만,	呈现同比下降，
13	한국의 간편 식품 수출액은	但韩国方便食品的出口额
14	전년 동기 대비 무려 63.9% 급증한 것으로 집계되었다.	同比却增加了63.9%。
15	중국 화동 지역은	中国华东地区
16	한국 식품업계가 주목하는 시장으로 떠오르고 있다.	正在成为韩国食品业关注的市场。
17	화동 지역 소비자는	华东地区消费者
18	중국에서 평균 소득이 가장 높고,	在中国平均收入最高、
19	새로운 사물을 가장 빨리 받아들이기 때문에	接受新事物最快，
20	화동 소비자의 입맛을 사로잡지 못한다면	如果无法征服他们的“味蕾”，
21	중국 소비자의 미래 소비 트렌드를 파악할 수 없다.	就无法把握中国消费者的未来消费趋势。
22	하지만 한국 요리의 풍미와	然而，韩国料理的风味

（续表）

	断　句	译　文
23	화동 소비자의 전통적인 입맛 간 차이점으로	与华东地区消费者的传统口味之间存在一定差异，
24	화동 지역에서 한국 간편 식품이	这使得韩国方便食品在华东地区
25	일본, 동남아 등 경쟁국에 밀리고,	受到日本、东南亚等国竞品挤压，
26	하이디라오, 왕왕 등 중국 본토 식품 업체가	海底捞、旺旺等中国本土食品企业
27	간편 식품 시장에 속속 진출하고 있는 등,	纷纷进入方便食品市场，
28	한국 간편 식품 업체가	致使韩国方便食品企业
29	여러 도전에 직면해 있다.	正面临着多重挑战。

三、实战练习

| 코로나19가 가져온 중국 온라인 소비 트렌드 변화 |

韩　文	中文释义
사회적 거리 두기	保持社交距离
자가 격리	居家隔离
재택 근무	居家办公
스팀 청소기(steam 淸掃機)	蒸汽吸尘器
무선 진공청소기	无线真空吸尘器
가성비(價性比)	性价比
ECdataway	数据威（一家数据分析公司）
필립스(PHILIPS)	飞利浦
거품기	打蛋器
반죽기	和面机、厨师机
에어 프라이어(air fryer)	空气炸锅
전기오븐(電氣oven)	电烤箱
가정간편식	家庭方便食品
밀키트(meal kit)	速食食品、半成品配菜包
인플루언서(influencer)	网红
스트리밍 플랫폼(streaming platform)	流媒体平台
왕홍 마케팅	网红营销、网红推广
선호도(選好度)	偏好
제품군(製品群)	商品群

（续表）

韩　　文	中文释义
반제품(半製品)	半成品
급증하다(急增--)	飙升、剧增
출시되다(出市--)	上市、问市
전망하다(展望--)	展望、预测
활용되다(活用--)	利用、应用

중국은 사회적 거리 두기, 자가 격리 등으로 외출을 삼가하는 분위기 때문에 집에서 보내는 시간이 많아지면서 다른 국가와 마찬가지로 '홈코노미' 상품이 주목받고 있다. 홈코노미는 집(Home)과 경제(Economy)를 조합한 용어로 집에서 소비 활동이 이뤄지는 경제 현상을 뜻한다. 코로나19에 따른 재택 근무, 개학 연기, 외식 감소 등 요인으로 이전과는 다른 소비가 이뤄지고 있으며 중국 소비자들은 각자의 소비 수준에 맞춰 각기 다른 품목을 소비하고 있다.

깨끗한 실내 주거 환경 조성을 위한 가전 소비 증가

건강과 위생에 대한 관심이 높아지면서 깨끗한 실내 주거 환경 조성을 위한 가전들이 소비자들의 인기를 끌고 있다. 사무 공간 내 주기적인 환기와 함께 바이러스 살균에 대한 중요성이 커지면서 실내 온도, 습도, 공기 상태를 조절하는 가전에 대한 수요가 증가하고 있다.

주요 위생·청정 가전 제품 중에는 바닥 청소와 함께 살균 소독이 가능한 스팀청소기, 실내 구석구석 청소가 가능한 무선 진공 청소기, 미세 먼지를 제거하고 공기 질을 높여주는 공기 청정기, 실내 유해균 제거 및 환기 기능을 갖춘 자외선 살균 등을 구매하기 위해 온라인 플랫폼을 찾는 소비자가 늘어났다.

톈마오(天猫)가 발표한 자료에 따르면 해외 유명 브랜드에 대한 구매 선호도가 높으며, 공기 청정기의 경우 가성비가 뛰어난 샤오미(小米)가 상위 검색 순위를 차지하고 있었으며 종합 가전 제품을 판매하는 필립스(PHILIPS)는 대다수 제품군에서 인기를 얻고 있는 것으로 나타났다.

'집밥' 관련 주방가전 및 조리기기 소비 증가

데이터 분석기관인 ECdataway는 올해 2월 주방가전 및 조리 기기 판매가 증가했으며 그중 거품기·반죽기, 전동 계란 거품기, 에어프라이어, 전기오븐 판매가 급증했다고 발표했다. 실제 전년 동기 대비 톈마오(天猫) 판매량을 살펴보면 거품기·반죽기 847%, 전동 계란 거품기 642%, 에어프라이어 325%, 전기 오븐은 209%가 증가했다.

해당기간 많은 소비자들이 외식을 줄이고 집에서 식사를 하는 경우가 많아지면서 주방 가전제품 소비가 늘어난 것으로 분석했으며, 위생·청정 가전 제품은 해외 브랜드보다 중국 브랜드 선호도가 상대적으로 높은 것으로 나타났다.

가정간편식(HMR)과 밀키트(Meal Kit) 소비 증가

대도시 1인 가구 중심으로 외식 대신 혼자 집에서 식사를 하면서 손쉽고 간편한 조리를 할 수 있는 가정 간편식 수요가 증가하고 있다. 대형 유통업체, 식품 가공 기업 중심으로 기존 냉동식품뿐만 아니라 간편 조리 식품에 대한 관심이 높아졌으며 식품업계의 경쟁이 치열해지면서 다양한 가정 간편식 제품이 출시되고 있다.

중국 최대 전자상거래 기업 알리바바(阿里巴巴)에 따르면 2019년 중국 가정 간편식 시장 규모는 4500억 위안으로 냉동식품(1500억 위안), 라면(1100억 위안) 비중이 높은 것으로 나타났다. 가정 간편식 시장은 매년 6% 수준으로 성장해 2025년 6300억 위안에 달할 것으로 전망했다.

최근 반제품 가정 간편식 비중이 높아지고 있으며, 온라인에서 활동하는 왕홍(网红)들은 가정 간편식을 집에서 직접 조리해서 먹는 방법을 중국 동영상 스트리밍 플랫폼 도우인(抖音) 등을 통해 소개해 소비자들의 좋은 평가를 받고 있다.

왕홍 라이브 방송 플랫폼의 인기 상품

중국 경제 매체 차이징터우탸오(财经头条)는 2019년 중국 내 10만 명 이상의 팔로워를 보유한 왕홍은 전년대비 51%가 증가했으며, 100만 명 이상 팔로워를 보유한 왕홍도 23% 증가했다고 발표했다. 왕홍은 개인이 운영하는 라이브 생방송 채널을 통해 잠재적 고객인 팔로워 또는 시청자와 소통하면서 특정 제품을 홍보하고 판매하기 때문에 온라인 마케팅 수단으로 활용되고 있다.

코로나19로 외부 활동을 줄이고 왕홍 등 인플루언서의 방송을 보고 온라인에서 구매하는 소비자가 증가하고 있다. 왕홍 방송 채널과 전자상거래 플랫폼을 연결시켜 제품 홍보와 동시에 구매가 가능하기 때문에 왕홍 마케팅은 화장품, 의류, 식품 등 전 품목에 걸쳐 활용되고 있다.

▶▶ 难句解析与视译处理

句1: 주요 위생·청정 가전 제품 중에는 바닥 청소와 함께 살균 소독이 가능한 스팀청소기, 실내 구석구석 청소가 가능한 무선 진공 청소기, 미세 먼지를 제거하고 공기 질을 높여주는 공기 청정기, 실내 유해균 제거 및 환기 기능을 갖춘 자외선 살균 등을 구매하기 위해 온라인 플랫폼을 찾는 소비자가 늘어났다.

译文： 越来越多的消费者通过在线平台购买卫生保洁家电，包括清扫地板并消毒灭菌的蒸汽吸尘器，清除室内卫生死角的无线真空吸尘器，消除粉尘并改善空气质量的空气净化器，以及具有消除室内有害细菌和通风功能的紫外线消毒器。

视译译文

	断　句	译　文
1	주요 위생·청정 가전 제품 중에는	在主要的卫生保洁家电中，
2	바닥 청소와 함께	清扫地板
3	살균 소독이 가능한 스팀청소기,	并消毒灭菌的蒸汽吸尘器，
4	실내 구석구석 청소가 가능한	解决室内卫生死角的
5	무선 진공 청소기,	无线真空吸尘器、
6	미세 먼지를 제거하고	消除粉尘、
7	공기 질을 높여주는 공기 청정기,	改善空气质量的空气净化器，
8	실내 유해균 제거	具有消除室内有害细菌
9	및 환기 기능을 갖춘 자외선 살균 등을	和通风功能的紫外线消毒器等，
10	구매하기 위해	购买这些产品时，
11	온라인 플랫폼을 찾는 소비자가 늘어났다.	越来越多的消费者选择在线平台。

句2： 대도시 1인 가구 중심으로 외식 대신 혼자 집에서 식사를 하면서 손쉽고 간편한 조리를 할 수 있는 가정 간편식 수요가 증가하고 있다. 대형 유통업체, 식품 가공 기업 중심으로 기존 냉동식품뿐만 아니라 간편 조리 식품에 대한 관심이 높아졌으며 식품업계의 경쟁이 치열해지면서 다양한 가정 간편식 제품이 출시되고 있다.

译文： 大城市的单身家庭对家庭方便餐的需求越来越大，不外出就餐时，可以居家自己轻松烹饪。大型零售商和食品加工业不仅对原有的冷冻食品，而且对速食半成品越来越关注，食品行业竞争日趋激烈，正在推出形形色色的家庭方便餐。

视译译文

	断　句	译　文
1	대도시 1인 가구 중심으로	以大城市单身家庭为中心，
2	외식 대신	不外出就餐时，
3	혼자 집에서 식사를 하면서	可以居家，
4	손쉽고 간편한 조리를 할 수 있는	轻松烹饪的
5	가정 간편식 수요가 증가하고 있다.	替代餐的需求越来越大。
6	대형 유통업체,	大型零售商
7	식품 가공 기업 중심으로	和食品加工公司，
8	기존 냉동식품뿐만 아니라	对原有的冷冻食品
9	간편 조리 식품에 대한 관심이 높아졌으며	以及速食半成品越来越受关注，
10	식품업계의 경쟁이 치열해지면서	食品行业竞争日趋激烈，
11	다양한 가정 간편식 제품이 출시되고 있다.	各种家庭替代餐不断问世。

四、自主练习

| 홈코노미 |

韩　文	中文释义
홈코노미(homeconomy)	宅经济
홈족	居家一族、宅家一族
렌털(rental)	租赁、租金
엔터테인먼트(entertainment)	娱乐、演艺
음식 배달 앱	外卖平台
결제 건수	交易次数、交易量
출장 청소	上门保洁
자녀·반려 동물 돌봄	儿童托管、宠物寄养
주 52시간제	每周52小时工时制

홈코노미라는 말 들어보셨나요? 홈과 이코노미를 합성한 신조어로, 집에서 여가를 보내는 이른바 홈족들의 각종 경제 활동을 의미하는데요. 이와 관련한 카드 결제가 눈에 띄게 늘고 있다는 소식입니다.

최근 KB 국민카드가 지난해 1분기부터 올해 2분기까지 홈코노미 업종의 카드 결제 데이터 4492 만 건을 분석한 결과를 공개했는데요. 이에 따르면 음식 배달 앱과 가전 렌털, 일상 용품 배달, 케어 서비스, 엔터테인먼트 등 홈코노미 업종의 일평균 결제 건수가 1년 여 만에 두 배 가까이 늘어난 것으로 집계됐습니다.

그 중에서도 음식 배달 앱의 결제 건수 증가세가 두드러졌는데요. 지난해 1분기 대비 올해 2분기의 결제 건수가 2.14배 증가한 것으로 나타났습니다. 음식 배달 앱을 주로 이용하는 연령대는 아무래도 25세에서 34세의 젊은 층이었는데요. 이들의 결제 건수가 총 결제 건수의 56.3%로 절반 이상을 차지했구요. 45세에서 54세 중년층의 결제 건수도 3배 이상 늘어나는 등 높은 성장세를 보였습니다.

이밖에도 자녀·반려 동물 돌봄 서비스나 출장 청소, 세차 같은 집안 차량 관리 업종은 2.01배, 영상, 음악, 도서, 게임 등 엔터테인먼트 관련 업종은 1.83배, 렌털 및 일상 용품 배송 관련 업종은 1.38배 증가한 것으로 나타났습니다.

홈코노미 관련 결제 규모가 늘어난 근본적인 이유는 집에서 보내는 시간에 대한 인식 변화가 꼽혔고요, 한편 경제난도 영향을 미친 것으로 분석됐는데요. 조금이라도 비용을 아낄 수 있는 홈코노미가 늘고 있다는 거죠. 또 주 52시간제 시행으로 여유시간이 늘어난 것도 한 요인이라고 합니다. 집에서 시간을 보내며 휴식과 여유를 찾는 홈족들이 늘어날수록 홈코노미도 성장세를 이어갈 것으로 보이네요.

第二课

快速阅读

口译主题 | 信息技术

段落视译 | 中国智慧城市建设现状

实战练习 | 2017 스마트국토엑스포 개회사

自主练习 | 스마트 도시 안전망 구축 MOU 환영사

一、技巧讲解

视译要求译员一面听着发言人的讲话，一面看着稿子，同时跟着发言人的语速，口头翻译出稿件的内容，这就要求译员迅速理解文本，而且理解的不是局部信息，而是全部信息。视阅口译的困难之处不仅是书面语与口语之间在词汇水平、句法结构、非语言因素等方面的差异，主要还包括阅读、记忆及输出负荷之间的有效协调，译员还需努力克服自己面前的源语文本对译语语言结构造成的视觉干扰。译员口头翻译出的话语声音对阅读这种无声活动的干扰比起同传的源语声音影响更甚。对比同传的声音干扰，视阅口译的视觉干扰影响有过之而无不及，译员需要付出更多的精力应付，甚至会影响译语的流利性。因此视译对阅读能力要求较高，需要不断进行快速阅读训练。

快速阅读侧重于在特定时间内寻找局部有效信息，在规定的时间内能够做到积极、有目的、有方法、有效地进行阅读，并综合运用各种阅读技能，获取所需要的信息。快速阅读在很大程度上要求读者在较短时间内阅读材料，从庞杂的信息中高效、准确地提取所需信息，忽略次要和干扰性信息。快速阅读是一种学习技能，旨在考察学习者在特定时间内获取文章主旨和某些细节的能力。快速阅读并不强调一定要像精读文章那样通篇认真研读，相反，快速阅读更强调测试学习者在实践语言环境中查询有效信息的能力。

视译中的快速阅读主要体现为视阅，视阅是靠眼睛读取信息，不仅要求速度快，而且还要理解快，提高视译能力有助于提高译者的阅读能力和口语水平。视阅的处理对象是句子，提高加工速度在于减少回视频率。视阅过程中如果发生回视现象，就会消耗较多的认知资源。

影响回视发生频率的主要因素有语言基础知识薄弱、对篇章层次把握不够、背景知识不足等。具体来说，语言基础知识包括词汇量，外语的句法结构，对语篇整体结构和微观结构的把握，预判、假设、推断语言的深层意义，以及及时处理新信息的能力等。对于双语不熟练者来说，句子的结构越复杂，越需要句法启动，为此需要的脑力资源就越多，回视率就越高。因此，如何摆脱语言的外在形态和语言结构等形式上的束缚，尽量减少回视，尽可能迅速地获取文本所要传递的信息是视译理解与快速阅读所面临的共同问题。

一篇思路清晰的文章，必然有明显的结构线索，这些线索通过逻辑连接词来指明思路，标志性的连接词是把握语篇整体结构的依据。掌握背景知识也很重要，如果对背景知识掌握不够，就会影响对整个语篇的理解，而了解背景知识的途径无非是大量查阅资料和书籍，这样在深刻理解语篇的同时，阅读速度也会加快。

阅读作为视阅口译中摄入信息的主要方式，阅读效率直接关系到口译的质量，因此，要想提高视阅口译的水平，必须要加强阅读技能的训练。视译的理解需要通过两种途径实现：宏观阅读与微观阅读。宏观阅读注重把握文本主题、理清逻辑关系与体会作者意图，微观阅读则注重内容的具体细节。除了这两种常规阅读技能之外，还应特别注意培养快速阅读技能，合理有效地分配注意力，下面介绍几种方法：跳读与寻读、成组阅读、读长法等。

跳读是快速阅读的重要技巧之一，是指略去一些词、句、段，跳跃式地阅读。在跳读中，目光不是一行接一行地移动，而是整行整段地跨越，跳读的目的在于获取文本的要旨或主要观点，要求读者只注意能够显示文本的要旨或主要观点的信息或线索，如文本的标题、小标题、主题句、连接词、下加线词、空格、解释语等，尽可能在不连贯的、跳跃式的阅读过程中迅速找到有用的信息，以此明了内容结构，理解其行文逻辑。

例1. 请阅读以下文本并根据要求找出相关信息。

2019년 12월 30일 중국 상무부가 발표한《중국 자동차 무역의 질적 성장 발전 보고서》는 중국 자동차 무역 규모가 안정 속 성장세를 보였다고 평가했다.《보고서》는 "2013~2018년 중국 자동차 수출 총액이 460억 달러에서 606억 달러로 증가했으며, 전 세계 자동차 수출액에서 차지하는 비중은 3.4%에서 3.9%로 상승했다"며 "자동차 수출의 연평균 증가율이 독일, 미국, 한국, 일본 등 국가를 넘어섰다"고 밝혔다.

또, "자동차 시장의 구조가 지속적으로 개선되고 있다"며 "2018년 중국의 '일대일로' 연선국가에 대한 완성차 수출액의 비중이 67%를 돌파한 가운데, 유럽, 미국, 일본 등 선진국에 대한 수출 역시 증가하는 추세를 보였다"라고 덧붙임.

특히《보고서》는 "2002년과 비교해 봤을 때 중국 자동차 산업의 국제 경쟁력이 현저히 높아졌다"며 "전반적인 경쟁력이 한국을 뛰어넘었고 독일, 일본, 미국과의 격차도 크게 좁혔다"고 소개했다.

구체적으로는 중국 자동차 산업의 국내 시장 규모와 점유율, 비용과 가격 수준 등 지표에서 뚜렷한 경쟁력을 확보했다고 설명했다. 하지만 △ 정책과 법률 및 법규 시스템 △ 국제시장 점유율 △ 기업 평균 규모 △ 자체 개발 능력 △ 생산 일치성 및 제품 품질 등 지표에서 일본, 독일, 미국과의 격차가 비교적 컸다는 점을 지적했다.

또, 수출 통계에 기반한 자동차 수출 경쟁력 평가 측면에서 봤을 때, 최근 들어 중국 자동차 제품의 수출 경쟁력이 점차 강화되고 있지만, 전반적인 수준은 여전히 높지 않은 상태라고 꼬집었다.

한편,《보고서》는 신에너지차가 중국 자동차 산업의 중요한 성장 동력이 될 것이라고 보았다. 향후 몇 년간 중국 신에너지차 수출이 가파른 성장세를 유지하면서, 자동차 수출을 견인하는 신흥 역량으로 자리매김할 것이라는 관측을 제시했다.

중국의 중고차 수출이 빠르게 증가할 것이라는 예측도 나왔다. 중고차 수출 채널이 완전히 열리면서 관련 기업이 국제시장을 부단히 개척함에 따라, 중고차 수출 잠재력이 빠르게 방출될 것이라는 분석이다. 업계에서는 향후 3~5년 안에 중국의 중고차 수출 규모가 수십만 대에 달할 것이라고 예측했다.

读后可以试着寻找以下问题的答案：

（1）前两段中谈到近年来中国汽车贸易取得了哪些成绩？

（2）对中国汽车产业的评价具体谈到了哪几个方面？

（3）中国汽车产业的优势和劣势各体现在哪些方面？

（4）未来中国汽车贸易发展趋势如何？

前两段内容总结近年来中国汽车贸易高质量发展所取得的成绩时，分别对应两个关键信息点："무역 규모가 안정 속 성장세""시장 구조의 지속적 개선"，即"贸易规模稳中有升"和"市场布局日趋优化"。

对中国汽车产业国际竞争力进行的客观评价，主要谈了三个方面，国际竞争力、主要指标和出口竞争力。中国汽车产业的优势体现在"国内市场规模、国内市场占有率、成本水平以及价格水平"，劣势体现在"政策与法律法规体系、国际市场占有率、企业平均规模、自主开发能力、生产一致性和产品质量水平"上。

中国汽车贸易发展趋势包括两点：一是新能源汽车成为重要增长点，二是二手车出口有望快速增长。最后两段的首句均引出核心信息，后面是具体的说明。只要掌握了这个规律，记忆和复述都会变得相对容易。通过这种跳读练习，可以锻炼迅速查找所需内容的信息提取能力。

寻读是指读者锁定或找到特定的细节信息或单一事实（如人物、时间、地点、数字等）的位置而不需要解读文本的其他部分。读者先决定找什么信息，在判定该信息在文本中的可能位置，然后快速移动目光找到它。用这种方法，就可以在最短时间内掠过尽可能多的书面材料。寻读既要求速度，又要求准确，它带有明确的目的性，有针对性地选择问题的答案。因此可以把整段文字直接映入大脑，不必字字句句过目，一旦发现有用的内容就稍做停留，将它记住或摘下，既保证速度，又做到准确无误。

例2. 请在下列文章中寻找以下问题的答案。

（1）该论文的主要内容是什么？

（2）过去18年间中国新增城市面积在全球占比是多少？

（3）中国和欧美的城市扩张速度如何？

（4）城市化带来了哪些问题？

최근 국제 저명 학술지인《네이처 커뮤니케이션(*Nature Communications*)》이 최초로 전 세계적인 각도에서 지난 18년간 전 세계 도시화 과정 중 도시 확장, 인구 증가, 도시 환경 변화에 대해 양적 분석을 실시한 연구 논문을 온라인으로 발표했다.

상기 연구에 따르면, 지난 18년간 중국의 신규 증가 도시 면적은 전 세계 신규 증가 도시 면적의 47.5%를 차지해 세계 최고 수준인 것으로 나타났다.

이 외에, 전 세계 도시 녹지화에 대한 중국의 기여도는 32%로, 이로 인해 수혜를 받은 인구수도 1억 800만 명에 달하면서 중국은 전 세계 '녹색 성장'의 주력으로 부상했다.

연구팀은 또 중국 도시 확장 속도가 고소득 국가의 3배 이상이라는 것도 발견했다.

세계은행(WB)이 정한 국가 소득 유형 중 고소득 국가로 분류된 유럽이나 미국 등 국가의 도시 확장 속도는 매우 둔화되었고, 일부 지역은 심지어 도시 확장이 정체되고 인구가 마이너스 성장을 하는 곳도 나타났다.

중국에서 빠르게 도시화가 이루어지고 구미 국가 도시화가 높은 수준에 달한 것과 비교해, 아프리카와 남아시아지역의 도시화는 인프라 방면에서 매우 낙후되어 있고, 일부 지역은 낙후 정도가 심각한 수준인 것으로 나타났다.

유엔(UN)의 데이터에 따르면, 1950년 미국의 도시화율은 64.2%에 달했는데 중국의 도시화율은 2020년이 되어서야 61.4%에 달했다. 이는 최근 중국의 도시화가 매우 빠르게 진행되기는 했지만 여전히 갈 길이 멀다는 것을 의미한다.

한편, 도시화가 빠르게 진행되면서 경제 성장과 함께 나타난 자원 부족, 교통 체증, 환경 오염, 생태 파괴 등 문제점에도 주목해야 한다. 도시화가 심화하면서 향후 도시 인구는 점점 더 늘어날 것이다. 전세계 기후 변화 등 중대한 문제와 함께 많은 사람들의 일상생활과 긴밀히 연관되어 있는 도시 환경에도 더욱 많은 관심을 가질 필요가 있다.

问题的答案在文章中很容易找到，关键是要在短时间内迅速找到。该论文对过去18年全球城市化进程中的城市扩张、人口增长和城市环境变化进行了量化分析；在过去18年的时间里，中国新增城市面积占全球新增城市总面积的47.5%；中国的城市扩张速度是高收入国家的3倍以上；可能带来资源短缺、交通拥堵、环境污染、生态破坏等问题。

寻读和跳读的不同之处在于，跳读是对语篇内容有了总体了解之后再根据需求查找所需信息，而寻读是首先了解需要查找的内容，再从语篇中捕捉答案。这两种能力对于从大量文献中提取所需信息非常有帮助，可以大大缩短阅读与分析的时间并提高效率。

眼睛活动的参数决定阅读的速度，不能一个词一个词地读，更不能按音节读，而是一眼看几个词、一个意群、一个从句，甚至是一个句子，这就是成组视读，也叫语块阅读或意群阅读法，关键在于扩大视幅，缩短视时。

视幅是指一眼可以看到的范围，在常规阅读中，我们已经习惯一眼只看一个字，但要想更好地完成视阅口译，必须要形成整体的感知，一眼只看到一个点是远远不够的，必须能看到一个面。为了达到这个目的，可以采用舒尔特表训练法来进行练习。具体来说，把一个正方形的表格均分成相同大小的若干个小正方形，开始练习时，可以在正方形中标注数字，训练时要求能够均衡地看清所有的数字，然后以最快的速度按照数字的顺序一一找出数字，直到最后一位数字，时间越短越好。通过视幅训练，可以扩大视觉范围，能一眼看清一个面。也可以在手机上下载舒尔特表App，反复练习。

例3. 请在1分钟内读完下列文本，记录阅读时间并复述内容。

라이브 커머스는 2016년부터 부상하기 시작했다. 이 같은 짧은 시간 동안 인터넷을 활용한 생중계 방식으로 상품을 보여주고 설명하고 판매하는 새로운 모델이 빠르게 성장했다. 특히 코로나19 기간 동안 라이브 커머스는 공급과 수요를 빠르게 연결해 소비 회복을 효율적으로 촉진시켰다. 하지만 빠른 발전과 함께 일부 문제들도 동반되었다. 올 1~3분기 중국 전국에 12315 플랫폼에 접수한 라이브 방송 관련 신고 건수는 2만 1,900건에 달했다. 이는 전년 동기 대비 479.6% 증가한 수치이며, 이 중 라이브 커머스 관련 건수는 전체의 약 60%를 차지했다. 주로 상품 품질 불량, 과장 홍보로 소비자의 충동 소비를 부추기거나 판매 후 환불 및 교환이 제대로 이루어지지 않는다는 문제들이 지적되었다. 라이브 커머스는 많은 소비자와 관련되는 만큼, 이에 대한 효과적인 규제를 실시해야 한다는 목소리가 높아지고 있다.

以上内容在复述时可以抓住几个要点：直播带货的销售模式、积极作用与问题。销售模式为网络直播介绍商品；作用在于迅速匹配供需、促进经济复苏；问题体现在投诉数量急剧增加，主要问题包括质量不过关、夸大宣传和售后退换货难，因此将直播带货纳入有效监管的呼声越来越高。只要准确捕捉到这几个信息要点并补充细节，就可以复述出主要内容了。

在练习外语阅读时，往往会碰到这样的困难：文本篇幅一长，阅读时很难保持持续的注意力；阅读速度不快、效率低下；仅仅局限于阅读，对其他技能没有显著促进。针对这些问题，可以采取读长法。采用读长法时有三个原则：第一，阅读材料的难度应等同于或略低于读者的阅读水平。第二，阅读时间应至少是常规阅读训练时间的三倍。第三，阅读过程中，要有规律地不断反思已读的内容。

之所以要坚持这三个原则，是因为，首先，如果阅读材料的难度较大，读者很难理解其内容，就很容易排斥阅读行为，无法坚持阅读较长的时间。其次，阅读时间几倍于常规阅读更容易使读者沉浸在阅读材料中，体会外语的语言特点，深入体会内容。最后，不断反思回顾已读内容，有利于培养读者的记忆能力，并内化为读者的外语使用能力。通过读长法的训练，不仅可以提高阅读速度、增强理解能力，还可以为视译的其他环节打下坚实基础。

快速阅读也需要锻炼短时记忆，短时记忆亦称工作记忆，贯穿视译过程的始终，对视译的实现起着至关重要的作用。要想提高视译中的短时记忆能力，应从以下四点着手：

第一，注重理解，理解是记忆的前提，在进行阅读练习时要有意识地培养自己的理解能力。

第二，将理解的内容尽量视觉化，视觉化的信息会加强短时记忆的深度。

第三，筛选有意义的信息进行记忆，阅读到的文字繁多，但是有意义的信息载体是有限的，通过有意义的信息可以进行有效的预测和意义衔接。

第四，记忆逻辑线索，关键的逻辑线索可以唤醒已经模糊的信息，强化记忆的内容。

通过这四个方面的练习，可以延长短时记忆的保持时间，从而提高视译的效率。

二、段落视译

| 中国智慧城市建设现状 |

韩　　文	中文释义
스마트시티(smart city)	智慧城市
당면하다(當面--)	面临
도시화(都市化)	城镇化
인터넷 플러스(internet plus)	互联网+
야심차다	雄心勃勃的
붐(boom)	热潮
클라우드 서비스(cloud service)	云服务
빅데이터(big data)	大数据
사물 인터넷(事物 internet)	物联网
세대 교체(世代交替)	更新换代

전세계적으로 스마트시티의 건설이 가장 빠르고 활발하게 진행되는 국가는 바로 중국이라고 할 수 있다. 중국 정부는 새로운 성장 동력을 발굴하고 국내적으로 당면한 여러 가지 문제들을 해결하기 위하여 적극적으로 신형 도시화 사업을 추진해 오고 있다.

인터넷 플러스를 통하여 인터넷과 모든 것을 결합시키려는 중국 정부의 야심찬 구상은 농업, 제조업과 서비스업 등 산업 부문 뿐만이 아니라 생활, 의료, 교통, 교육, 건강, 환경 등 광범위한 분야를 포함하고 있으며 낙후 지역 개발과 신형 도시화 사업에도 그대로 적용되고 있다.

2013년 중국은 전국에서 첫 번째 스마트시티의 시범구를 지정했는데 이는 중국의 낙후 지역과 지방을 중심으로 스마트시티 건설 붐을 촉발시켰다. 2019년 현재 중국의 스마트시티는 클라우드 서비스, 빅데이터, 사물 인터넷 등 첨단 기술을 중심으로 한 급속한 기술의 세대 교체를 통하여 엄청난 양의 상업적 응용과 혁신을 이루고 있다.

中国是世界上智慧城市建设最快、最活跃的国家。中国政府一直在积极推进新型城镇化，挖掘新增长动力，解决国内面临的各种问题。

中国政府雄心勃勃的计划是通过“互联网+”将互联网同一切结合起来，不仅包括农业、制造业和服务业等产业，甚至囊括了生活、医疗、交通、教育、卫生和环境等广泛领域，还适用于落后地区的开发和新型城镇化项目。

2013年，中国指定了国内首个智慧城市示范区，引发了以中国欠发达地区和各省为中心的智慧城市建设热潮。截至2019年，中国智慧城市正在通过以云服务、大数据、物联网等高科技为核心的技术迅速更新换代，实现大量的商业应用和创新。

视译译文

	断　　句	译　　文
1	전세계적으로	世界上
2	스마트시티의 건설이	智慧城市建设
3	가장 빠르고	最快、
4	활발하게 진행되는 국가는	最活跃的国家
5	바로 중국이라고 할 수 있다.	就是中国。
6	중국 정부는	中国政府
7	새로운 성장 동력을 발굴하고	为了挖掘新增长动力，
8	국내적으로 당면한 여러 가지 문제들을 해결하기 위하여	解决国内面临的各种问题
9	적극적으로 신형 도시화 사업을 추진해오고 있다.	一直在积极推进新型城镇化。
10	인터넷 플러스를 통하여	通过"互联网＋"
11	인터넷과 모든 것을 결합시키려는	将互联网和一切结合起来，
12	중국 정부의 야심찬 구상은	中国政府这一雄心勃勃的计划
13	농업, 제조업과 서비스업 등	涵盖农业、制造业和服务业等
14	산업 부문 뿐만이 아니라	产业，
15	생활, 의료, 교통,	以及生活、医疗、交通、
16	교육, 건강, 환경 등	教育、卫生和环境等
17	광범위한 분야를 포함하고 있으며	广泛领域，
18	낙후 지역 개발과	落后地区的开发
19	신형 도시화 사업에도	和新型城镇化项目
20	그대로 적용되고 있다.	也同样适用。
21	2013년	2013 年，
22	중국은 전국에서	中国在国内
23	첫 번째 스마트시티의 시범구를 지정했는데	指定了首个智慧城市示范区，
24	이는 중국의 낙후 지역과 지방을 중심으로	以中国欠发达地区和省份为中心，
25	스마트시티 건설 붐을 촉발시켰다.	引发了的智慧城市建设热潮。
26	2019년 현재	截至 2019 年，
27	중국의 스마트시티는	中国智慧城市
28	클라우드 서비스, 빅데이터,	以云服务、大数据、
29	사물 인터넷 등 첨단 기술을 중심으로 한	物联网等高科技为核心
30	급속한 기술의 세대 교체를 통하여	通过技术迅速更新换代，
31	엄청난 양의 상업적 응용과	实现大量的商业应用
32	혁신을 이루고 있다.	和创新。

三、实战练习

韩 文	中文释义
내비게이션 (navigation)	导航仪
그릇	容器
포켓몬 고(Pokemon Go)	精灵宝可梦 GO（由多家公司联合制作开发的增强现实宠物养成对战类 RPG 手游。）
길라잡이	带路人、向导
공모전(公募展)	作品征集大赛
슬로건(slogan)	标语、口号
노력을 아끼지 않다	不遗余力、不辞辛劳
공감대를 만들다	引起共鸣、形成共识

1. 인사 말씀

제4차 산업혁명 시대를 주도할 공간 정보 기술을 한자리서 만날 수 있는 '2017 스마트 국토 엑스포' 개막을 축하합니다.

바쁘신 중에도 행사에 참석해 주신 모든 분께 감사의 말씀을 드립니다.

그동안 공간 정보 발전을 위해 노력을 아끼지 않으셨던 산학연 관계자와 내외 귀빈 여러분께도 감사드립니다.

2. 2017 스마트 국토 엑스포 행사의 의의

2008년 처음 시작된 스마트 국토 엑스포는 공간 정보 산업의 발전과 늘 함께해 왔습니다.

어렵고 딱딱했던 공간 정보가 어떻게 실생활에 적용되는지, 미래 신산업에는 어떻게 응용되는지, 국민 여러분께 쉽고 친근하게 전달하며 그 중요성과 가치에 대하여 공감대를 만들어 왔습니다.

공간 정보 산업의 발전 방향과 미래를 엿보는 기회도 제공해 주었습니다.

해외 고위급 인사, 전문가들과 공간 정보 분야의 협력 체계를 다지고, 최신 기술 동향을 살피는 토대가 되기도 했습니다.

이처럼 올해로 10주년을 맞은 스마트 국토 엑스포는 공간 정보 산업의 지난 10년을 돌아보고 앞으로의 10년, 나아가 100년을 준비하는 소중한 기회의 장이 될 것입니다.

3. 4차 산업혁명 시대의 공간 정보 가치

내외 귀빈, 그리고 관람객 여러분, 공간 정보는 우리 삶 속에 매우 익숙하고 가깝게, 때로는 따뜻하게 다가와 있습니다.

그리고 이제는 우리 생활에 없어서는 안 될 필수 인프라로 자리 잡았습니다.

언제 어디에서건 스마트폰에 목적지만 입력하면 가장 가까운 버스나 지하철 정류장 위치와 도착 예정 시간을 알려줍니다.

내비게이션은 교통 상황을 고려해 가장 빠른 길을 안내해주고 주유소, 주차장 등 부가적인 정보도 제공합니다.

점심시간에는 주변의 맛집을 알려주고, 여행지에서 하룻밤 머무를 숙소를 찾아주기도 합니다. 이 모두가 공간 정보가 있어 가능한 일입니다.

다양한 분야에서 활용되고 있는 공간 정보는 '세상의 모든 정보를 담아내는 그릇'이라 할 만큼 융합하기를 좋아합니다.

또, 융합하면 할수록 그 가치는 더해가기에 무궁무진한 발전 가능성을 지니고 있습니다.

위치 찾기·길 찾기 등 생활편의 제고, 게임·영화 등 문화 사업, 드론·자율차 등 신산업 등 다양한 분야와 결합하고 있습니다.

이제는 공간 정보가 활용되지 않는 분야가 거의 없을 정도입니다.

지난해 포켓몬 고 열풍에서 보았듯 공간 정보는 제4차 산업혁명의 핵심 인프라입니다.

그리고 그 가치는 우리의 상상 이상입니다.

4. 스마트 국토 엑스포 행사 추진 방향

올해 스마트 국토 엑스포는 '4차 산업혁명의 길라잡이, 공간 정보'라는 슬로건 아래 다양한 계층과 소통을 시도하고자 합니다.

우리의 미래인 어린이들이 공간 정보에 더 많은 흥미를 느끼고 쉽게 다가갈 수 있도록 체험형 전시 콘텐츠를 구성했습니다.

올해 처음으로 '스마트 아동안전지도' 공모전도 진행됩니다.

청년들의 창의적 생각이 창업으로 이어질 수 있도록 지원할 '공간 정보 융·복합 활용 우수 사례 경진 대회'도 마련했습니다.

이 외에도 비즈니스 미팅, 산업 현장 방문 등을 통해 국내 기업의 해외 진출도 적극 지원하고자 합니다.

5. 마무리 말씀

우리 국토교통부는 국민 여러분께서 체감할 수 있는 정책으로 더 가까이, 더 따뜻하게 다가가고자 합니다.

드론, 자율주행차 등 신산업의 발전을 위해 고품질 공간 정보를 구축해 나가겠습니다.

또한, 누구나 쉽게 활용할 수 있도록 공간 정보의 개방을 확대해갈 것입니다.

공간 정보를 자유롭게 활용할 수 있게 되고 창의적이고 혁신적인 생각이 더해진다면, 우리 경제를 이끌어가고 생활을 더욱 편리하고 안전하게 만들어줄 미래 신산업이 탄생할 것이라 믿습니다.

공간 정보가 청년들에게는 '희망'을 국민 여러분께는 '행복'을 더해주는 '따뜻하고 친근한' 인프라가 되길 바랍니다.

다시 한 번, 참석해주신 내외 귀빈 여러분께 감사의 말씀을 드리며, 본 행사가 유익하고 즐거운 시간이 되기를 기대합니다.

감사합니다.

——2017 스마트국토엑스포 개회사

难句解析与视译处理

句1: 제4차 산업혁명 시대를 주도할 공간 정보 기술을 한자리서 만날 수 있는 '2017 스마트 국토 엑스포' 개막을 축하합니다.

译文: "2017智慧国土博览会"汇集了主导第四次工业革命时代的空间信息技术，祝贺博览会开幕!

视译译文

	断　　句	译　　文
1	제4차 산업혁명 시대를 주도할	主导第四次工业革命时代的
2	공간 정보 기술을	空间信息技术
3	한자리서 만날 수 있는	荟萃一堂，
4	'2017 스마트 국토 엑스포' 개막을 축하합니다.	祝贺"2017智慧国土博览会"开幕!

句2: 어렵고 딱딱했던 공간 정보가 어떻게 실생활에 적용되는지, 미래 신산업에는 어떻게 응용되는지, 국민 여러분께 쉽고 친근하게 전달하며 그 중요성과 가치에 대하여 공감대를 만들어 왔습니다.

译文: 博览会通俗易懂、亲切生动地告诉国人，深奥而枯燥的空间信息如何应用于现实生活和未来新兴产业，并引起人们对其重要性和价值的共鸣。

视译译文

	断　　句	译　　文
1	어렵고 딱딱했던 공간 정보가	深奥而枯燥的空间信息
2	어떻게 실생활에 적용되는지,	如何应用于现实生活
3	미래 신산업에는 어떻게 응용되는지,	和未来新兴产业,
4	국민 여러분께 쉽고 친근하게 전달하며	博览会通俗易懂、亲切生动地告诉国人,
5	그 중요성과 가치에 대하여	使人们对其重要性和价值
6	공감대를 만들어 왔습니다.	产生共鸣。

句3: 이처럼 올해로 10주년을 맞은 스마트 국토 엑스포는 공간 정보 산업의 지난 10년을 돌아보고 앞으로의 10년, 나아가 100년을 준비하는 소중한 기회의 장이 될 것입니다.

译文: 智慧国土博览会今年迎来了举办十周年，它将提供一个宝贵的机会，让我们得以回顾过去十年的空间信息产业，并为今后十年乃至百年做准备。

视译译文

	断　　句	译　　文
1	이처럼 올해로 10주년을 맞은 스마트 국토 엑스포는	今年智慧国土博览会迎来了举办十周年,
2	공간 정보 산업의 지난 10년을 돌아보고	让我们回顾过去十年的空间信息产业,
3	앞으로의 10년, 나아가 100년을 준비하는	为今后十年乃至百年做准备
4	소중한 기회의 장이 될 것입니다.	它将提供这样一个宝贵的机会。

句4: 공간 정보를 자유롭게 활용할 수 있게 되고 창의적이고 혁신적인 생각이 더해진다면, 우리 경제를 이끌어가고 생활을 더욱 편리하고 안전하게 만들어줄 미래 신산업이 탄생할 것이라 믿습니다.

译文: 我相信，如果能自由利用空间信息，加上富有创意的创新思路，那么拉动我国经济增长、使生活更加便利安全的未来新业种也将随之诞生。

视译译文

	断　　句	译　　文
1	공간 정보를 자유롭게 활용할 수 있게 되고	如果能自由利用空间信息,
2	창의적이고 혁신적인 생각이 더해진다면,	加上富有创意的创新思路,
3	우리 경제를 이끌어가고	那么拉动我国经济增长,
4	생활을 더욱 편리하고 안전하게 만들어줄	使生活更加便利安全的
5	미래 신산업이 탄생할 것이라 믿습니다.	未来新业种也将随之诞生。

四、自主练习

韩　　文	中文释义
안전망(安全網)	安全保障体系
포용력(包容力)	包容力、包容性
도시재생(都市再生)	城市再生
경기부양(景氣浮揚)	提振经济
접목하다(椄木--)	嫁接、移植、结合、接轨
업무 협약식(業務 協約式)	业务合作签约仪式
터전	基地、家园
CCTV(closed-circuit television)	闭路电视、监控
어젠다(agenda)	主题、议题
골든 타임(golden time)	黄金时间
구글(Google)	谷歌
테슬라(Tesla)	特斯拉
과학기술정보통신부(과기부)	科学技术信息通信部
국토교통부(국토부)	国土交通部
공모전(公募展)	作品征集活动
MOU(Memorandum of Understanding)	谅解备忘录
ISO(International Organization for Standardization)	国际标准化组织
에콰도르(Ecuador)	厄瓜多尔
UN Habitat Ⅲ 회의	联合国住房和城市可持续发展大会（联合国人居三大会）
클라우드 컴퓨팅(cloud computing)	云计算
양질(良質)	高质量、高水平
선도하다(先導--)	引领、引导
확산(擴散)	扩张
도약하다(跳躍--)	腾飞、跨越
통합하다(統合--)	融合、合并、一体化
획기적(劃期的)	大大地、极大地

여러분 반갑습니다.

오늘 국토교통부와 과학기술정보통신부, 서울시가 클라우드 기반 스마트 도시 안전망 구축을 위해 협력하게 되어 매우 기쁩니다.

(도시 플랫폼 스마트시티)

여러분께서 잘 아시는 것처럼 스마트시티는 지속 가능하고 포용력 있는 도시를 만들기 위한 핵심 수단입니다.

또한, 도시를 플랫폼으로 첨단 기술과 문화 콘텐츠 등이 융합되어 신산업 육성과 양질의 일자리를 창출할 수 있을 것으로 기대되고 있습니다.

실제로 선진국들은 기후변화에 대한 대응과 도시재생을 위해, 신흥국들은 급격한 도시문제 해결과 경기 부양을 위해 스마트시티를 추진 중입니다.

ISO 등 세계 3대 표준화 기구가 '표준으로 더 스마트해진 도시'를 올해의 슬로건으로 정하고 스마트시티에 대한 표준화 논의를 활발히 진행하고 있는 것도 이와 같은 흐름을 반영한 것이라고 볼 수 있겠습니다.

지난해 에콰도르에서 개최된 UN Habitat Ⅲ 회의에서도 향후 20년의 국가도시정책의 방향인 신도시 의제로 '스마트시티'를 채택하였습니다.

앞으로 스마트시티는 우리나라뿐만 아니라 전 세계적으로 각종 도시 문제 해결과 신산업 육성의 핵심 어젠다가 될 것입니다.

(4차 산업혁명과 스마트시티)

한편으로 스마트시티는 4차 산업혁명을 이끄는 다양한 신기술을 도시라는 공간에 담아내는 플랫폼이기도 합니다.

4차 산업혁명을 선도하는 글로벌 기업들은 공장이 아닌 도시에서 새로운 가치를 만들어내고 있습니다.

구글과 테슬라는 도시를 실험실로 삼아 새로운 산업을 탄생시키고 있습니다.

도시가 그 어느 때보다도 성장의 핵심으로 부상하고 있는 만큼, 정부는 교통, 환경, 에너지 등 기반 시설에 인공지능, 빅데이터, 사물인터넷, 클라우드 컴퓨팅 등을 접목한 스마트시티를 국가 전략적인 차원에서 확대하여 추진할 것입니다.

얼마 전, 국가적 차원에서 스마트시티 조성·확산을 논의하기 위해 스마트시티 특별위원회를 구성하였습니다.

스마트시티 선진국으로 도약하기 위해 세계적 수준의 시범도시 조성과 노후 도심에 대한 스마트화, 기존 스마트시티의 성과 확산 방안을 논의할 것입니다.

(클라우드 기반, 스마트 도시 안전망 구축)

내외 귀빈 여러분,

스마트시티는 '사람이 중심'이 된 삶의 터전으로서의 따뜻한 도시가 되어야 합니다.

이를 위한 기본으로 가장 우선되어야 하는 것이 각종 재난·범죄로부터의 안전이라고 생각합니다.

오늘, 국토부와 과기부, 서울시는 우리나라 제1의 도시 서울에 클라우드, 스마트시티 등 신기술을 적용하여 대규모 광역 도시 안전망을 구축하고자 한자리에 모였습니다.

현재, 개별적으로 운영 중인 서울시 25개 구청의 모든 CCTV를 하나로 통합하고, 112·119, 재난·사회적 약자 보호를 위한 재난·안전 관련 정보시스템들을 연계할 것입니다.

이번 사업을 통해 서울 시민의 생명과 재산 보호를 위한 골든 타임을 획기적으로 연장할 수 있게 될 것으로 기대합니다.

(마무리 말씀)

오늘 첫 발을 내디딘 이번 사업이 빠른 시일 내에 마무리돼 서울 시민의 안전이 크게 향상될 수 있기를 기원합니다.

나아가 환경, 교통, 복지, 여가 등에서도 다양한 신기술 협력 사업이 이루어져 삶의 질 향상에 기여하길 희망합니다.

우리의 모든 도시가 안전하고 편리해지는 날이 하루 빨리 만들어질 수 있도록 함께 힘을 모으고 노력해 갑시다.

——스마트 도시 안전망 구축 MOU 환영사

第三课

信息提取

口译主题 | 自动驾驶

段落视译 | 百度建成全球最大自动驾驶测试基地

实战练习 | 자율차 테스트베드 K-City 준공식 축사

自主练习 | 자율 주행차 테스트베드 K-City 착공식 격려사

一、技巧讲解

视译是分散注意力的典型例子，几乎需要同时完成几个不同的认知任务：阅读源语信息、信息重组、翻译成目的语、监控自己的语言输出等。

初学者倾向于对出现在眼前的文字按照从左到右的顺序逐字翻译，而熟练的译员则使用的是非线性方法，在翻译之前，他们会分别收集主语、谓语以及宾语的信息。专业的译员可以自如地在书面信息读取和口头翻译输出之间进行转换，而初学者则可能会更多地受到书面信息的干扰。心理学研究表明，经过最短六个月的集中训练，人们可以获得程序化的技能，从而在同一时间完成不同的任务。

在口译现场，如果发言稿在会议开始前送来，有时在短时间内通过跳读与寻读都无法看完的长稿，译员可以简单看一下大意，重点看一下引言和结尾，还需要把引言和结尾中的关键词和重要词语翻译一下，译好引言、结尾和关键词会给观众留下良好的印象，给译员工作带来信任感和信心。[4]

有研究认为，视译不同题材的文章时，快速提取信息的摘要式加工有不同的应对策略。具体说，在面对同传任务时，如果译员是在口译现场拿到口译任务的书面材料或拿到材料的时间很仓促，译员需要运用不同的摘要方式以高效获取文本的关键信息：对经济类文章，译员需快速记忆首句和关键词，关键词为文中出现频率较高的词，从而快速抓住全文的重要信息，进行高效同传。对于文化类题材的文章，译员在完成同传任务之前应速记题目和关键词，从而确保快速掌握全文的核心信息。对于政治类题材文章，同传译员要快速记住文章的题目、首句和关键词，以确保高效同传。[5]

无论如何，题目、引言、结尾和关键词都是我们在提取信息时需要重点关注的因素。在时间允许的情况下，则需要理清段落之间的逻辑关系以及句子结构。在处理段落和语篇时，要特别注意三个方面的内容：

一、要尽早抓住段落和语篇的核心意思。翻译过程是否主动取决于对核心意思的把握，翻译时要努力理解每一句话所包含的信息，并把握句与句之间的前后照应关系，特别要注意每一段演讲的第一句话，因为第一句话往往引出一整段的话题或是给全段定基调，可由此把握核心话题或推断出话者所要表达的思想、情感、主张等等。

二、要学会抓住篇章里的关联词和转折词。韩语有大量的连接、指代和转折等意义的功能词汇，如：그래서, 그러면, 그게, 그런데, 그러나, 그렇지만等。这些词是讲话人所要

4 仲伟合 . 英汉口译教程（下）[M]. 北京：高等教育出版社，2007.

5 王建华 . 同声传译中的视译记忆实验研究 [J]. 中国翻译，2009(6)：25-30.

表达思想和情感的揭示词，可以提示句子间的内在逻辑关系，因此不应忽略。当然，话者想要表达的主要思路、基本大意还是取决于由实词构成的句子或短语，有时也可能出现关联词和转折词使用不当的情形。因此既要注意到关联词和转折词在表述上下文关系时的作用，同时更要注意话者表达的主要观点，力争做到对所有的词语、意群、句子的理解和表述准确无误。

三、抓住篇章的整体风格。这里指广义的风格，它包括文本的风格（公文体、口语体等）、演讲风格（辩论、调侃或幽默等）以及演讲者的情绪状态（高兴、失望、疑虑等）三个方面。风格是体现在篇章、段落、句子与词汇之中的，并且相互交错和渗透，从而形成了比较完整的风格的语义聚集，因此，口译应力图把握这种总体风格，才能做到既达意又传神。

例1.

올해 BIXPO는 '에너지 전환과 디지털 변환'을 주제로 내걸었습니다. 에너지 산업이 직면한 두 가지의 시대적 과제가 바로 에너지 전환과 디지털 변환입니다. 이런 두 가지 과제가 국내와 세계에서 어디까지 와 있으며, 앞으로는 어디로 갈 것인가? 그것을 이번 BIXPO가 잘 보여주리라 기대합니다.

在这段话中，第一句话提到了本次国际电力技术博览会的两大主题“能源转型与数字化转型”，引出了这段话的核心话题，后面的内容都是对这两大主题的具体阐释，谈到了两大主题的具体内容及意义。

例2.

나라 안팎으로 관광객이 부쩍 늘고 있습니다. 국내를 관광하시는 국민도, 외국인도 착실히 증가합니다. 중국과 일본의 관광객이 회복되고 있습니다. 동남아를 비롯한 세계 각지에서 한국을 찾는 사람이 많아졌습니다.

그러나 외국인 관광객들은 서울과 제주, 경기와 부산에만 집중됩니다. 더구나 국내 관광의 성장보다 훨씬 빠르게 우리 국민의 해외 여행이 늘어납니다. 그래서 **관광 적자가 해마다 새로운 기록을 세우며 커지고 있습니다.**

이러한 문제를 해결하려면 국내 관광을 고르게 발전시켜야 합니다. 국내 이곳 저곳의 유형, 무형의 자산을 더 매력 있고, 더 편리하고, 더 알차게 가꾸어야 합니다. 우리 국민 한 분 한 분이 더 친절하고, 교통편과 숙소가 더 깔끔해져야 합니다. 우리의 볼거리, 먹을거리, 놀거리를 포함한 모든 문화가 더 좋아지고 풍성해져야 합니다. 그렇게 만드는 일에 정부와 지자체와 관광인 여러분이 함께 나서야겠습니다.

上述例子中，第一段第一句引出了这一段话的主题，谈到了目前韩国旅游产业现状，国内外游客数量急剧增加，后面对这一旅游现状做了具体说明，提到了韩国国内外、中国和日本乃至东南亚游客的情况。第二段提到了韩国旅游业赤字连年扩大，原因在于各地旅游发展不均衡、出境游增速大于入境游。第三段第一句给后面的内容定下了基调：要想解决这一问题，需要实现境内旅游均衡发展。接下来谈到了具体措施：提升各项文化遗产的吸引力、改善服务态度、交通、住宿、餐饮及游乐设施，最后号召中央和地方政府以及旅游业界共同努力。

例3.

지난 4월 25일 '국경 없는 기자회'에서 '언론 자유도'를 발표했습니다. 우리나라는 180개국 중 43위로, 63위인 작년에 비해 대폭 상승하였습니다. 저는 작년 이 자리에서 2016년 70위까지 하락한 '언론 자유도'로 인해 안타까운 마음을 토로한 바 있습니다.

그런데 여러분들께서 중심이 되어 노력해 주신 덕분에 이런 결과를 받게 되어서 작년보다 마음이 가볍습니다. 여러분의 노고에 깊이 감사드립니다.

존경하는 언론인 여러분!

그럼에도 현재 우리 언론은 다양한 위기에 처해 있습니다. 신문은 과거의 압도적인 영향력이 약화되었고, 가짜뉴스들로 인해 언론의 신뢰도가 상처를 받고 있는 것이 현실입니다. 4차 산업혁명 시대에 빠르게 발전하고 있는 디지털 기술은 언론의 형식과 기존 체계를 크게 위협하고 있습니다. 다양한 미디어 플랫폼의 출현으로 저널리즘의 주체와 영역은 언론인 뿐만 아니라 일반인들에게도 확산되고 있습니다.

존경하는 언론인 여러분!

이 같은 위기는 저널리즘 발전의 또 다른 모습이기도 합니다. 신문은 새로운 영역과 역할을 찾아내고, 언론은 신뢰 회복을 위한 지속적인 자가 발전을 보여줄 것입니다. 저는 이 시대의 언론이 환경의 변화에 능동적으로 대응하고 새롭게 발전하는 모습을 보여줄 것이라는 믿음을 가지고 있습니다.

또한 저는 이러한 변화 속에서도 변하지 않는 가치가 있다는 사실을 잊지 않고 있습니다. 그것은 바로 '기자 정신'입니다. 기자 정신은 진실을 추구합니다. 기자 정신은 언론인으로 바로 서 있게 하는 자긍심입니다. 기자 정신은 저널리즘의 윤리를 완성합니다.

정부는 이러한 언론인들의 긍지와 기자 정신을 존중할 것입니다.

무엇보다 공정하고 건강한 언론 환경 조성을 위해 최선을 다하겠습니다. 최근 4,247명의 언론인들이 서명 운동에 참여하신 프레스센터 문제에 대해서 정부도 근본적인 해결책을 찾기 위해 노력하겠습니다.

아울러 새롭게 열리고 있는 남북 화해와 협력의 시대적 흐름에 맞춰 남북 언론 교류를 위해서도 언론인 여러분들과 함께 고민하고, 또 지원하겠습니다.

다시 한번 창립 54주년을 진심으로 축하 드리며, 한국기자협회의 발전과 이 자리에 참석하신 모든 분들의 건승과 평안을 기원합니다. 고맙습니다.

上述例子中，第一个转折词“그런데”是对现状描述的转折，尽管前一年韩国“新闻自由度”排名不理想，但是在媒体人的努力下，今年有了很大的提升。第二个转折词“그럼에도”引出了问题，虽然有所改善，但目前韩国媒体面临着多重挑战：报纸影响力削弱、媒体可信度降低、新技术对媒体形式与体制造成威胁、媒体平台导致新闻主体及领域扩大。后面提出了期待：相信媒体会积极应对并实现发展——报纸会找到新领域发挥新作用，媒体也会努力恢复公众信任。

第三个关联词“또한”引出另一个话题“恪守记者精神的价值”，第四个关联词“무엇보다”和第五个关联词“아울러”是并列关系，表示政府会尊重媒体人的记者精神，具体采取两个措施，一是提供公正健全的媒体环境，二是促进朝韩媒体交流。最后一个关联词“다시 한번”与开篇相呼应，并且预示致辞结束。

以上两篇练习均选自正式的演讲致辞，风格均为严肃郑重的正式场合。抓住转折词和关联词可以帮助我们更好地把握发言人的思路并理清逻辑关系，抓住核心意思。

下面介绍几种提取信息的方法：高频词法、标题法和核心句提取法。

首先是高频词法，顾名思义，高频词法就是抓住一段讲话中出现频率较高的词，在理清逻辑关系的基础上，借助这些高频词及其关联词来把握整个语篇的意思。

经过高频词梳理之后，就可以复述出大意。学会查找高频词和关联词有助于提取核心信息，减轻记忆负荷，同时可以理清逻辑，加深理解。

第二种是标题法，采用这种方法需要有一定的前提条件，即原文中要有相应的小标题。基本上，一个演讲文本中如果有一些相应的小标题，就像PPT文件中的小题目一样具有提示作用，可以帮助我们更好地抓住每一部分的核心内容。

第三种核心句提取法则是从文本中提取核心内容，对主要内容进行概括。在有效信息较多的演讲中，这种方法可以帮助我们抓住重点；在冗余信息较多的演讲中，这种方法可以帮助我们去除冗余，提取主干信息。

下面以高频词法为例看如何提取信息。

例4.

내외 귀빈 여러분, 지금 지구는 **기후 변화**라는 거대한 **도전**에 직면해 있습니다.

세계에서 행복 지수가 1위로 손꼽히는 남태평양 도서국가 바누아투는 지난달 대형 사이클론으로 26만 명의 국민이 삶의 **터전**을 잃었습니다. 또한, 상당수 도서 국가들은 **기후 변화**로 인해 **해수면** 상승 등 **영토**의 존재 자체가 위협받고 있습니다.

한국 역시 **기후 변화**의 영향으로부터 자유롭지 않습니다. 2050년까지 조선반도의 **기온**은 3.2℃, **강수량**은 15.6%가 증가하고 **해수면**은 약 27㎝ 높아질 것으로 전망되고 있으며, **기후 변화**의 진행 속도는 세계 평균 속도를 웃돌고 있습니다.

우리 모두가 직면한 이 거대한 **도전**은 국제 사회가 함께 고민해야 할 인류 공동의 **과제**입니다. 한 국가 차원의 노력으로는 결코 해결할 수 없으며, 전 지구적인 **공조**가 필요한 사안입니다.

上面第一句是这几段内容的核心句，首先说明人类面临的气候变化问题十分严峻，之后举了瓦努阿图和韩国的例子，说明具体的程度，最后号召全球联合起来应对气候问题。

在这几段内容中，出现频率最高的词是“기후변화”，其次是“도전”和“해수면”，“도전”一词的关联词有“과제”和“공조”，“해수면”的关联词有“기온”“강수량”“터전”“영토”等。通过这些高频词和关联词，补充适当的关键词，可以将上述内容梳理如下：

核心句　①全球气候问题 巨大挑战

举例1　②瓦努阿图 飓风 失去家园

其他岛国 海平面上升 领土受威胁

举例2　③韩国 气温上升

降雨量增加

海平面上升

气候变化高于平均

结论　④全球合作 共同应对

下面通过练习来看一下核心句提取法如何使用。

例5.

친애하는 자동차 산업 관계자 여러분!

최첨단 자동차 기술 동향을 대거 만날 수 있는 ‘2015 서울 모터쇼’에서 **축하의 말씀을 드리게 되어 매우 뜻깊게 생각합니다**.

먼저, 우리나라가 세계 5위 자동차 생산국으로 발돋움하는데 기여해 오신 자동차 연구 개발 분야 **전문가 여러분께 깊은 감사와 격려의 말씀을 드립니다**.

지난 20여 년 동안 **서울 모터쇼는** 자동차의 성능과 안전을 상호 비교해 보는 장으로서, 기술 개발을 촉진하고 미래 방향을 제시하는 등 우리 **자동차 산업의 발전에 크게 기여해 왔습니다**.

특히, **올해 행사에서는** 월드 클래스급의 **다양한 신형 모델이 처음 공개될 뿐 아니라**, 생활과 예술 등 다른 산업과 융합된 자동차를 경험해 보는 **특별한 전시가 많아** 더 큰 기대를 모으고 있습니다.

특히, **꼭 방문해 보실 곳이 바로 '튜닝 및 자동차 생활 문화관'입니다.**

지능형 교통 시스템(ITS)을 비롯해 가족과 함께 직접 보고 즐길 수 있는 **다양한 시승 체험을 통해** 자동차에 접목된 **기술과 디자인, 감성, 예술적 가치까지 경험할 수** 있어서 관람객들과의 소통의 기회가 한층 확대될 것으로 생각합니다.

자리를 함께 해 주신 내외 귀빈 여러분!

이곳에 와 보니, 자동차 산업이 양적으로 크게 성장한 만큼 **자동차에 대한 개념도 많이 달라졌다**는 걸 실감합니다.

단순한 이동 수단으로써가 아니라, 최근에는 자동차 기술이 정보 통신, 센서 등 타 기술 분야와 융합해 자동차 안에서 일과 중에 밀린 사무를 보거나, 목표 지점까지 자동차 스스로 안전한 주행을 가능케 하는 등 **인류의 생활 패러다임까지 변화시키고 있습니다**.

자동차산업 정책 역시 자동차를 부품으로 구성된 기계가 아닌 인간과 함께하는 문화적 도구로 인식하고, **규제 완화와 신규 산업을 육성해 나가야겠습니다**.

4월 7일부터 개최되는 국제 콘퍼런스에서 자동차와 인간과 문화가 조화롭게 상생할 수 있는 귀중한 **고견이 많이 제시되기를 기대합니다**.

정부 역시, 자동차와 함께 하는 삶이 안전하고 즐거운 시간이 되고 자동차 기술이 안전, 환경 등 **시대적 요구에도 부응할 수 있도록 함께 고민하고 지원해 나가겠습니다**.

이 자리에 함께 해주신 여러분께서도, **우리 자동차 및 자동차부품 산업**이 세계 시장에서 우뚝 설 수 있도록 **많은 관심과 격려를 부탁드립니다**.

다시 한 번 행사를 준비해 주신 **관계자 분들의 노고에 감사의 말씀을 드리며**, 여러분 가정에 행복이 가득하길 **기원합니다**. 감사합니다!

——서울모터쇼 개막식 축사

在这段演讲中，提取出相应的核心句，全篇内容即可概括如下：

①축하의 말씀을 드리게 되어 매우 뜻깊게 생각하며, 전문가 여러분께 깊은 감사와 격려의 말씀을 드립니다.

②서울 모터쇼는 자동차 산업의 발전에 크게 기여해 왔습니다.

③올해 행사에서는 다양한 신형 모델이 처음 공개될 뿐 아니라, 특별한 전시가 많습니다.

④꼭 방문해 보실 곳이 바로 '튜닝 및 자동차 생활 문화관'입니다. 다양한 시승 체험을 통해 기술과 디자인, 감성, 예술적 가치까지 경험할 수 있습니다.

⑤자동차에 대한 개념도 많이 달라졌다. 단순한 이동 수단으로써가 아니라, 인류의 생활 패러다임까지 변화시키고 있습니다.

⑥자동차산업 정책 역시 규제 완화와 신규 산업을 육성해 나가야겠습니다.

⑦4월 7일부터 개최되는 국제 콘퍼런스에서 고견이 많이 제시되기를 기대합니다.

⑧정부 역시, 시대적 요구에도 부응할 수 있도록 함께 고민하고 지원해 나가겠습니다.

⑨우리 자동차 및 자동차부품 산업에 많은 관심과 격려를 부탁드립니다.

⑩관계자 분들의 노고에 감사의 말씀을 드리며, 가정의 행복을 기원합니다.

这样就可以清晰地了解整个演讲的主要内容，准确地把握演讲人的意图，避免主要意思出错。尤其是在听译的过程当中，对于理清主次信息十分重要。

下面是一段即席演讲，其中包含部分冗余信息，口译时可以适当省略无效信息，只保留核心部分。

例6.

미국에 Peter Thiel라고 하는 사람이 있습니다. 아시는 분 많이 아시겠지만 **paypal 창업자입니다**. **창업에 관한 전세계 젊은이들이 가장 배우고 싶어하는 롤모델이죠**. **이 사람이 미국에서 Thiel 장학금을 만들었습니다**. Thiel fellowship입니다. 그런데 이 장학금은 **젊은 사람을 뽑아** 장학금을 주는데 **1년에 10만 불씩 줍니다**. 큰 돈이죠. **그런데** 이 장학금을 타려면 **조건이 하나 있습니다**. 이 장학금에 지원을 하려면은 대학교를 다니다가 **대학교를 중퇴해야 됩니다**. 대학교를 그만둔 사람에게 주는 장학금입니다. 희한하죠. **왜 대학교를** 졸업한 사람이 아니고 **중퇴한 사람에** 그렇게 **장학금을 줄까요?** 그런데 **이 장학금은 미국에서 젊은 사람들이 지원할 장학금 중에서 가장 경쟁률이 높은 장학금입니다**.

在这段介绍中，将一些重复和感叹部分去掉，剩下的便是核心信息。这便是另外一种核心句提取法，在冗余信息相对较多的即席演讲中应用较为普遍。

以上简单介绍了几种迅速提取信息的方法，掌握之后可以更加迅速准确地理解相关内容，并且使源语及译语复述逻辑更加清晰，有助于提高译语的流畅度和准确度。

二、段落视译

| 百度建成全球最大自动驾驶测试基地 |

韩　　文	中文释义
이좡 경제 개발구	亦庄经济开发区
아폴로 파크	阿波罗公园
자율 주행(自律走行)	自动驾驶
스마트카 인프라 협동 시스템	车路协同应用系统
바이두	百度
부지 면적(敷地面積)	占地面积
원거리 빅데이터 클라우드 모니터링	远程大数据云控
기준 설정(基準設定)	标定
핵심 기술(核心技術)	核心技术、关键技术

5월 26일 바이두는 베이징 이좡경제개발구에 위치한 아폴로 파크가 완공됐다고 발표했다. 아폴로 파크는 세계 최대 자율주행 및 스마트카 인프라 협동 시스템(Intelligent Vehicle Infrastructure Cooperative Systems, IVICS) 테스트 기지로 △ 차량·부속품 보관 △ 원거리 빅데이터 클라우드 모니터링 △ 운영·지휘 △ 수리·기준 설정 △ 연구·개발(R&D)·테스트 이 5개 기능을 모두 갖춘 것으로 알려졌다. 아폴로 파크의 완공으로 바이두의 자율 주행 플랫폼인 아폴로의 자율 주행 기술은 물론 IVICS 기술을 적용한 제품의 품질 향상과 응용이 가속화될 것으로 전망된다.

지난 2018년 말 구축을 위한 사전 준비에 들어간 아폴로 파크는 현재 부지 면적이 1만 3,500평방미터(㎡)에 달하며, 이미 200대가 넘는 자율 주행 테스트 차량이 배치된 아폴로의 중국 국내 최대 응용 테스트 기지이다. 바이두는 일찍이 2013년 자율주행 핵심 기술에 대한 R&D에 나섰으며, 지난 7년간 아폴로는 전 세계 최대 자율 주행 개방 플랫폼으로 자리매김했다.

5月26日，百度宣布其位于北京亦庄经济开发区的阿波罗公园已经竣工。据了解，阿波罗公园是全球最大的自动驾驶和车路协同应用测试基地，集车辆及配件仓储、远程大数据云控、营运指挥、维修与标定、研发测试五大功能于一身。预计该基地的建成不仅将加速推进百度自动驾驶平台的阿波罗自动驾驶技术，而且还将加速车路协同技术产品质量的提高和应用。

阿波罗公园自2018年底开始筹建，占地面积13,500平方米，已经配置自动驾驶测试车辆超过200台，是百度阿波罗在中国国内最大的应用测试基地。百度自2013年便开始投入自动驾驶关键技术的研发。7年来，百度阿波罗已经成为全球最大的自动驾驶开放平台。

视译译文

	断 句	译 文
1	5월 26일	5月26日，
2	바이두는	百度宣布
3	베이징 이좡경제개발구에 위치한	其位于北京亦庄经济开发区的
4	아폴로 파크가 완공됐다고 발표했다.	阿波罗公园已经竣工。
5	아폴로파크는	阿波罗公园
6	세계 최대 자율 주행	是全球最大的自动驾驶
7	및 스마트카 인프라 협동 시스템	和车路协同应用
8	테스트 기지로	测试基地，
9	△ 차량·부속품 보관	集车辆及配件仓储、
10	△ 원거리 빅데이터 클라우드 모니터링	远程大数据云控、
11	△ 운영·지휘	营运指挥、
12	△ 수리·기준 설정	维修与标定、
13	△ 연구·개발(R&D)·테스트	研发测试
14	5개 기능을 모두 갖춘 것으로 알려졌다.	五大功能于一身。
15	아폴로 파크의 완공으로	该基地的建成
16	바이두의 자율 주행 플랫폼인	百度的自动驾驶平台
17	아폴로의 자율 주행 기술은 물론	阿波罗的自动驾驶技术、
18	IVICS 기술을 적용한 제품의	车路协同技术产品的
19	품질 향상과 응용이	质量提升和应用
20	가속화될 것으로 전망된다.	预计也将加速。
21	지난 2018년 말 구축을 위한	自2018年底
22	사전 준비에 들어간 아폴로 파크는	阿波罗公园开始筹备，
23	현재 부지 면적이	占地面积
24	1만 3,500평방미터(㎡)에 달하며,	13,500平方米，
25	이미 200대가 넘는	已经有超200台，
26	자율주행 테스트 차량이 배치된	自动驾驶测试车辆配置于此，
27	아폴로의	是百度阿波罗
28	중국 국내 최대 응용 테스트 기지이다.	在国内最大的应用测试基地。
29	바이두는 일찍이 2013년	百度早在2013年
30	자율 주행 핵심 기술에 대한	便对自动驾驶关键技术

（续表）

	断　　句	译　　文
31	R&D에 나섰으며,	开始投入研发。
32	지난 7년간	7年来，
33	아폴로는	百度阿波罗
34	전 세계 최대 자율 주행 개방 플랫폼으로 자리매김했다.	已经成为全球最大的自动驾驶开放平台。

三、实战练习

韩　　文	中文释义
자율 주행차(自律走行車)	自动驾驶汽车
착공(着工)	开工
진력하다(盡力--)	尽力、致力于
질주하다(疾走--)	飞驰、飞奔
이내	马上、立即、立刻
드럼통(drum桶)	油桶
간파하다(看破--)	看破、看透、看穿
책정하다(策定--)	策划确定
규제 혁파(規制 革罷)	放宽限制
고도화하다(高度化--)	升级
상승효과(相乘效果)	协同效应
각자도생(各自圖生)	自谋其生
폐허(廢墟)	废墟

우리의 자율 주행차 시대를 앞당길 실험 도시 K-City가 탄생했습니다.

작년 8월 착공부터 오늘에 이르기까지 국토교통부와 교통안전공단의 관계자 여러분께서 수고 많이 하셨습니다.

자동차 산업의 난관에 대처하시며 미래자동차의 연구와 개발에 진력하시는 자동차 산업 관계자 여러분, 축하합니다.

세계 유수의 자동차 기업과 ICT 기업들은 미래자동차로 이미 질주하고 있습니다. 특히 4차 산업혁명시대의 핵심기술을 융합하고 발전시키며 자율 주행차에서의 주도권을 잡으려 치열하게 경쟁합니다.

이에 대한민국도 도전했습니다. 유럽과 미국에 비해 우리의 출발은 조금 늦었습니다. 그러나 우리의 저력과 열정으로 그 격차를 곧 좁혀 갈 것이라고 저는 믿습니다.

우리의 자동차 산업 자체가 늦게 시작했으나 이내 쫓아갔습니다. 1950년대 미군 지프의 부품과 드럼통으로 자동차를 만들던 나라가 반세기 만에 세계 5대 자동차 생산국으로 올라섰습니다.

그런 기적이 미래자동차에서도 다시 실현될 수 있다고 저는 확신합니다. 꼭 그렇게 되도록 기업과 연구 개발자 여러분과 정부가 함께 노력하기를 오늘 다짐하십시다.

지금 우리의 자동차 산업은 전환기의 강을 건너며 고통을 겪고 있습니다. 자동차 기업을 포함한 관련 기업들이 시장과 경쟁자들의 동향을 더 빨리 간파하고 미래를 내다보며, 더 빨리 대응하고 준비하기를 기대합니다. 정부는 자동차 산업을 최대한 지원할 것입니다.

정부는 지금 자동차 업계가 겪고 있는 애로를 잘 압니다. 정부는 그것을 감안한 '자동차 활력 제고 방안'과 '제조업 혁신 전략'을 이달 안에 내놓겠습니다. 자동차 업계가 지금의 고통을 딛고 새로운 경쟁력을 갖추도록 돕는 종합적 지원의 시작으로 받아들여 주시면 고맙겠습니다.

동시에 정부는 미래자동차의 준비를 위한 지원에도 노력하고 있습니다. 내년의 미래자동차 관련 예산만도 국회의 협력을 얻어 1조 원 넘게 책정했습니다.

정부는 미래자동차 개발에 걸림돌이 되는 규제를 선제적으로 없애거나 완화하고 있습니다. 관련 부처 사이의 장벽을 더 낮추고, 규제 혁파의 속도를 더 높이겠습니다. 미래자동차를 위한 스마트도로와 정밀도로지도 같은 인프라도 조속히 구축하겠습니다.

K-City는 다른 나라의 기존 실험도시보다 더 다양한 환경을 갖추고 있습니다. 세계 최초로 5G 통신망도 구축했습니다. K-City는 앞으로 점점 고도화하며 화성에 들어설 4차 산업혁명 산업단지와 상승효과를 낼 것입니다. 이런 환경이 더 나은 자율 주행차 개발에 도움을 주리라 믿습니다.

대전환의 시기는 대도전을 요구합니다. K-City는 우리의 도전을 시험할 것입니다. K-City에서 연구개발자와 기업의 여러분이 협력하며 역량을 높여 더 크게 도전하시기 바랍니다. 이제 개별기업의 각자도생으로는 성장을 지속할 수 없습니다. 산학연이 장벽을 없애고 힘을 모아야 새로운 성장을 도모할 수 있습니다.

기술보다 중요한 것이 안전입니다. 요즘 우리는 안전의 중요성을 아프도록 깨닫고 있습니다. 한국의 미래자동차가 세계 최고의 안전과 함께 달리기를 저는 소망합니다.

우리는 종래의 자동차 산업에서 성공했듯이, 미래자동차에서도 성공해야 하고, 또 성공할 수 있다고 믿습니다. 조선 전쟁의 폐허 위에서 자동차를 만들기 시작해 세계적 자동차 강국을 이루신 선조들의 도전과 성공을 기억하십시다. 선조들이 흘리신 땀과 눈물을 기억하십시다.

감사합니다.

——자율차 테스트베드 K-City 준공식 축사

难句解析与视译处理

句1: 자동차 산업의 난관에 대처하시며 미래자동차의 연구와 개발에 진력하시는 자동차 산업 관계자 여러분, 축하합니다.

译文: 我向应对汽车工业难关并致力于未来汽车研发的汽车行业有关人士表示祝贺。

视译译文

	断　句	译　文
1	자동차 산업의 난관에 대처하시며	应对汽车工业难关
2	미래자동차의 연구와 개발에 진력하시는	并致力于未来汽车研发的
3	자동차 산업 관계자 여러분,	汽车行业有关人士，
4	축하합니다.	我向你们表示祝贺!

句2: 자동차 기업을 포함한 관련 기업들이 시장과 경쟁자들의 동향을 더 빨리 간파하고 미래를 내다보며, 더 빨리 대응하고 준비하기를 기대합니다.

译文: 我们期待汽车业及与此有关的企业更快地洞察市场和竞争对手的动向，展望未来，更加迅速地做出反应和准备。

视译译文

	断　句	译　文
1	자동차 기업을 포함한 관련 기업들이	汽车业及与此有关的企业
2	시장과 경쟁자들의 동향을 더 빨리 간파하고	应更快地洞察市场和竞争对手的动向，
3	미래를 내다보며,	展望未来，
4	더 빨리 대응하고 준비하기를 기대합니다.	更加迅速地做出反应和准备。

句3: 조선 전쟁의 폐허 위에서 자동차를 만들기 시작해 세계적 자동차 강국을 이루신 선조들의 도전과 성공을 기억하십시다.

译文: 让我们铭记祖先遇到的挑战和取得的成功，他们在朝鲜战争的废墟上开始制造汽车，使韩国成为世界汽车强国。

视译译文

	断 句	译 文
1	조선 전쟁의 폐허 위에서	在朝鲜战争的废墟上
2	자동차를 만들기 시작해	开始制造汽车，
3	세계적 자동차 강국을 이루신	使韩国成为世界汽车强国，
4	선조들의 도전과 성공을 기억하십시다.	让我们铭记祖先遇到的挑战和取得的成功。

四、自主练习

韩 文	中文释义
송두리째	全部、全都、整个、连根
집약되다(集約--)	集中、概括
앗아가다	夺走
맞춤 비서	专属秘书
선점하다(先占--)	先占、抢先占领
스타트 업(Start up)	初创公司
착공하다(着工--)	动工、开工
상용화(商用化/常用化)	商用化、商业化；普遍使用、普及
협업(協業)	协作、分工
선제적(先制的)	先发制人的
디딤돌	垫脚石
명실상부하다(名實相符--)	名副其实的
실증 허브	示范中心
정밀 지도	高精地图
리콜(recall)	召回
판교	板桥（首尔京畿道地名）
셔틀버스(shuttle bus)	摆渡车
테스트베드(test bed)	测试中心、测试基地
성큼	大踏步、大步、阔步

제4차 산업혁명의 도래에 따라 지금까지 우리가 살아왔고 일해 왔던 삶의 방식들이 송두리째 바뀌고 있습니다. 특히 인공 지능, 공간 정보, 사물 인터넷 등 4차 산업혁명의 핵심 기술이 집약되어 있는 자율 주행차는 그 변화를 선도하고 있습니다. 앞으로 자율 주행차는 자동차 산업 생태계 뿐만 아니라 우리의 일상 생활에도 혁신적인 변화를 가져

올 것입니다.

먼저, 매년 4천명 이상의 목숨을 앗아가는 교통 사고를 획기적으로 줄여줄 것입니다. 또한, 완전 자율주행 시대의 자동차는 소유의 대상이나 단순한 이동 수단이 아닌 공유경제의 핵심으로서 여가와 업무를 위한 제3의 공간, 나만의 맞춤 비서가 될 것입니다. 자율 주행차 시장을 선점하기 위한 기업들과 세계 각국의 노력은 지금 이 순간에도 계속되고 있습니다.

구글과 같은 정보 통신 기술 업체는 물론, 자율주행 핵심 기술을 가진 스타트 업까지 기존 자동차 제작사들과 치열한 경쟁을 펼치면서 전통적인 산업의 경계가 모두 무너지고 있습니다. 이러한 측면에서 오늘 착공하는 K-City는 자율 주행차 상용화를 위한 기술 개발과 우리 기업의 해외 시장 진출을 도와주는 디딤돌이 될 것입니다.

오는 2018년 말에 K-City가 완공되면 실제와 유사한 고속도로, 도심, 교외 등 다양한 주행 환경에서 실험을 할 수 있게 됩니다. 또한 세계 최초로 구축된 5G 통신망은 최고 수준의 시험 환경을 제공할 계획입니다. 자율주행 기술을 개발하는 기관들은 K-City에서 반복적인 시험을 통해 새로운 기술을 개발·적용하고 안전성을 검증할 수 있을 것입니다.

완공과 함께 모든 기관들이 K-City를 사용할 수 있도록 개방해 각 분야의 전문 기업들이 서로 협업하고 경험을 공유하는 명실상부한 자율주행 실증 허브가 되도록 하겠습니다.

존경하는 내외귀빈 여러분, 국토교통부는 2020년 자율 주행차 상용화를 목표로 다양한 정책적 노력을 기울이고 있습니다. 자율주행을 위해 반드시 필요한 정밀지도와 GPS, 도로·신호 시스템과 같은 인프라를 구축 중입니다. 자율 주행차 안전 기준을 마련하고 보험, 검사, 리콜과 같은 제도도 선제적으로 정비하겠습니다.

국민 여러분께 자율 주행차를 쉽고 친근하게 전달하기 위해 올해 연말에는 판교에서 무인 셔틀버스를 운행할 계획입니다. 내년에는 자율주행 데이터 공유 센터를 구축해 빅데이터 분석을 통한 기술 개발을 더욱 촉진시켜 나가겠습니다.

미래의 먹거리가 될 자율 주행차 상용화는 정부의 노력만으로는 한계가 있습니다. 정부와 함께, 민간·학계·연구원 등 모두가 힘을 모아 나갈 때 우리나라가 자율 주행차 선도국이 될 수 있을 것입니다.

오늘 K-City 착공이 자율 주행차 상용화와 관련 기술 발전에 중요한 한 걸음이 되기를 바라며, 최고의 테스트베드가 될 수 있도록 앞으로도 많은 관심을 가져주시길 바랍니다.

긴 무더위 끝에 가을이 성큼 다가오고 있습니다. 환절기에 모두들 건강 유의하시기 바랍니다. 감사합니다.

——자율 주행차 테스트베드 K-City 착공식 격려사

第四课

顺句驱动

口译主题 | 人工智能

段落视译 | 新一批人工智能“国家队”公布

实战练习 | 1. 제 5 회 TV조선 글로벌 리더스 포럼 환영사

2. 시사IN 인공지능 콘퍼런스 환영사

自主练习 | 제 5 회 TV조선 글로벌 리더스 포럼 축사

一、技巧讲解

视译既不同于笔译，也不同于单纯的口译，需要一些特殊的技巧。很多视译经验不足的译员在做有稿同传的时候，常常会受到源语文稿的干扰，感到又要听、又要看、又要译，难免顾此失彼，手忙脚乱，甚至感到有稿比无稿更难。因此，首先要了解口译与笔译、视译和同传与交替传译的不同之处，视译需要从中韩双语结构的差异入手，分析视译表现在语言形式上的难点，以及在中韩两种语言间进行视译的可行性。

笔译和口译的区别之一就是口译任务需要在一定时间内完成，而笔译需要的时间较为宽松。口译员若基本维持源语的语序，就可以在很大程度上节省时间，提高口译速度，从而在演讲人结束演讲之后的几秒后，几乎同时完成同传。同声传译的工作特性和工作效率不允许口译员像做笔译和交传那样经常把句子中的各个组成部分打乱后进行重组。在完成同声传译任务之时，如果不按照同声传译工作本身的特点去工作，那么同声传译的工作质量就无法得到保证，而且会造成同声传译的速度过慢，演讲人讲话结束了，可能还有很多内容没有翻译出来。因此在做韩中视译或同声传译的工作实践中，采用顺句驱动技巧更有利于口译工作质量的提高。

视译及同传与交替传译的区别在于：交替传译过程中，有一定的时间对讲话人的演讲信息要点做笔记，也可以对源语的句子结构进行适当调整；而在视译和同传过程中需要减少转换难度，跟上讲话人的演讲节奏，根据源语顺序进行口译。因此，同传译员必须摒弃交替传译的一些口译习惯，但又不能死板地词对词地死译，而是需要把意义单位按照所听到的句子的语序和结构，瞬间考虑到目的语的语言特点，将其自然地组合起来。

中韩两种语言差异很大，但在这两种语言之间进行同传视译是完全可以实现的，原因就在于两种语言都比较灵活。特别是汉语，注重意合，其句法结构灵活多变，一句话中的不同成分可以这样编排，也可以换个语序来编排，而不影响语义。而且在口译中译员可以发挥口头语简洁明快、结构较为松散的特点，完成意义的转达。

在韩中笔译或交传中，由于中韩两种语言在词序和语序上存在很大的差异，主要在定语和状语的成分上，为了解决语言上的“时空差”，译出的汉语通常需要有语序的大规模调整，这在视译中是不可能达到的。因此需要在掌握韩中双语结构的基础上，按照一种比较适合视译与同传的语序来处理句子，也就是通常所说的“顺句驱动”原则。

很多人将顺句驱动奉为视译与同声传译的黄金准则，但是顺句驱动的定义至今并不统一。当代生成语法理论创始人乔姆斯基（Chomsky）提出“极小主义”的理论，并陆续发展出自然语言衍生过程中的几个重要原则，统称为“经济性原则”。

杨承淑将“极小主义”理论中的“经济性原则”应用于同声传译当中，提出从源语到译语的衍生过程应当和自然语言的衍生法则一样，选择最经济的方式来完成同声传译的译语，即为“顺译”。这里描述的是篇章层面的顺句驱动，她还提出了“顺译”的操作步骤及其方法：

（1）将同声传译的源语语言视为自然语言的词汇与命题概念。

（2）设定源语信息焦点的选取基础，找出源语的信息焦点。

（3）以源语的信息焦点为基础，挑出相关的词汇与命题。

（4）并同文稿使用时，对于语篇进行分割及选取。

（5）排除或调整来自源语的干扰。

（6）设定源语与译语之间调整词序差异的操作基准。

（7）根据译语的自然语言法则产出口译。[6]

在口译实战场合，很多情况下是脱稿翻译，没有现成的句式摆在面前供译员参考并进行必要的断句、拆分和组合。更多情况下，译员的处理能力常常达到饱和，听到信息后，必须迅速进行吸收和释放，这个时候译员甚至放弃了对句子的依赖，头脑中形成一些语言点，再进行重组。因此，语篇层面的“顺译”质量往往取决于译员的心理素质、协调能力以及对衔接技巧运用的熟练程度。

张维为也对“顺句驱动”进行定义，认为由于汉英两种语言在词序和语序上常有相当大的差异，同传译员为了缩小翻译与源语讲话之间的时间差，争取主动，不停地把句子切成个别的意群或概念单位，自然连接起来，译出整体的原意，就是断句基础之上的顺句驱动方法。[7]

仲伟合在《英语同声传译教程》中罗列了12种同声传译常用技巧：断句、等待、重复、预测、解释、语气、简约、增补、转换、反说、归纳和概括。其中，断句就是为了实现顺句驱动而采纳的主要技巧。[8]上述两种定义属于句式层面的顺句驱动。

综上所述，所谓“顺句驱动”是视译和同声传译的基本原则，译员按听到的源语句子的顺序，将整个句子切分成若干个个别意群单位或信息单位，再使用恰当的连接词，通过词性转换、重复、增补、省略等技巧将这些单位自然地连接起来，翻译成目的语。

由于在口译过程中译员会听到大量的语音信息，而这些信息又具有“瞬时性”和“不可逆转性”，如果不能及时处理，将会给译员造成沉重的记忆负担。在视译中运用顺句驱

6 杨承淑.从“经济性原则”探讨“顺译”的运用[J].中国翻译.2002(06):29-34.

7 张维为.英汉同声传译[M].北京：中国对外翻译出版公司，1999:41.

8 仲伟合主编.英语同声传译教程[M].北京：高等教育出版社，2008:134.

动原则，采用“先接收到信息先处理”的方法，可以减轻译员的记忆压力，使译员养成及时处理接收到的信息的习惯，对今后的口译训练及实践非常有益。

例1： 현재 세계 경제 회복세가 둔화되고 리스크가 상승하는 상황에서 G20은 세계 경제 성장 및 회복 공동 촉진을 포함한 정책적 공조 개선 및 강화가 필요하다. 필요하다면 관련 경제, 금융 이슈에 대한 토론을 통해 소통하고, 각국의 정책적 수단을 통해 금융 시장 안정을 함께 보호해야 한다.

译文： 在当前全球经济复苏乏力、风险上升的背景下，G20需要改善和加强政策协调，包括共同促进全球经济增长和稳步复苏，必要时就相关经济、金融事务进行讨论沟通，并运用各自政策手段共同维护金融市场稳定。

视译译文

	断　句	译　文
1	현재 세계 경제 회복세가 둔화되고	当前全球经济复苏乏力、
2	리스크가 상승하는 상황에서	风险上升，在这样的背景下，
3	G20은	G20
4	세계 경제 성장 및 회복 공동 촉진을 포함한	应共同促进全球经济增长和稳步复苏，
5	정책적 공조 개선 및 강화가 필요하다.	改善和加强相关政策协调，
6	필요하다면	在必要时
7	관련 경제, 금융 이슈에 대한	就相关经济、金融事务
8	토론을 통해 소통하고,	进行讨论沟通，
9	각국의 정책적 수단을 통해	并运用各自政策手段
10	금융 시장 안정을 함께 보호해야 한다.	共同维护金融市场稳定。

这一段的难点在于两个长定语，第一个定语修饰“상황”，第二个定语修饰“정책적 공조”，这两个定语都可以结合将长句拆分成短句和复指的方法进行处理。第一个定语拆分后，先说明具体情况，再通过“这样的”与前面内容相呼应。第二个定语拆分成短句后，后面利用“相关”一词与“政策协调”的具体内容相呼应。通过灵活运用这两种方法，拆分后的短句之间就会建立起联系，显得不那么突兀，从而保障译语的流畅度。

例2： 스마트시티 조성부터 설계, 시공, 운영까지의 모든 과정을 완전하게 성공시킨 나라는 아직 없습니다. 한국이 그 첫 번째 국가가 되고자 합니다. 부산과 세종의 시범 도시가 그것을 입증하기를 바랍니다.

译文： 目前还没有哪个国家完全成功地实现智慧城市从营造、设计、施工到运营的全过程。韩国决心首开先河，希望由智慧城市示范城市釜山市和世宗市来证明这一点。

视译译文

	断　句	译　文
1	스마트시티 조성부터	智慧城市从营造、
2	설계, 시공, 운영까지의 모든 과정을	设计、施工到运营的全过程,
3	완전하게 성공시킨 나라는 아직 없습니다.	目前还没有哪个国家完全成功地实现。
4	한국이 그 첫 번째 국가가 되고자 합니다.	韩国决心首开先河,
5	부산과 세종의 시범 도시가	希望由智慧城市示范城市釜山市和世宗市
6	그것을 입증하기를 바랍니다.	来证明这一点。

在长定语句中，通过切割意群进行顺句驱动处理，可以明显减轻短期记忆的压力，上面例句中的长定语便采取了这一方式。在交传译文中，“过程”前面有一个同位长定语“智慧城市从营造、设计、施工到运营的”。根据汉语的表达习惯，原本应该表述为“没有哪个国家成功地实现智慧城市从营造、设计、施工到运营的全过程”。而在视译过程中，采取了顺句驱动原则，使得“过程”这一宾语变成了主语。由于汉语的表达顺序和方式较为灵活，因此这种变化并没有改变原文的意思。

例3： 모바일 결제는 큰 이익을 내는 사업은 아니지만 소비자 대출과 보험을 포함한 다른 금융 사업으로 진출할 수 있는 발판 역할도 하고 있다.

译文： 移动支付虽然不是高利润行业，却起着进军消费贷款和保险等其他金融业务跳板的作用。

视译译文

	断　句	译　文
1	모바일 결제는	移动支付
2	큰 이익을 내는 사업은 아니지만	虽然不是高利润行业,
3	소비자 대출과 보험을 포함한	但包括消费贷款和保险在内,
4	다른 금융 사업으로 진출할 수 있는	可以为进入这些金融业务
5	발판 역할도 하고 있다.	发挥跳板作用。

这是一个长定语包孕句，包含两个定语：“包括消费贷款和保险在内的”“可以进入其他金融业务的”。因此在视译版本中，后半句拆成了两个分句，两个定语均处理成了状语“包括消费贷款和保险在内”“为进入这些金融业务”，并且以指示词“这些”与前面的“包括消费贷款和保险在内”相照应。

例4： 동북아의 화약고였던 조선반도가 평화와 공동 번영의 발신지로 변모하는 과정이야말로 세계인들께 다시없는 감동을 드릴 수 있다고 저는 믿습니다.

译文：我相信，朝鲜半岛从东北亚的“火药桶”变成和平与共同繁荣策源地的过程必将令全世界人民无比感动。

视译译文

	断句	译文
1	동북아의 화약고였던 조선반도가	朝鲜半岛曾经是东北亚的“火药桶”，
2	평화와 공동 번영의 발신지로 변모하는	如果能变成和平与共同繁荣策源地，
3	과정이야말로 세계인들께	这一过程将给全世界人民
4	다시없는 감동을 드릴 수 있다고	带来极大的感动，
5	저는 믿습니다.	我对此深信不疑。

这也是一个长定语包孕句，包括两个长定语：“曾经是东北亚的‘火药桶’的朝鲜半岛”和“朝鲜半岛变成和平与共同繁荣策源地的过程”。采用顺句驱动的方式，译文的句型均发生了变化，偏正结构均变成了主谓结构，“朝鲜半岛曾经是东北亚的‘火药桶’”“如果能变成和平与共同繁荣策源地”。这样切割成短句之后，后面用指代词“这一过程”来指代“‘火药桶’到策源地”的变化过程，通过这种衔接手段使意群和意群之间产生关联，从而将源语的意思更加准确地表达出来。

例5：학문 발전과 학문 후속 세대 양성이라는 대학의 사회적 책무에 대해서 총장님들께서 항상 고민하고 노력하고 계신만큼 교육부도 최선을 다하여 대학 교육의 발전, 기초 학문 연구와 학문 후속 세대의 지속 가능한 연구 등 고등 교육의 근본적 혁신이 이루어지도록 돕겠습니다.

译文：各位校长先生时常都在思考大学发展学术和培养学术接班人的社会职责，并为此而努力，教育部也将竭尽全力帮助高等教育实现根本创新，包括发展大学教育、使基础学科研究和学术接班人的研究工作可持续等。

视译译文

	断　句	译　文
1	학문 발전과 학문 후속 세대 양성이라는	发展学术和培养学术接班人
2	대학의 사회적 책무에 대해서	是大学的社会职责所在，
3	총장님들께서 항상 고민하고 노력하고 계신만큼	各位校长先生时常都在对此思考并做着努力，
4	교육부도 최선을 다하여	教育部将竭尽全力
5	대학 교육의 발전,	发展大学教育，
6	기초 학문 연구와	保障基础学科研究
7	학문 후속 세대의 지속 가능한 연구 등	和学术接班人的研究工作可持续等，
8	고등 교육의 근본적 혁신이 이루어지도록	为使高等教育在这方面实现根本创新，
9	돕겠습니다.	提供一切帮助。

这个句子的前半部分是指“各位校长先生经常对……进行思考”，“思考”的宾语较长，指“大学发展学术和培养学术接班人的社会职责”。根据顺句驱动将长句拆分之后，将长宾语作为一个独立的断句译出，由两个意群组成：“发展学术和培养学术接班人”“是大学的社会职责所在”，后面利用“对此”的指代方式与这一内容相照应，使得译语更加通顺流畅。后半句中“高等教育实现根本创新”的具体内容是“发展大学教育、使基础学科研究和学术接班人的研究工作可持续”，在视译中以顺句驱动的方式先将具体内容罗列出来，后面用“这方面”的指代方式与之相照应。

值得注意的是，顺句驱动并非完全保持源语结构一成不变，在每个意群的内部仍需根据需要进行微调，例如“教育部也将竭尽全力”后面需要体现出做的具体事情，因此“大学教育的发展”需要变为“发展大学教育”。

例6：1. 3국 협력 증진을 위해 협력한다. 우리는 3국 정상 회의와 3국 외교 장관 회의를 정례 개최하는 것이 3국 협력의 건전하고 안정적인 발전의 촉진을 위해 중요하다는 점에 의견을 같이 한다. 우리는 이들 회의의 정례화를 위한 긍정적 분위기를 형성해 나가기 위해 공동의 노력을 기울일 것이다.

译文：一、携手增进三国合作。我们一致认为，定期举行领导人会议和外长会议对于促进三国合作健康稳定发展是重要的，我们将为此共同努力，营造积极氛围。

视译译文

	断　句	译　文
1	3국 협력 증진을 위해 협력한다.	一、携手增进三国合作。
2	우리는 3국 정상 회의와 3국 외교 장관 회의를 정례 개최하는 것이	我们认为，定期举行领导人会议和外长会议
3	3국 협력의 건전하고 안정적인 발전의 촉진을 위해	对于三国合作健康稳定发展
4	중요하다는 점에 의견을 같이 한다.	十分重要。
5	우리는 이들 회의의 정례화를 위한	为此，我们
6	긍정적 분위기를 형성해 나가기 위해	将为了营造积极氛围
7	공동의 노력을 기울일 것이다.	而共同努力。

上面的例句选自《中日韩合作未来十年展望》，如果是交传或笔译，可以根据上下文进行多种调整，使得译语更加符合汉语表达习惯，流畅简洁。在来不及调整的情况下，也可以采用顺句驱动策略进行变通处理。上面例句两种译文的区别主要体现在主语和谓语的体现方式以及状语从句的处理上。笔译或交传的主语均为“三国”，视译和同传则根据源语处理为“我们”。笔译或交传可以省略原文的谓语“认为”和“努力”，视译和同传则予以保留。状语从句中谓语“重要”在笔译或交传中提前，处理为“有助于”，在视译或同传中保留在后面。顺句驱动方式进行视译或同传的译文虽然不如交传或笔译简洁，但也在可能的条件下充分传达了原文的意思。

当然，“顺句驱动”策略如果运用不当，也可能会产生一些不可避免的负面后果。一是口译员的汉语输出形式偏离汉语表达规范，不符合汉语表达的正常逻辑，也就是让人听得总有些“别扭”，不太像汉语。二是由于自然语言线性传输的特点，源语信息流是一段一段地被口译员所获取的。而且由于思维逻辑上的差异，信息分布与表达在不同语言上也不尽相同。而实施“顺句驱动”往往会打破译语中信息配置与语言表达之间的搭配关系，其典型表现是，前一语段的信息与后一语段的信息在表达上难以协调一致，不能相互衔接。因此口译员需要注意随时监控自己的输出语言，适时地对所译内容进行必要的补充、说明、修正或更正，以保证信息的准确传递，促进有效的交流。

需要强调的是，“顺句驱动”只是韩中同传中有效的翻译原则之一，在具体实践中也有不同的表现。尤其不能因为强调口译信息传播的即时性，就对原语形式“亦步亦趋”，完全不顾及汉语的表达习惯，否则结果只会适得其反。在有文稿的视译中，可以根据文稿进行适当的标示和调整，以保证译语的流畅性和准确度。

二、段落视译

| 新一批人工智能“国家队”公布 |

韩 文	中文释义
2019 세계 인공지능(AI) 회의	2019世界人工智能大会
국가 AI 개방·혁신 플랫폼	国家人工智能开放创新平台
징둥	京东
화웨이	华为
샤오미	小米
아이플라이테크	科大讯飞
센스타임	商汤科技
아리윈	阿里云
텐센트	腾讯
속도가 붙다	加快、加速
공급 사슬	供应链

8월 29일 중국 상하이에서 열린 ‘2019 세계 인공 지능(AI) 회의’에서 과기부가 새로운 ‘국가 AI 개방·혁신 플랫폼’명단을 발표했다. 새롭게 공개된 명단에는 징둥, 화웨이, 샤오미 등 10개 기업이 새롭게 이름을 올렸다.

이는 지난 2017년 발표한 명단에 아리윈, 텐센트, 바이두, 아이플라이테크, 센스타임 등 5개 기업 이어 중국 AI ‘국가대표’ 기업이 빠르게 늘어나며 진영을 넓히고 있다는 의미로 해석된다.

또, 각 기업의 주요 업무가 다양화되는 추세로 국가 AI 개방·혁신 플랫폼을 통한 세부 분야의 기술 혁신에 속도가 붙고 있음도 확인됐다는 분석이다.

명단에 새롭게 포함된 징둥은 공급 사슬, 물류, 기술, 금융, 서비스 등 다양한 분야를 모두 연결하는 유통 인프라 서비스 업체로 최근 들어 AI, 빅데이터, 클라우드 컴퓨팅, 사물 인터넷(IoT) 등 기술 발전에 공을 들여왔다.

징둥과 샤오미가 새롭게 명단에 포함되면서 중국 국가대표 AI 기업에 중국 대표 인터넷 기업인 BATMJ(바이두·알리바바·텐센트·샤오미·징둥)가 모두 이름을 올렸다.

8月29日，2019世界人工智能大会在中国上海召开，就在这次大会上，科技部公布了新一批国家人工智能开放创新平台名单。在本次宣布的名单中，京东、华为、小米等10家公司入围。

这意味着继2017年阿里云、腾讯、百度、科大讯飞、商汤科技五家公司入选后，中国的人工智能“国家队”数量迅速增加，再次扩容。

同时也明确了各公司的主要业务呈多样化趋势，通过国家人工智能开放创新平台，技术创新正在加速向子行业领域渗透。

此次新入围的京东，作为在供应链、物流、技术、金融、服务等诸多领域全链条打通的零售基础设施服务商，最近在AI、大数据、云计算、IoT等技术领域均有布局。

伴随此次京东、小米入围新名单，中国人工智能“国家队”互联网巨头BATMJ再次聚齐。

视译译文

	断 句	译 文
1	8월 29일	8月29日，
2	중국 상하이에서 열린	中国上海召开了
3	‘2019 세계 인공 지능(AI) 회의’에서	2019世界人工智能大会，
4	과기부가	在大会上，科技部
5	새로운 ‘국가 AI 개방·혁신 플랫폼’명단을 발표했다.	公布了新一批国家人工智能开放创新平台名单。
6	새롭게 공개된 명단에는	在本次宣布的名单中，
7	징둥, 화웨이, 샤오미 등	京东、华为、小米等
8	10개 기업이 새롭게 이름을 올렸다.	10家公司入围。
9	이는 지난 2017년 발표한 명단에	2017年发布的名单中，
10	아리윈, 텐센트, 바이두,	阿里云、腾讯、百度、
11	아이플라이테크, 센스타임 등	科大讯飞、商汤科技
12	5개 기업 이어	五家公司入选后，
13	중국 AI ‘국가대표’ 기업이	中国的人工智能“国家队”
14	빠르게 늘어나며	数量迅速增加，
15	진영을 넓히고 있다는 의미로 해석된다.	再次扩容。
16	또, 각 기업의 주요 업무가	各公司的主要业务
17	다양화되는 추세로	呈现出多样化趋势，
18	국가 AI 개방·혁신 플랫폼을 통한	通过国家人工智能开放创新平台，
19	세부 분야의 기술혁신에	具体领域的技术创新
20	속도가 붙고 있음도 확인됐다는 분석이다.	正在加速。
21	명단에 새롭게 포함된 징둥은	此次入围“国家队”名单的京东，
22	공급 사슬, 물류, 기술,	在供应链、物流、技术、

（续表）

	断　句	译　文
23	금융, 서비스 등	金融、服务等
24	다양한 분야를 모두 연결하는	诸多领域全链条打通，
25	유통 인프라 서비스 업체로	作为零售基础设施服务商，
26	최근 들어	最近
27	AI, 빅데이터, 클라우드 컴퓨팅,	在AI、大数据、云计算、
28	사물 인터넷(IoT) 등 기술 발전에	IoT等技术领域
29	공을 들여왔다.	均有布局。
30	징둥과 샤오미가	京东、小米
31	새롭게 명단에 포함되면서	此次入围后，
32	중국 국가 대표 AI 기업에	中国人工智能“国家队”，
33	중국 대표 인터넷 기업인	中国互联网巨头
34	BATMJ(바이두·알리바바·텐센트·샤오미·징둥)가 모두 이름을 올렸다.	BATMJ再次聚齐。

三、实战练习

实战练习1

韩　文	中文释义
싱귤래리티(singularity)	奇点
블랙홀(black hole)	黑洞
중력파(重力波)	引力波
레이 커즈와일(Ray Kurzweil)	雷·库兹韦尔
손정의	孙正义
소프트 뱅크(Soft Bank)	软银
스티븐 호킹(Stephen Hawking)	斯蒂芬·霍金
테슬라(Tesla)	特斯拉
엘론 머스크(Elon Musk)	埃隆·马斯克
러다이트운동(Luddite運動)	卢德运动（英国工人以破坏机器为手段反对工厂主压迫和剥削的自发工人运动。首领称为卢德王，故名。）
한낱	只是、只不过是、仅仅是
기우(杞憂)	杞人忧天
쟁취하다(爭取--)	争取
빅뱅(big bang)	大爆炸

조금 전에 아마 보신 오프닝 영상 속의 음악은 인공 지능이 작곡을 한 작품입니다. 이처럼 인공 지능 AI는 이미 우리 생활 속에 깊숙이 들어와 있습니다.

올해 다섯 번째로 맞는 TV조선 글로벌 리더스 포럼 '싱귤래리티 시대, 인간의 미래는?'이라는 제목을 내걸었습니다. 인공 지능이 인간 지능의 총합을 넘어서는 시대를 싱귤래리티 시대라고 부릅니다.

싱귤래리티는 우주 공간 블랙홀의 강력한 중력파가 빛을 빨아들여서 블랙홀 넘어 실체를 인간의 능력으로는 볼 수 없다고 해 가지고 과학자들이 붙인 이름입니다. 인간에겐 미지의 지점인 셈입니다.

알파고 충격에서 시작된 인공지능 혁명은 인류가 지금껏 가 보지 못한 새로운 시대를 만들어 낼 태세입니다. 미래학자 레이 커즈와일은 "늦어도 2045년까지는 인공 지능이 인간 지적 능력의 총합을 넘어설 것"이라고 예측을 했습니다.

구글은 이미 2001년부터 인공 지능 분야에 33조 원을 투자를 했고 손정의 일본 소프트 뱅크 회장은 싱귤래리티에 대비해서 천 억 달러, 우리 나라 돈으로 112조 원을 투자하겠다고 발표를 했습니다. 원하든 원치 않든 인간의 싱귤래리티 시대는 생각보다 더 빨리 우리 앞에 도래할 것입니다.

세계적인 과학자 스티븐 호킹 박사, 그리고 테슬라의 엘론 머스크는 인공 지능은 인류에게 최악의 사건이 될 수 있다고 경고하고 있습니다. 하지만은 산업혁명 당시의 기계 파괴 운동, 러다이트운동처럼 인공 지능에 대한 두려움은 한낱 기우였다는 것을 깨닫는 날이 올지도 모릅니다.

산업혁명이 유럽의 변방 국가 영국을 세계의 중심에 올려놓은 것처럼 싱귤래리티의 흐름을 이해하고 선도하는 국가만이 세계의 중심으로 우뚝 설 수 있을 것입니다. 변화의 시대입니다. 과감한 용기와 도전 의식을 가진 자만이 미래를 쟁취할 수 있습니다.

제5회 TV조선 글로벌 리더스 포럼 이 자리에 모이신 세계적인 석학들과 또 글로벌 기업인들은 기술 빅뱅 시대에 대한민국의 생존 방식을 제시할 것이라고 믿습니다. 대단히 감사합니다.

——제 5 회 TV조선 글로벌 리더스 포럼 축사

▶▶ 难句解析与视译处理

句1： 세계적인 과학자 스티븐 호킹 박사, 그리고 테슬라의 엘론 머스크는 인공지능은 인류에게 최악의 사건이 될 수 있다고 경고하고 있습니다.

译文： 世界顶级科学家斯蒂芬·霍金博士和特斯拉的埃隆·马斯克曾发出警告说，人工智能的发明可能成为人类历史上最大的灾难。

视译译文

	断　句	译　文
1	세계적인 과학자 스티븐 호킹 박사,	世界顶级科学家斯蒂芬·霍金博士
2	그리고 테슬라의 엘론 머스크는	和特斯拉的埃隆·马斯克
3	인공지능은	都认为人工智能的发明
4	인류에게 최악의 사건이 될 수 있다고	可能成为人类历史上最大的灾难,
5	경고하고 있습니다.	对此发出了警告。

句2: 하지만은 산업혁명 당시의 기계 파괴 운동, 러다이트운동처럼 인공지능에 대한 두려움은 한낱 기우였다는 것을 깨닫는 날이 올지도 모릅니다.

译文: 不过也许有一天他们会明白，就像工业革命时期捣毁机器的卢德运动一样，对人工智能的恐惧只不过是杞人忧天。

视译译文

	断　句	译　文
1	하지만은 산업혁명 당시의 기계 파괴 운동,	但正如工业革命时期的捣毁机器运动,
2	러다이트운동처럼	卢德运动一样,
3	인공지능에 대한 두려움은	对人工智能的恐惧
4	한낱 기우였다는 것을	只不过是杞人忧天,
5	깨닫는 날이 올지도 모릅니다.	也许有一天他们会明白这一点。

实战练习2

韩　文	中文释义
대한상공회의소(大韓商工會議所)	大韩商工会
로봇(robot)	机器人
무인자동차(無人自動車)	无人汽车
주력 산업(注力産業)	主要产业、支柱产业
인재 채용(人材採用)	人才聘用
파격적(破格的)	打破常规
원조(元祖)	始祖、创始人、发明人、鼻祖
공공재(公共財)	公共财产
잣대	尺度、标准
걷어내다	撤出去、收起、挡住

대한상공회의소 박용만 회장입니다. <시사 IN> 인공지능 콘퍼런스 개최를 진심으로 축하드립니다. 이번 행사가 저희 상의회관에서 열리게 되어 기쁘게 생각합니다. 무더운 날씨에 이곳까지 와주신 참석자 여러분들께 환영과 감사의 말씀을 드립니다.

오늘 행사 주제가 '인공지능, 인간의 선택을 묻다'입니다. 인공지능이란 용어가 등장한 지 60여년이 됐지만 최근 4차 산업혁명이 본격화되면서 그 적용 대상과 범위가 더욱 넓어지는 것 같습니다. 인공지능이 가져올 광범위한 변화에 대응해서 우리 기업들도 다양한 혁신 노력을 펼치고 있습니다.

로봇이나 무인자동차처럼 주력 산업의 변화를 이끌 기술력을 서둘러 확보하고 국내의 기관들과 협력해서 신기술 공동 개발에 나서는 사례도 많아지고 있습니다. 또 인재 채용과 훈련 같은 기업 내부 경영에도 인공 지능의 역할이 늘어나는 추세입니다.

이러한 혁신 활동을 촉진하기 위해 우리 기업들이 한가지 바라는 점이 있다면 바로 파격적인 규제 완화입니다. 새롭게 일을 벌이기 쉬운 환경이 만들어지면 좋겠습니다. 특히 4차 산업혁명의 원조라고도 불리는 빅데이터는 여러 가지 법에 막혀 이를 수집하고, 관리, 활용하는 데 대단히 어려움이 많습니다.

공공재로써 보호해야 하는 측면도 이해는 되지만, 다른 주요국에 비해 우리만 너무 엄격한 잣대를 들이미는 것은 아닌가 하는 아쉬움이 있습니다. 우리 사회 곳곳에 드리워진 기득권과 핵심 규제라는 장벽들을 걷어내는 노력이 좀더 속도를 내면 좋겠습니다.

오늘 콘퍼런스는 인공 지능과 관련된 핵심 쟁점들을 짚어보는 뜻깊은 자리입니다. 국내외 석학분들께서 많이 와주셔서 논의가 풍성할 것으로 기대합니다. 아무쪼록 참석자 여러분들께서 유익한 시간을 보내시면 좋겠습니다. 감사합니다.

——시사IN 인공지능 콘퍼런스 축사

四、自主练习

韩　　文	中文释义
오피니언 리더(opinion leader)	意见领袖
패러다임(paradigm)	范式
능가하다(凌駕--)	凌驾
서막(序幕)	序幕
알파고	阿尔法狗
알파고 리	阿尔法狗李
알파고 마스터	阿尔法狗大师
알파고 제로	阿尔法狗零
백전백패하다(百戰百敗--)	百战百败
기사(棋師/碁師)	棋手
기보(棋譜/碁譜)	棋谱
비옥하다(肥沃--)	肥沃
유토피아(Utopia)	乌托邦
데카르트(Descarte)	笛卡尔
로보사피엔스(robo sapiens)	机器人种
휴먼스(Humans)	《真实的人类》
되묻다	反问
통찰(通察)	洞察
건승(健勝)	健康顺利

이번 포럼은 인공 지능이 인간의 지능을 넘어서는 싱귤래리티 시대를 앞두고 인류의 미래를 내다보는 자리라는 점에서 우리에게 매우 중요한 화두를 던져 주고 있다고 생각합니다.

존경하는 내외 귀빈 여러분, 우리는 지금 패러다임 전환이 아닌 패러다임 혁명의 입구에 서 있습니다. 그간 인류가 이룩해 온 과학 문명의 진보는 우리를 더욱 지혜롭고 강력한 존재로 만들어 왔습니다. 하지만 지금 우리는 인류를 능가할지도 모를 새로운 종의 탄생을 눈 앞에 두고 있는 것입니다. 인공 지능의 등장은 그 서막입니다.

지난 해 우리는 인공 지능 알파고와 이세돌 구단의 바둑 대결을 흥미롭게 지켜봤습니다. 1997년 Deep Blue가 체스 세계 챔피언을 꺾을 때만 해도 바둑에서 컴퓨터가 사람을 이기려면 100년 이상 걸릴 것으로 예측되었습니다. 바둑이 체스보다 훨씬 더 높은 복잡성을 갖고 있기 때문이죠.

그러나 채 20 년도 지나지 않아 알파고 리가 세계 바둑 최강자 이세돌 구단을 꺾는 파란을 일으켰습니다. 여기서 한 발 더 나아가 알파고 리는 다음 버전인 알파고 마스터에 백전백패하였고 최근 등장한 알파고 제로는 알파고 마스터에 맞서 89승 11패라는 압도적 실력차를 보여주었습니다. 무엇보다 알파고 제로의 놀라운 점은 바둑 기사들의 기보를 전혀 학습하지 않고 스스로 깨우쳐 승리했다고 하는 것입니다. 인공 지능이 초지능으로 진화할 수 있다는 가능성을 보여주는 것입니다.

존경하는 내외 귀빈 여러분, 많은 미래 학자들은 앞으로 30년 이내에 인공 지능이 인류를 넘어설 것으로 예측하고 있습니다. 이는 싱귤래리티 시대가 먼 훗날의 이야기가 아니라 곧 닥쳐올 가까운 미래라는 것을 의미합니다.

지금 인공 지능은 우리 삶의 많은 부분에 스며 있습니다. 특히 4차 산업혁명의 물결은 이러한 인공 지능의 성장과 확산에 비옥한 토양이 되고 있습니다. 그간 우리는 기술의 진보가 인류의 삶에 더 많은 편리함과 기회를 가져왔다고 믿어 왔습니다. 하지만 인간의 지능을 능가하는 초지능의 등장은 인류를 새로운 유토피아로 인도할 수 있을까요?

존경하는 내외 귀빈 여러분, 데카르트는 '나는 생각한다. 고로 존재한다'라고 했습니다. 자기 학습을 통해 사고력을 갖춘 인공 지능의 등장은 로보사피엔스라는 새로운 종의 출현을 예고하고 있습니다.

영국의 드라마 '휴먼스(Humans)'는 인간과 인공 지능 로봇이 함께 살아가는 모습을 설득력 있게 그려내고 있습니다. 동시에 무엇이 인간을 인간답게 만드는지, 인간이 다른 존재와 구별되는 근거는 무엇인지, 우리에게 되묻고 있습니다.

이번 포럼을 통해서 AI가 열어갈 미래에 대한 전망과 더불어 우리 자신에 대한 성찰도 함께 이뤄질 수 있기를 바랍니다. 여러분의 지혜와 통찰이 빛나는 시간이 되기를 바라며 함께 하신 모든 분들의 건승을 기원합니다. 감사합니다.

——제 5 회 TV조선 글로벌 리더스 포럼 축사

第五课

断句衔接

口译主题 | 国际贸易

段落视译 | 全球供应链的变化

实战练习 | 세계 시장 진출 전략 설명회 연설

自主练习 | 코트라 중소기업 글로벌 비즈니스 포럼 환영사 및 연설

一、技巧讲解

在技能习得的初始阶段，需要适应从交替传译到顺句驱动处理信息的过渡阶段，注重锻炼断句和衔接能力。断句需要看到原文后迅速地按照适当的意群或概念单位进行分割处理，并进行视译，产出译文。

由于译员所面对的并不是具有完整意义的句子，而是像泉水那样不断涌出来的一段一段的信息，因此需要对听到的信息进行切割与加工。众所周知，顺句驱动并不是听到一个单字就开始翻译，听译的长度是一个意义单位或者一个小意群。那么听译的意义单位多长合适呢？听译的意群的长度，如果太长会造成译员跟不上源语的节奏，短时记忆的压力增大超出同传译员所能承受的理解负荷，这时转换的频率就高。相反，如果听译的意群太短，又会使译出的语言过于零碎和松散，台下的听众不知所云。

断句是顺句驱动的关键技巧，将句子或语音片段按照适当的意群或概念单位进行分割处理，并翻译成汉语。巧妙地断句不仅能够减轻记忆负担，大大提高产出译文的速度，还能提高质量，产出优美的译文。由于口译信息源的特殊性，学会顺句驱动，把每一个语句的信息及时地处理掉，可以减轻记忆负担。因此关键是要把握好句中各意群的逻辑关系，判断断句的点断在何处，断开后如何用连接词来衔接各意群。通常有完整意义的词组或短句都可以成为一个意群，在视译和同传中，一般看到或者听到一个意群就可以开始翻译，合理断句才能产出自然的译文。

例1： 은보감회 부주석은 2020년 중국 은행업과 보험업은 코로나19의 충격을 극복하기 위해 노력했고 각종 리스크와 도전에 적절히 대응함으로써 온건한 운영과 양호한 태세를 유지해 왔다고 밝혔다.

译文： 银保监会副主席表示，2020年中国银行业、保险业努力克服新冠肺炎疫情冲击，稳妥应对各种风险挑战，继续保持稳健运行良好态势。

上面的句子在视译过程中可以根据意群断开，再将每个意群翻译过来，这样只需分别处理每个意群将句子翻译如下：

视译译文

	断　句	译　文
1	은보감회 부주석은	银保监会副主席表示，
2	2020년 중국 은행업과 보험업은	2020年中国银行业、保险业
3	코로나19의 충격을 극복하기 위해 노력했고	努力克服新冠肺炎疫情冲击，
4	각종 리스크와 도전에 적절히 대응함으로써	稳妥应对各种风险挑战，
5	건전한 운영 상태를 유지해 왔다고 밝혔다.	继续保持稳健运行良好态势。

上述例句在视译的过程中基本保持了原来的语序，唯一的不同在于原文中的谓语“밝혔다”向前移到了主语“副主席”的后面。这种调整也体现了两种语言结构的区别，韩语中谓语最后出现，而汉语中谓语往往出现较早，紧跟在主语后面。这样切割之后，处理每个意群的译语可以大幅度减轻记忆负担，还可以节约时间。

需要重点强调的是，在前后语序之间需要通过一些衔接手段对目标语进行修饰，以便使听众更容易理解译语的主要含义。中韩两种语言在语序上存在着明显差别，如果完全根据顺句驱动的技巧口译出来，前后语句之间会出现断裂，这一点听众会有所察觉。因此口译译员需要运用一些翻译策略来消除由于使用断句和保持源语语序造成的前后语句的断裂现象。既要断得好，又要接得好，既能合理迅速地把句子断开，又能自然地把断开的句子重新衔接起来，这是口译成功的关键。

功能语言学派创始人韩礼德将衔接定义为把一个东西与其前面的一个东西联系起来的可能性，把一个句子与其前面的句子联系起来的语义资源。它是存在于语篇内部的一个语义概念，建立的是语篇的意义关系。衔接的作用在于将语篇中的一个成分与另一个成分联系在一起，构建起了各个成分之间的意义关系和逻辑关系，从而形成了整体语篇。

笔译可以按照意群来分割句子，再重新组合。但在口译中，由于受主观和客观条件的制约，译员只能按听到的话语顺序进行断句和衔接，因此译文不够自然，不太符合目的语的习惯表达方式，在具体译出时往往需要修补才能衔接。

衔接是视译乃至同传加工的重要元素，衔接的类型和密度都会影响口译质量。衔接关系是运用照应、省略、替代、连接和词汇衔接等手段，把语篇中结构上互补相关、但语义上互相依赖的各个成分联成一体的一种潜能，实现衔接这一语义关系的语法和词汇项目被称为“衔接手段”。

在语篇分析中，衔接和连贯是两个最基本的概念，二者关系密不可分，语篇的衔接与连贯是语篇翻译探究中的重要课题。语篇是具有完整性和连贯性的语义单位，其连贯性主要借助衔接手段来实现。衔接是表层手段，连贯是深层体现，衔接是语言表层的形式连接，连贯是语言深层的语义连接。衔接是连贯的重要表现，主要体现在语篇的表面层次上，即表层和深层的关系。

换言之，衔接是语篇的有形网络，而连贯存在于语篇的底层，通过逻辑推理来达到语义联系，是语篇的无形网络，也是语篇整体意义的无形框架。也就是说，衔接是看得见的表现手段，而连贯是看不见的、需要通过解读和推理才能获得。总之，衔接是连贯体现的表层的、显性的一个方面。

英国著名翻译家莫娜·贝克是最早提出将衔接理论与翻译问题结合研究的学者。她认为，衔接是词汇、语法以及其他关系的网络，这些网络将语篇的不同部分连接起来，读者需要参考上下文的句子或者段落来解释一个词语或者表达。语篇是翻译的基础，研究语篇衔接理论对于翻译实践操作具有重要的指导作用。语篇衔接理论与翻译研究结合，不仅使衔接理论发展更加成熟，也有助于翻译理论与实践具有更广阔的发展空间。

翻译主要涉及两个步骤，一个是理解，另一个是表达。在理解原文时，要找出词语、句子、段落之间的衔接手段，根据衔接理论去体会语义，分析语篇中的内在的逻辑关系。在表达时，应尽可能地保持原文中的衔接手段所起到的衔接效果，并根据译文的语言表达习惯，利用译文的衔接手段，重新编排和组合。

语篇内的衔接手段是语义连贯的基础和表现形式，对于读者理解语篇具有重要作用，而语义的连贯存在于篇章内彼此相关的各种概念和上下文的逻辑关系中，是语篇的无形结构。中韩两种语言属于不同的语言体系，对于衔接手段的运用各有侧重。因此在翻译过程中，应该根据语义和目的语对于衔接手段的表达习惯，灵活处理源语中的衔接手段。对于自己的译语产出加以监控时，需对译语进行有意识的连贯衔接，运用增补主语、关系代名词或增加连词等方式，达到指示明确或逻辑连贯的效果。

在语篇构建过程中，衔接能够通过联系不同的语篇结构从而完成命题，在具体的应用方式上可以分为照应、替代、省略、连接四种类型。

照应属于一种语义关系，指语篇当中一种语言成分能够作为另一种语言成分的参照点。应用照应手段能够将某种语篇成分通过另一种成分进行表达，既可应用于句子层面，又可应用于语篇层面。照应具体可以分为人称照应、指示照应与对比照应三种类型。人称照应主要表现为人称代词的使用；指示照应体现为利用指示词，指代上下文中具有关联的内容；对比照应主要表现上下文之间的比较关系。

例2：《관리 방법》의 탄소배출 쿼터 총량 확정 및 할당 방안은 중국 생태환경부가 국가 온실가스 배출 규제 요구에 의거하여, 경제 성장, 산업 구조 조정, 에너지 구조 최적화, 대기 오염 물질 배출 협동 제어 등을 종합적으로 고려해 제정한 것이다.

译文：《管理办法》碳排放配额总量确定与分配方案是中国生态环境部根据国家温室气体排放控制要求，综合考虑经济增长、产业结构调整、能源结构优化、大气污染物排放协同控制等因素制定的。

视译译文

	断　句	译　文
1	《관리 방법》의 탄소배출 쿼터 총량 확정 및 할당 방안은	《管理办法》碳排放配额总量确定与分配方案
2	중국 생태환경부가	是中国生态环境部
3	국가 온실가스 배출 규제 요구에 의거하여,	根据国家温室气体排放控制要求,
4	경제 성장,	**考虑到**经济增长、
5	산업 구조 조정,	产业结构调整、
6	에너지 구조 최적화,	能源结构优化、
7	대기 오염 물질 배출 협동 제어 등을	大气污染物排放协同控制等,
8	종합적으로 고려해 제정한 것이다.	综合**以上**因素制定**的**。

和交传译文相比，由于视译基本保持了原文的语序，因此无法完全体现中文的习惯表达方式。尽管“고려해”一词作为谓语出现在源语的最后，但视译有文稿可以参考，尽管无法和源语完全对应，依然可以提到前面。而源语最后一个意群中出现的“종합적으로”原本是用来修饰“고려해”的，此处可以根据上下文顺译成动词，并用“以上”一词与前面出现的“经济增长、产业结构调整、能源结构优化、大气污染物排放协定协同控制”相照应。

例3： 쓰촨은 중국의 6개 국가 디지털 경제 혁신 발전 시험구 중 네 번째로 구체적 방안을 발표하고 2022년까지 성(省) 전체의 디지털 경제 규모를 2조 위안 이상으로 성장시켜 성 전체 GDP에서 차지하는 비중을 40%까지 확대한다는 목표를 제시했다.

译文： 在中国6个国家数字经济创新发展试验区中，四川省是第四个公布具体方案的省份。他们设定的目标是：力争到2022年，全省数字经济规模超过2万亿元，占全省GDP比重达到40%。

视译译文

	断　句	译　文
1	쓰촨은	四川
2	중국의 6개 국가 디지털 경제 혁신 발전 시험구 중	在中国6个国家数字经济创新发展试验区中,
3	네 번째로 구체적 방안을 발표하고	第四个公布具体推进方案的省份。
4	2022년까지	到2022年,
5	성(省) 전체의 디지털 경제 규모를	全省数字经济规模
6	2조 위안 이상으로 성장시켜	超过2万亿元,
7	성 전체 GDP에서 차지하는 비중을	在全省GDP中所占比重
8	40%까지 확대한다는	达到40%,
9	목표를 제시했다.	**这就是四川省**设定的目标。

对比源语，最后一个意群的译文中出现的“这就是四川省”是补充了源语中没有的信息，属于指示照应，以此来照应前面所说的目标的具体内容。

替代是指利用比较简短的替代形式对上下文当中出现的词语进行指代，**省略**是指在某个结构中将没有出现的词语从语篇短句或句子中回找的一种衔接方式。韩语对省略的应用要明显多于汉语，在人称主语的省略方面表现尤为明显。

例4：향후 중국 정부는 일대일로 추진을 가속화하고 신흥국 수출 비중을 보다 확대할 것으로 예상된다. 이에 산은 등 우리 금융 기관들은 사업 타당성을 갖춘 일대일로 사업에 적극 참여하는 한편 기업의 일대일로 사업 진출 여건을 조성하는 마중물 역할을 수행하고, 정부는 북극 항로 개발에 대한 중국의 관심을 지렛대로 일대일로를 조선반도 비핵화에 활용하는 방안을 모색할 필요가 있다.

译文：预计今后中国政府将加快“一带一路”的推进步伐，进一步扩大向新兴国家的出口比重。因此，韩国产业银行等韩国金融机构一方面要积极参与具有可行性的“一带一路”项目，另一方面要发挥助力作用，为企业参与“一带一路”项目创造条件。政府则有必要利用中国对开发北极航道的兴趣，寻求通过“一带一路”推动实现半岛无核化的方案。

视译译文

	断　　句	译　　文
1	향후 중국 정부는 일대일로 추진을 가속화하고	预计今后中国政府将加快“一带一路”的推进步伐，
2	신흥국 수출 비중을 보다 확대할 것으로 예상된다.	进一步扩大新兴国家的出口比重。
3	이에 산은 등 우리 금융 기관들은	因此，韩国产业银行等韩国金融机构
4	사업 타당성을 갖춘 일대일로 사업에	对于具有可行性的“一带一路”项目
5	적극 참여하는 한편	要积极参与，同时
6	기업의 일대일로 사업 진출 여건을 조성하는	为企业参与“一带一路”项目创造条件，
7	마중물 역할을 수행하고,	发挥**助力**作用。
8	정부는 북극 항로 개발에 대한 중국의 관심을 지렛대로	政府应**利用**中国对开发北极航道的兴趣，
9	일대일로를 조선반도 비핵화에 활용하는	通过“一带一路”推动实现半岛无核化，
10	방안을 모색할 필요가 있다.	寻求**相应**的方案。

上述例句源语中的“마중물”原指手工压井水之前加入的引水，利用水将空气排出，使阀门与水之间形成负压，在大气压的作用下水从地下被提上来，在译文中被其引申义“助力”所替代。“지렛대”原本指“杠杆”，在译文中同样被引申义“利用”所替代。

最后一个意群中添加了“相应”，以指代方式与“方案”前面的长定语相照应。

例5： 2018년의 2,135억 위안과 비교해 25.71% 급증한 액수이다. 지난 2016년, 2017년 그리고 2018년의 쐉스이 일간 거래액(GMV) 전년 동기 대비 증가율은 각각 32%, 39%, 27%로 매년 거래액을 계속 안정적으로 늘리는 것이 알리바바에게도 쉽지 않은 일이었다는 분석이다.

译文： 有分析称，与2018年的2,135亿元相比，总交易额同比增长25.71%。2016年、2017年、2018年“双11”的GMV增速分别为32%、39%和27%，交易额规模保持稳定增长，这对阿里巴巴并非易事。

视译译文

	断 句	译 文
1	2018년의 2,135억 위안과 비교해	与2018年的2,135亿元总交易额相比，
2	25.71% 급증한 액수이다.	同比增长25.71%。
3	지난 2016년, 2017년 그리고 2018년의 쐉스이 일간 거래액(GMV)	2016、2017、2018年“双11”的GMV
4	전년 동기 대비 증가율은	同比增速
5	각각 32%, 39%, 27%로	分别为32%、39%和27%，
6	매년 거래액을 계속 안정적으로 늘리는 것이	交易额规模保持稳定增长，
7	알리바바에게도 쉽지 않은 일이었다는	这对阿里巴巴并非易事。
8	분석이다.	（省略）

第一个意群中的译文已经提到了“总交易额”，因此第二个意群中的“액수이다”做了省略处理。后半部分已经说出了分析的具体内容，因此源语最后一个意群中的“분석이다”翻译出来反而显得画蛇添足，此处可省略不译，这就是“省略”衔接。

连接是指利用连接性词语让人们理解到句子之间存在的语义联系，或是从逻辑角度对后文语义加以推测。逻辑连接根据连接语义可以划分为添加、转折、因果、时空四种类型；根据抽象逻辑语义，可以划分成详述、延伸、增强三种类型。

例6： 보고서는 베이징의 대기 질 개선은 우연이 아니라, 많은 시간과 자원, 정치적인 의지가 동원된 결과라고 평가했다. 중국 국가통계국에 따르면, 2009년 베이징시가 환경 관리를 위해 17억 위안을 투입한 데 비해 2017년에는 이보다 훨씬 많은 182억 2,000만 위안을 투입했다. 하지만 지난 20년간 베이징의 국내총생산(GDP) 성장률은 안정적으로 6.5% 이상을 유지했다.

译文： 报告认为，北京空气质量的改善不是偶然发生的，而是投入了大量时间、资源和政治意愿的结果。中国国家统计局的统计数据显示，2009年北京市在环境治理领域投入资金为17亿元人民币，到了2017年飙升至182.2亿元人民币。而在20年间，北京市GDP增长率则稳定保持在6.5%之上。

视译译文

	断　句	译　文
1	보고서는	报告认为，
2	베이징의 대기 질 개선은	北京空气质量的改善
3	우연이 아니라,	不是偶然发生的，
4	많은 시간과 자원,	而是投入了大量时间、资源
5	정치적인 의지가 동원된 결과라고 평가했다.	和政治意愿的结果。
6	중국 국가통계국에 따르면,	中国国家统计局的统计数据显示，
7	2009년 베이징시가 환경 관리를 위해	2009年北京市在环境治理领域
8	17억 위안을 투입한 데 비해	投入资金为17亿元人民币，
9	2017년에는 이보다 훨씬 많은	2017年投入大大增加，
10	182억 2,000만 위안을 투입했다.	飙升至182.2亿元人民币。
11	하지만 지난 20년간	而在20年间，
12	베이징의 국내총생산(GDP) 성장률은	北京市GDP增长率
13	안정적으로 6.5% 이상을 유지했다.	则稳定保持在6.5%之上。

源语中的“아니라”对应“不是”，按照中文习惯，后面以“而是”进行了连接衔接，体现出“转折”语义。第二处连接衔接“而”对应源语中的“하지만”，同样表示“转折”，体现出尽管北京市在环境治理领域投入了巨额资金，但这并未对北京市GDP增长产生负面影响。

此外，也可以利用词汇进行衔接。在语篇当中，部分词汇之间存在一定的语义联系。其中可以划分为原词重复和词语搭配两种应用方法，还包括同义词、近义词、反义词与上下义词的运用等等。

二、段落视译

| 全球供应链的变化 |

韩　　文	中文释义
팬데믹(pandemic)	（全国或全球性）流行病；大流行病
글로벌 공급 체인(global供給chain)	全球供应链
저개발국가(低開發國家)	欠发达国家
저가 제품(低價製品)	低端产品
세계 주요 국가	世界主要经济体
산업 사슬	产业链
인건비(人件費)	人工费
비교우위(比較優位)	比较优势
주문(注文)	订单
반락하다(反落--)	回落、回跌

코로나19 팬데믹이 글로벌 공급 체인의 공급 구조를 뒤바꾸고 있다. 선진국 중·고급 제조업 주문의 중국 유입이 가속화되는 동시에 저개발국가의 저가 제품 주문 역시 중국으로 되돌아오고 있다. 중국 각 수출 산업 분야의 글로벌 시장 점유율은 계속 상승하는 가운데 3~7월 중국의 세계 주요 국가 수출 점유율은 2019년 대비 3.2%, 최근 3년 평균 대비 3.6% 증가했다. 수출액이 비교적 높은 중국의 24개 산업이 전체 수출액에서 차지하는 비중이 85%에 육박했다.

그렇지만 팬데믹이 산업 사슬의 원가 구조와 장기적인 산업 이전 추세를 완전히 뒤바꾸지는 않을 것이다. 팬데믹 이전 인건비와 원가가 높아 비교우위가 **하락하고** 있는 산업은 중국 밖으로 이전하는 추세였다. 중국의 비교우위가 끊임없이 **강화되고** 있는 제조업 분야는 팬데믹으로 상승한 수출 점유율을 이후에도 계속 유지할 가능성이 크다. 반면 비교우위가 계속 하락하고 있는 제조업 분야는 글로벌 생산이 회복됨에 따라 주문과 수출 모두 반락할 확률이 높다.

疫情正在改变全球供应链的供应结构，加速了发达国家的中高端制造业订单流入中国，也使欠发达国家的低端产品订单回流中国。中国各出口行业的全球市场份额持续增加。3—7月中国出口占世界主要经济体份额较2019年上升了3.2%，比近3年的平均水平上升了3.6%。中国出口金额较高的24个行业占总出口额接近85%。

但疫情恐怕不会完全改变产业链的成本结构和长期的产业迁移趋势。疫情前因人工费和产品成本高、比较优势**下降**的企业趋于从中国迁出。比较优势不断**增强**的制造业领域则很有可能仍维持因疫情而增加的出口份额。相反，比较优势不断丧失的制造业领域则随着全球生产的恢复，订单和出口双双回落的概率较大。

视译译文

	断　句	译　文
1	코로나19 팬데믹이	新冠疫情
2	글로벌 공급 체인의 공급 구조를 뒤바꾸고 있다.	正在改变全球供应链的供应结构。
3	선진국 중.고급 제조업 주문의	发达国家的中高端制造业订单
4	중국 유입이 가속화되는 동시에	加速流入中国，
5	저개발국가의 저가 제품 주문 역시	欠发达国家的低端产品订单
6	중국으로 되돌아오고 있다.	正在回流中国。
7	중국 각 수출 산업 분야의 글로벌 시장 점유율은	中国各出口行业的全球市场份额
8	계속 상승하는 가운데	持续增加。
9	3~7월 중국의 세계 주요 국가 수출 점유율은	3—7月中国出口占世界主要经济体份额
10	2019년 대비 3.2%,	较2019年上升了3.2%，
11	최근 3년 평균 대비 3.6% 증가했다.	比近3年的平均水平上升了3.6%。
12	수출액이 비교적 높은 중국의 24개 산업이	中国出口金额较高的24个行业
13	전체 수출액에서 차지하는 비중이 85%에 육박했다.	占总出口额接近85%。
14	그렇지만 팬데믹이	但即便受到疫情影响，
15	산업 사슬의 원가 구조와	产业链的成本结构
16	장기적인 산업 이전 추세를 완전히 뒤바꾸지는 않을 것이다.	和长期的产业迁移趋势也不会完全改变。（成分转换）
17	팬데믹 이전 인건비와 원가가 높아	疫情前由于人工费和成本高，
18	비교우위가 **하락하고** 있는 산업은	而比较优势**下降**的企业
19	중국 밖으로 이전하는 추세였다.	趋于从中国移出。
20	중국의 비교우위가 끊임없이 **강화되고** 있는	比较优势不断**增强**的
21	제조업 분야는	制造业领域，
22	팬데믹으로 상승한 수출 점유율을	疫情期间上升的出口份额
23	이후에도 계속 유지할 가능성이 크다.	很有可能继续维持。
24	반면 비교우위가 계속 하락하고 있는	相反，比较优势不断丧失的
25	제조업 분야는	制造业领域，
26	글로벌 생산이 회복됨에 따라	随着全球生产的恢复，
27	주문과 수출 모두 반락할 확률이 높다.	订单和出口双双回落的概率较大。

三、实战练习

韩　　文	中文释义
무술년(戊戌年)	戊戌年
댁내(宅內)	对对方家庭的尊称
기조 연설(基調演說)	主旨演讲
신기록을 달성하다	创下新纪录
악조건(惡條件)	恶劣条件、不利条件
쾌거(快擧)	壮举、快事、痛快的行为
G2 리스크	G2风险
대대적(大大的)	大刀阔斧的
파급 효과(波及效果)	波及效果
선제적(先制的)	先发制人、主动出击
불모지(不毛地)	不毛之地
신보호무역주의(新保護貿易主義)	新贸易保护主义
공적 개발 원조(公的開發援助)	政府开发援助
마중물	压井水之前加入的引水，比喻助力作用
KSP(knowledge sharing program)	分享经济发展经验项目

반갑습니다. KOTRA 사장입니다. 먼저 이렇게 추운 날씨에도 불구하고 제 19회 '세계 시장 진출 전략 설명회'에 참석해 주신 우리 기업인 여러분께 진심으로 감사드립니다. 2018년 무술년 새해에 복 많이 받으시고 댁내 모두 건강하시고 더욱 건승하시기를 기원 드립니다.

아울러 바쁘신 국정 일정에도 불구하고 이 자리에 참석해 주신 김현종 통상교섭 본부장님, 그리고 기조 연설을 맡아주신 한국국제통상학회 최병일 회장님께도 깊이 감사드립니다.

지난 해 우리 교역은 수출 15.8% 증가에 힘입어 3년만에 무역 1조 달러를 회복했습니다. 또 세계 시장 수출국 순위는 8위에서 6위로 세계 수출 시장 점유율도 3.6%의 신기록을 달성한 뜻깊은 한 해였습니다.

전세계로 확산되고 있는 신보호주의 등 악조건 속에서도 우리 나라가 중국, 미국, 독일, 일본, 네덜란드에 이은 6위 수출 대국 지위를 회복하였다는 것은 우리 국민의 저력을 다시 한번 보여준 쾌거라고 할 수 있습니다. 우리 수출 기업인과 정부, 그리고 여러분들의 노고에 대해 이 자리를 빌어 KOTRA 사장으로서 깊은 감사의 말씀을 드립니다.

잠시 후에 우리 KOTRA 10개 해외 지역 본부장이 각 지역별로 시장 여건과 전략에 대해서 말씀을 드리겠습니다만은 IMF 등 국제 기구는 2018년 세계 경제가 3.7%의 성장세를 이어가고 중국, 미국, EU등 주요국의 성장세가 지속될 것으로 전망하고 있습니다. 6% 전후 성장세를 이어가고 있는 아세안과 인도, 침체되었던 브라질, 러시아 등의 회복세와 중남미, 아프리카 지역의 개발 수요는 우리 경제의 당면 현안인 'G2 리스크'를 완화시켜 줄 것으로 기대됩니다.

그러나 중국과의 통상 현안이 아직 잠재해 있고 미국과의 FTA 개정 협상이 본격화되고 있으며, 일본과 EU의 FTA, 또 미국이 빠지고 일본이 주도하는 TPP 등으로 일본 기업의 경쟁력은 한 층 더 강화될 것으로 예상됩니다.

이러한 상황에서 저는 그동안 우리 수출 주체의 전환과 시장 품목 방식 등에 있어서 대대적인 구조 개혁을 통해서 양질의 일자리 창출과 산업 경쟁력 제고에 도움이 되는 수출과 투자를 강조해 왔습니다. 이러한 연장선 상에서 올해 새해 우리의 진출 전략을 다음과 같이 제시하고자 합니다.

첫째는 기본에 충실하자는 것입니다. 우리가 현재의 무역규모 1조 달러를 넘는 2조 달러 규모를 달성하기 위해서는 우리보다 면적이 100배, 인구가 6배인 미국의 교역규모 절반을 넘는 수치입니다.

이를 위해서는 그동안 우리 수출을 뒷받침해 왔던 전기, 자동차 및 부품, 화학, 기계 분야의 경쟁력 강화 없이는 달성 불가능한 수치입니다. 아울러 현재 30% 중반에 머물러 있는 중소·중견 기업의 수출 비중을 50% 가까이 끌어올리고 중소·중견 기업의 수출 참여율도 현재의 3%에 못 미치는 수준에서 독일, 영국과 같이 10% 수준으로 높여야 합니다.

또한, 낙후된 서비스 분야를 수출 산업화하여 일자리와 국민 복지에 미치는 파급 효과를 획기적으로 제고해야 하겠습니다.

두번째는 4차 산업혁명, 디지털 플랫폼 시대에 선제적으로 대응하자는 것입니다. 3D 프린팅, 빅데이터와 인공지능 등을 포함하는 4차 산업혁명의 물결은 전 산업에 걸쳐, 그리고 생산과 유통, 소비 형태 등 경제 전 분야에 걸쳐 혁명적 변화를 몰고 오고 있습니다. 그리고 이 4차 산업혁명을 둘러싼 미국, 독일, 중국, 일본 등 글로벌 빅 4 간에 주도권 경쟁이 더욱 격화되고 있습니다.

현재 우리가 이 분야의 기반이 많이 취약하다는 지적이 있지만 우리는 지난 20년간 불모지에서 세계적인 IT 강국으로 도약한 DNA를 갖고 있습니다. 최근의 벤처 창업 열기와 정부의 지원정책이 잘 어우러진다면 4차 산업혁명의 물결이 오히려 우리 산업의 경쟁력을 획기적으로 제고하고, 새로운 수출 먹거리를 가져다 줄 것으로 저는 믿고 있습니다.

세번째는 지속 가능한 무역 성장 모델을 발전시키자는 것입니다. 지금까지는 단순히 상품만 판매하거나 생산 비용 절감을 위해서 해외진출을 하는 Make-in과 같은 전략이 주효했습니다. 그러나 글로벌 신보호무역주의가 가속되고 있고, 중국, 동남아 등 신흥국들의 자국 산업 및 내수 육성 정책이 강화되는 여건에 맞추어 우리의 무역투자전략도 새로 만들어야 합니다,

이제는 상생과 호혜를 바탕으로 우리 기업과 해외 파트너가 공존하면서 함께 상품을 만들고 이익을 공유하는 'Make with' 전략으로의 인식 전환이 필요합니다. 경제 발전 경험 공유 프로그램 또 공적 개발 원조 등을 수출의 마중물로 활용하고 있는 선진국의 예와 같이 교역 파트너의 발전과 소득 증대에 기여해 함께 성장하는 공유 가치 창출 기반을 강화해야 합니다.

기업인 여러분, 저는 지난 3년 간 KOTRA 사장으로 있으면서 '우문해답', 우리의 문제는 해외에 답이 있다고 늘 얘기해 왔습니다. 참가자 여러분도 오늘 저희 KOTRA 해외지역 본부장 10명이 얘기하는 생생한 현지의 상황과 진출 전략에서 해외진출의 해법을 찾으셨으면 합니다. 무술년 새해에 댁내 모두 건강하시고 행복한 한 해가 되시길 기원합니다. 감사합니다.

——제19회 세계 시장 진출 전략 설명회

难句解析与视译处理

句1: 이러한 상황에서 저는 그동안 우리 수출 주체의 전환과 시장 품목 방식 등에 있어서 대대적인 구조개혁을 통해서 양질의 일자리 창출과 산업 경쟁력 제고에 도움이 되는 수출과 투자를 강조해 왔습니다.

译文: 在这种情况下，我一贯强调，在韩国出口主体的转换和市场品种方式等方面，出口和投资需要通过大刀阔斧的结构改革为创造出优质工作岗位和提高产业竞争力做贡献。

视译译文

	断　句	译　文
1	이러한 상황에서	在这种情况下，
2	저는 그동안 우리 수출 주체의 전환과	我认为，韩国出口主体的转换
3	시장 품목 방식 등에 있어서	和市场品种方式等方面，
4	대대적인 구조개혁을 통해서	需要通过大刀阔斧的结构改革，
5	양질의 일자리 창출과	创造出优质工作岗位，
6	산업 경쟁력 제고에	并提高产业竞争力。
7	도움이 되는 수출과 투자를	出口和投资应该在这方面做贡献，
8	강조해 왔습니다.	我一贯强调这一点。

句2：현재 우리가 이 분야의 기반이 많이 취약하다는 지적이 있지만 우리는 지난 20년간 불모지에서 세계적인 IT 강국으로 도약한 DNA를 갖고 있습니다.

译文：虽然有人指出目前韩国在这一领域的基础太薄弱，但我们拥有过去20年里从不毛之地跃升为全球IT强国的基因。

视译译文

	断　句	译　文
1	현재 우리가 이 분야의 기반이	目前韩国在这一领域的基础
2	많이 취약하다는	太薄弱，
3	지적이 있지만	尽管有人指出了这一点，
4	우리는 지난 20년간	但我们过去20年里，
5	불모지에서	从不毛之地
6	세계적인 IT 강국으로 도약한	跃升为全球IT强国，
7	DNA를 갖고 있습니다.	我们拥有这种基因。

句3：경제 발전 경험 공유 프로그램 또 공적 개발 원조 등을 수출의 마중물로 활용하고 있는 선진국의 예와 같이 교역 파트너의 발전과 소득 증대에 기여해 함께 성장하는 공유 가치 창출 기반을 강화해야 합니다.

译文：发达国家曾经借助于"分享经济发展经验"和"政府开发援助"等项目推动出口，韩国也应借鉴他们的经验，助力贸易伙伴实现经济发展和收入增长，以夯实创造共享价值的基础，实现共同发展。

视译译文

	断　　句	译　　文
1	경제 발전 경험 공유 프로그램	"经济发展经验共享计划"、
2	또 공적 개발 원조 등을	"政府开发援助"等
3	수출의 마중물로 활용하고 있는	曾被用于推动出口,
4	선진국의 예와 같이	韩国应该借鉴发达国家的这些经验,
5	교역 파트너의 발전과	促进贸易伙伴的经济发展
6	소득 증대에 기여해	和收入增长,
7	함께 성장하는	实现共同发展,
8	공유 가치 창출 기반을	创造价值共享的基础
9	강화해야 합니다.	应该进一步加以巩固。

四、自主练习

自主练习1

韩　　文	中文释义
출범하다(出帆--)	启动、成立、上台
무역입국	贸易立国
프로젝트 수주(受注)	承揽项目
공공 조달(公共調達)	公共采购
뉴노멀(new normal)	新常态
선진화(先進化)	先进化、升级
수출 먹거리	出口潜力产品
연사(演士)	演说者、演讲者

오늘 처음 이렇게 출범하는 우리 KOTRA 중소기업 글로벌 비즈니스 포럼에 참석해 주신 내외 귀빈 여러분께 우선 진심으로 감사의 말씀 드립니다.

'무역입국'의 기치 아래에 설립된 저희 KOTRA가 지난 55년간 우리 대한민국의 무역 투자 발전의 역사와 함께 해왔습니다. 또한 2000년대 이후 KOTRA 역할에 대해서 많은 시대적 요구가 있어서 프로젝트 수주라든지 공공 조달, 글로벌 인재 유치, 해외 취업 지원 등 다양한 분야에 있어서 KOTRA의 기능이 강화되기도 했습니다.

세계 경제는 구조적 저성장을 의미하는 뉴노멀 시대로 진입해 있고 또 4차 산업혁명이라는 패러다임 전환기를 맞고 있습니다. 이에 따라서 글로벌 시장에서는 국가 간, 기업 간의 경쟁은 더욱 치열해지고 있고 대외 의존도가 높은 우리 나라 입장에서는 반드시 이를 극복해야 되는 그런 상황이 되고 있습니다.

KOTRA는 우리 기업의 글로벌화라든지 새로운 성장 동력의 발굴과 또 무역 구조의 선진화 등과 같은 국가 경제의 재도약을 위해서 개방과 협업에 기반한 글로벌 비즈니스 플랫폼 역할을 더욱 강화해 나가고자 합니다. 이를 위해서 조직 재정비를 통해 4차 산업혁명에 대한 대형 시스템을 갖추고 또 미래 수출 먹거리를 찾기에 또 힘쓸 계획입니다.

오늘은 포럼의 출범을 기념하여 KAIST의 이민화 교수님께서 4차 산업혁명 시대 글로벌 플랫폼이라는 주제로 기조 연설을 준비해 주셨습니다. 또한 기업과 정부, 학계를 대표하시는 연사님들께서 다양한 관점의 주제 발표를 해주실 것입니다. 앞으로 포럼이 지속적으로 발전할 수 있도록 많은 격려와 관심을 부탁드립니다. 감사합니다.

——코트라 중소기업 글로벌 비즈니스 포럼

自主练习2

韩　文	中文释义
초대(初代)	首任、第一代
구심체(求心體)	向心体
청출어람(靑出於藍)	青出于蓝
대못을 박다	把钉子钉死，形容把事情彻底做完
초석을 다지다	打基础
일익을 담당하다	尽绵薄之力

저는 이 KOTRA 중소기업 글로벌 비즈니스 포럼의 초대 회장직을 맡게 된 홍석우입니다. 중소기업 또 학계, 전문가 집단 이런 분들을 다 모아서 KOTRA와 함께 세계화, 글로벌화하는 데 뭔가 머리를 맞댈 큰 하나의 구심체가 필요하지 않을까 생각만 했었는데 오늘 와서 이번 행사에 관한 의견을 교환하면서 '김재홍 사장을 비롯해서 지금 우리 임직원들이 아주 훌륭하게 이렇게 일을 이루었구나' 라는 생각을 하면서 역시 한자 숙어를 쓰자면 청출어람입니다.

이 포럼이 무역, 산업 통상, 투자의 3개 분야로 구성돼 있습니다. 그리고 구성원은 한 220여명 정도의 대한민국의 각계각층의 오피니언 리더, 여러분들이 자리하고 계십니다.

우리 모인 여러분들이 앞으로 한 6개월이든 1년이든 열심히 노력해서 대못을 확실히 박아가지고 더 이상은 이 모임이 효능에 관한 의심, 장래에 관한 우려가 없이 10년 20년 계속해서 대한민국의 중소기업과 많은 기업들의 발전을 위한 구심 역할을 했으면 하는 생각이고 저도 초대 회장을 맡은 만큼 짧은 기간이 되겠지만 그 동안에 열심히 노력해서

초석을 다지는 데 일익을 담당하겠습니다.

다시 한번 감사의 말씀을 드리고 또 정말로 제가 KOTRA라는 이름을 할 때마다 꼭 가슴 속에는 제가 사랑하는 KOTRA 임직원 여러분들께도 수고했다는 말씀을 드리겠습니다. 감사합니다.

——코트라 중소기업 글로벌 비즈니스 포럼

第六课

词性与语态转换

口译主题 | 宏观经济

段落视译 | 双循环格局下扩内需成关键

实战练习 | 2017 미래경제포럼 축사

自主练习 | 2017 미래경제포럼 개회사

一、技巧讲解

受系统功能语言学影响，英国著名语言学家和翻译理论家卡特福德（J. C. Catford）在 1965 年出版的《翻译的语言学理论》（*A Linguistic Theory of Translation*）一书中首次提出了翻译转换概念，意思是将原文翻译成译文时偏离形式对等。“翻译等值”是翻译转换的核心，是“源语文本或部分与译语文本或部分具有相同（或至少部分相同）的实体特征”。这里的实体特征“包括所指意义与语法意义”两个层面，即卡特福德提出的“文本等值”和“形式对应”。

文本等值是指“特定语境中的任何目的语文本或部分文本成为源语文本或部分文本的等值成分”。形式对应则是“目标语的语法范畴与源语的语法范畴在各自语言中占有相应位置”。换言之，文本等值仅限于某一对特定的源语与译语的所指意义，而形式对应则是指两种语言在语法范畴（如人称、语态或时态）上的对应。

卡特福德认为，在实际翻译中，源语与译语根本无法做到完全意义上的对等，形式对应只能是近似而非绝对。而在形式（语法意义）对应无法对等时，就需要采取策略，达到两种语言间的文本（所指意义）等值。基于此，卡特福德进一步提出了“翻译转换”理论。所谓“翻译转换”，即是“偏离从源语到目标语过程中的形式对应”。

卡特福德根据语法与词汇层面，将翻译转换分为两大类——层次转换和范畴转换。层次转换发生在当目标语中不存在与源语对等的语言表达形式时，是指当源语语法特征无法在目标语中体现出来时所要进行的转换。范畴转换涵盖结构转换、类别转换、单位转换以及内部体系转换四方面。

在韩中口译中，范畴转换的前两类——结构转换和类别转换的使用频率最高，其中类别转换主要体现为词性转换，结构转换主要体现为语态转换、成分转换和句式转换，本课将重点介绍词性转换和语态转换。

1 词性转换

词性转换指的是在进行翻译的过程中，为了有效、准确地表达原文的意思而把相关词汇的属性进行改变。汉语与韩语这两种语言在很多方面都存在很大差异，在词汇意义的表达、构词法以及在语言的结构等方面都具有相当大的区别。因此，在进行翻译的时候，把每个韩语的词汇都译出一个完全等同于其韩语词义及词性的汉语词汇是很难实现的。如果必须要用词性完全相同的汉语词汇进行翻译与表达，很容易出现和汉语表达习惯不相符的情况，导致译句不顺畅，甚至不知所云，无法理解。

翻译最重要的原则就是忠实、通顺。忠实也就是要忠实原文的内容，根据实际情况对原文的意义进行理解并加以表达，不能出现添加、歪曲以及篡改的情况。通顺指的是译文通顺易懂，与译入语习惯相符，语句连贯，语言结构合理，没有词不达意的情况。翻译最主要的目标就是要使译文的内容与原文内容的信息和功能相匹配，并不是形式上的对应。因此，想要在翻译中避免出现一味追求翻译的形式而不注重内容有效性的情况，就需要利用词性转换来进行翻译，通过对表层结构和形式的改变使内容更贴切，信息更准确，提高译文的流畅度与连贯性。

（1）名词和动词转换

韩中视译中的词性转换指译文中对应的单词词性有所变化，**名词和动词之间的转换**是最具有代表性的一种词性转换技巧。根据上下文，有时可以保留原来的语序，有时则需要改变语序。

保留语序：

자금 **이탈**	资金**出逃/撤离**
산업 구조 **고도화**	产业结构**升级**

调整语序：

금리 **인상**	**提高**利率/加息
산업 발전 **가속화**	**加快**产业发展

这种词性转换技巧被广泛应用于多个短语罗列时，而且往往伴随着结构的转换，韩语经常使用动名词短语，采用偏正结构，译成汉语则可转换为动词，采用动宾或主谓形式。

例1： 초대형 투자은행의 출현을 유도해서 전문적인 기업 금융 기능을 강화하고 금융 한류를 이끌 선도자로서 육성해 나가겠습니다. **중기 특화 증권사의 지정 그리고 사모펀드의 활성화** 등을 통해서 창조경제의 활성화와 문화 융성의 첨병인 혁신적인 기업에게 필요한 모험 자본을 공급할 다양한 채널도 마련하려고 합니다.

译文： 我们将鼓励超大型投资银行的组建，以加强专业的公司融资功能，并使它们成为"金融韩流"的领头羊。我们还计划通过**指定为中小企业融资的证券公司、搞活私募基金**等，开拓多种渠道为创新性企业提供必要的风险投资，创新型企业是搞活创造经济和实现文化繁荣的先锋。

视译译文

	断 句	译 文
1	초대형 투자은행의 수출을 유도해서	我们鼓励超大型投资银行的组建，
2	전문적인 기업금융 기능을 강화하고	以加强专业的公司融资功能，
3	금융 한류를 이끌 선도자로서 육성해 나가겠습니다.	并使它们成为“金融韩流”的领头羊。
4	**중기 특화 증권사의 지정**	**还将指定为中小企业融资的证券公司**、
5	그리고 **사모펀드의 활성화** 등을 통해서	**搞活私募基金**等，
6	창조경제의 활성화와 문화 융성의 첨병인	从而向搞活创造经济和实现文化繁荣的先锋
7	혁신적인 기업에게	创新型企业，
8	필요한 모험 자본을 공급할	提供必要的风险投资
9	다양한 채널도 마련하려고 합니다.	为此开拓多种渠道。

上文中“중기 특화 증권사의 지정”“사모펀드의 활성화”原本是两个偏正结构短语，“지정”和“활성화”均为动名词，以名词形式呈现可以使表达更为简洁。但翻译成汉语时需要体现为动词，并且调整语序，变成了两个动宾形式：“指定为中小企业融资的证券公司”“搞活私募基金”。对比两种译文可以发现，这种词性转换手法在口笔译、交传和同传中都同样适用，是一种应用较为广泛的技巧。

例2：문체부 관계자는 “어려운 환경 속에서도 **관광산업 육성에 대한 정부의 적극적인 의지, 지속적인 통계 정비, 업계의 서비스 개선과 품질 강화 노력**이 반영된 결과”라며 “앞으로도 **국내 관광 활성화와 외국인 관광객 유치 다변화** 등을 통해 우리나라의 관광 경쟁력을 높여가겠다”고 말했다.

译文：文体部相关人士表示，在困难的情况下取得这样的成果，得益于**政府积极扶持旅游业、不断调整统计数据，旅游业界努力改善服务、提高服务质量**。他还表示，文体部仍将**搞活国内旅游，以多种方式招徕外国游客**，从而提升韩国的旅游竞争力。

视译译文

	断 句	译 文
1	문체부 관계자는	文体部相关人士表示,
2	"어려운 환경 속에서도	在较为困难的情况下,
3	**관광산업 육성에 대한 정부의 적극적인 의지**	**政府积极扶持旅游业**、
4	**지속적인 통계 정비**	**不断调整统计数据**,
5	**업계의 서비스 개선과**	**旅游业界努力改善服务**、
6	**품질 강화 노력이**	**提高服务质量**,
7	반영된 결과"라며	所以才取得了这样的成绩。
8	"앞으로도 국내 관광 활성화와	文体部今后仍将**搞活国内旅游**,
9	외국인 관광객 유치 다변화 등을 통해	**以多种方式招徕外国游客**,
10	우리 나라의 관광 경쟁력을 높여가겠다"고 말했다.	从而提升韩国的旅游竞争力。

上面的例句中出现了六个名词短语,"관광산업 육성에 대한 정부의 적극적인 의지""지속적인 통계 정비""업계의 서비스 개선""품질 강화 노력""국내 관광 활성화""외국인 관광객 유치 다변화"。此时,译语可以将源语中的名词转换为动词,调整为动宾形式:"政府积极扶持旅游业""不断调整统计数据""旅游业界努力改善服务""提高服务质量""搞活国内旅游""以多种方式招徕外国游客"。

韩语中的动名词在汉语中译成动词,反之,当汉语中有多个并列的动宾短语时,翻译成韩语时采用动名词的形式,则可以大大缩短翻译的时间,提高效率,使译语更为简洁流畅。

例3: 中国政府坚持不搞"大水漫灌"式强刺激,而是不断创新和完善宏观调控,保持较低的政府负债率。中国政府将在保持宏观政策连续性的基础上,运用好逆周期调节工具,**实施大规模减税降费、增加专项债券使用、降低融资成本、鼓励创业创新等政策**,夯实微观经济基础。

译文: 중국은 대규모 유동성 공급 대신 혁신과 거시적 조정을 지속하고 정부 부채비율을 낮게 유지하려 한다. 중국 정부는 거시적 조정 정책을 유지하는 기조 하에 역주기 경기대응 수단을 총동원하여 **대대적인 감세 추진, 특수채 사용 증가, 융자 비용 절감, 창업 혁신 장려** 등 조치로 미시 경제의 기초를 단단히 다질 것이다.

视译译文

	断　句	译　文
1	中国政府坚持不搞"大水漫灌"式强刺激，	중국은 대규모 유동성 공급 대신
2	而是不断创新和完善宏观调控，	혁신과 거시적 조정을 지속하고
3	保持较低的政府负债率。	정부 부채비율을 낮게 유지하려 한다.
4	中国政府	중국 정부는
5	将在保持宏观政策连续性的基础上，	거시적 조정 정책을 유지하는 기조 하에
6	运用好逆周期调节工具，	역주기 경기대응 수단을 총동원하여
7	**实施大规模减税降费**、	**대대적인 감세 추진**,
8	**增加专项债券使用**、	**특수채 사용 증가**,
9	**降低融资成本**、	**융자 비용 절감**,
10	**鼓励创业创新**等政策，	**창업 혁신 장려** 등 조치로
11	夯实微观经济基础。	미시 경제의 기초를 단단히 다질 것이다.

上面句子中的四个并列短语"实施大规模减税降费""增加专项债券使用""降低融资成本""鼓励创业创新"如果处理成短句形式，字数相对较多，而且要使用多个连接词"-고""-며"来衔接，译语显得较为啰嗦。处理为动名词短语，则可以有效地解决这些问题，翻译为"대대적인 감세 추진""특수채 사용 증가""융자 비용 절감""창업 혁신 장려"简洁而准确。

例4： 当前，经济全球化深入发展，国与国相互依存日益紧密，求和平、谋发展、促合作已成为不可阻挡的时代潮流，世界面临难得的发展机遇。同时，近来世界经济增长中的不确定不稳定因素增多，**金融市场持续动荡，能源资源价格上升，粮食安全问题突出，全球通胀压力增大**。建设持久和平、共同繁荣的和谐世界，仍面临不少严峻挑战。

译文： 경제의 세계화가 심화되고 국가 간 상호의존도가 높아지는 지금 평화와 발전, 그리고 협력은 거스를 수 없는 시대적 흐름으로 자리 잡았으며, 세계는 지금 '천재일우'의 호기를 맞이하고 있다. 하지만 최근 세계 경제의 불확실성이 높아지는 가운데, **지속적인 금융시장 불안, 에너지자원 가격 상승, 식량위기에 따른 식량안보 대두, 전세계적인 인플레이션 압력 고조** 등 문제가 부각되면서 평화 정착과 공동 번영의 조화로운 세계를 구축하는 일은 여전히 험난한 가시밭길을 예고하고 있다.

视译译文

	断　　句	译　　文
1	当前，经济全球化深入发展，	지금 경제의 세계화가 심화되고
2	国与国相互依存日益紧密，	국가 간 상호의존도가 높아지면서
3	求和平、谋发展、促合作	평화와 발전, 그리고 협력은
4	已成为不可阻挡的时代潮流，	거스를 수 없는 시대적 흐름으로 자리 잡았으며,
5	世界面临难得的发展机遇。	세계는 지금 '천재일우'의 호기를 맞이하고 있다.
6	同时，近来世界经济增长中的	하지만 최근 세계 경제의
7	不确定不稳定因素增多，	불확실성이 높아지는 가운데,
8	**金融市场持续动荡**，	**지속적인 금융시장 불안,**
9	**能源资源价格上升**，	**에너지자원 가격 상승,**
10	**粮食安全问题突出**，	**식량위기에 따른 식량안보 대두,**
11	**全球通胀压力增大**。	**전 세계적인 인플레이션 압력 고조** 등 문제가 부각되면서
12	建设持久和平、	평화 정착과
13	共同繁荣的和谐世界，	공동 번영의 조화로운 세계를 구축하는 일은
14	仍面临不少严峻挑战。	여전히 험난한 가시밭길을 예고하고 있습니다.

上面例句中的几个罗列短语"金融市场持续动荡，能源资源价格上升，粮食安全问题突出，全球通胀压力增大"为主谓结构，"动荡""上升""突出""增大"在汉语里均为动词。翻译成韩语则可以采用名词形式，处理为偏正结构："지속적인 금융시장 불안, 에너지자원 가격 상승, 식량위기에 따른 식량안보 대두, 전 세계적인 인플레이션 압력 고조"。这样表达不仅简洁准确，而且字数与源语相差无几，不会产生时间差，有利于视译和同传时与发言人保持同步。

（2）其他词性转换

在一些较为特殊的情况下，名词也可以转换为副词。

例5： 사실 지금까지 흐름으로 보게 된다면 발전의 연장선상에서 우리가 어떤 동력을 찾을 수 있는 가능성이 굉장히 있습니다. 그래서 그런 부분들을 우리가 찾아야 되겠다는 절박함이 있는 것 같습니다.

译文： 从目前的趋势来看，在后续发展方面我们极有可能找到某种动力，所以我们迫切需要找到这种动力。

视译译文

	断　句	译　文
1	사실 지금까지 흐름으로 보게 된다면	从目前的趋势来看，
2	발전의 연장선상에서	在后续发展方面
3	우리가 어떤 동력을 찾을 수 있는	我们找到某种动力的
4	가능성이 굉장히 있습니다.	可能性较大，
5	그래서 그런 부분들을	所以这种动力，
6	우리가 찾아야 되겠다는 **절박함**이 있는 것 같습니다.	我们**迫切**需要找到。

例句中的“절박함”是形容词的名词形，由于在此句中是修饰“找到”，翻译成中文需要转换为副词“迫切”，也可以译为“亟需”。

还有一些较为特殊的情形，系中韩两种语言的表达习惯不同所致。韩语以名词形式表达，若译成汉语则要转换为形容词，比如用作谓语的名词“미인(美人)이다”“동안(童颜)이다”，译成汉语一般转换为形容词“漂亮”“年轻”。

此外，还有一种情形叫作“强制性词性转换”，是指某个词在一种语言中属于一类词性，而翻译成另一种语言时则会变成另一类词。如韩语中的“위하다”是动词，而汉语中“为了”却是介词。

2 语态转换

语态转换是韩汉语言对比研究中的一个重要课题，也是韩中翻译教学与研究的一项基本内容。探讨韩汉语态的转换问题，不仅对语法研究，对韩中中韩口译也有理论和实践指导意义。

尽管韩语和汉语都有被动语态，但韩语的被动语态构成方式更为复杂多样，在韩语中的使用也更为广泛，既包括一些固定的后缀，也有格助词的变化。相对韩语而言，汉语的被动句使用范围较为狭窄，而且存在着大量无标记被动句。由于两种语言的这种不同，口译过程中比较容易出现母语负迁移现象。在口译过程中，韩语的被动语态在翻译成汉语时，往往需要转换为能动语态。例如，“기회는 준비된 자에게 주어진다”可以译为“机会属于有准备的人”，也可以说“机会垂青有准备的人”，无论是哪种表达方式，都没有保留被动语态。

例6：　다수의 업계 관계자들은 핀테크 ‘규제 샌드박스’가 이미 여러 측면에서 성공적인 노하우를 축적했고 이전 사업에서 단계적인 성과를 거뒀기 때문에 시범지역을 중국 각지로 확대할 수 있는 **기반이 갖춰졌다**고 보았다.

译文： 在多位业内人士看来，当前金融科技“监管沙箱”已多方积累了成功经验，且前期探索也取得阶段性成果，因此已**具备**向全国各地扩展的基础。

视译译文

	断　句	译　文
1	다수의 업계 관계자들은	在多位业内人士看来，
2	핀테크 '규제 샌드박스'가	当前金融科技“监管沙箱”
3	이미 여러 측면에서	已经在很多方面
4	성공적인 노하우를 축적했고	积累了成功经验，
5	이전 사업에서	且前期探索
6	단계적인 성과를 거뒀기 때문에	也取得了阶段性成果，
7	시범지역을 중국 각지로 확대할 수 있는	试点可以向全国各地扩展，
8	**기반이 갖춰졌다**고 보았다.	条件已经**成熟**。

例句中的“갖추어지다”是由“갖추다”和“어지다”构成的，直译是指“基础已经变得被具备了”。汉译时不需要体现出被动语态，而且需要根据表达习惯调整语序，可以译为“已具备基础”，如果是视译，可以顺句驱动，顺译为“条件已经成熟”。

例7： 88년도에 올림픽이 열렸던 잠실종합운동장 일대에다 약 10만 스퀘어 미터가 넘는 국제적인 전시 컨벤션을 비롯해서 기존에 있는 스포츠 시설, 그리고 공연장 해서 전시나 회의 뿐만이 아니라 스포츠, 문화 공연까지 즐길 수 있는 **그런 복합공간이 될 것이고**, 또 한강변에 있기 때문에 **환경친화적인 시설로도 가꾸어질** 계획입니다.

译文： 我们打算在1988年举办过奥运会的蚕室综合运动场一带**打造一个多功能空间**，包括超过十万平方米的国际会展场馆以及现有的体育设施、剧院在内，既能满足会展与会议需求，又能观看体育比赛和文娱演出。由于地处汉江之滨，我们计划把它**建成环境友好型设施**。

视译译文

	断　句	译　文
1	88년도에 올림픽이 열렸던	在1988年举办过奥运会的
2	잠실종합운동장 일대에다	蚕室综合运动场一带，
3	약 10만 스퀘어 미터가 넘는	包括超过十万平方米的
4	국제적인 전시 컨벤션을 비롯해서	国际会展场馆，
5	기존에 있는 스포츠 시설, 그리고 공연장 해서	以及现有的体育设施、剧院在内，
6	전시나 회의 뿐만이 아니라	既能满足会展与会议需求，

（续表）

	断　句	译　文
7	스포츠, 문화 공연까지 즐길 수 있는	又能观看体育比赛和文娱演出，
8	그런 복합공간이 될 것이고,	我们打算打造这样一个多功能空间。
9	또 한강변에 있기 때문에	由于地处汉江之滨，
10	**환경친화적인 시설로도 가꾸어질** 계획입니다.	我们计划把它**建成环境友好型设施**。

例句中出现的典型被动语态为“가꾸어지다”，指这里将“被打造”，译文可以处理成能动语态。由于发言人是代表首尔市在介绍改建计划，因此此处可以补译主语“我们”。句中“복합공간이 될 것”原指“成为多功能空间”，根据上下文，也可以补译出造成这种变化的主体“我们”，因此“成为”也翻译成了“打造”。

此外，还存在一些韩语被动语态翻译成汉语时变为使动语态的情形，例如：

믿기지 않는 사건　　令人难以置信的事件

잊혀지지 않는 노래　令人难忘的歌声

词性转换和语态转换作为一种技巧在翻译过程中使用较为广泛，但并不是绝对的，而是需要在实际操作中把握好韩语与汉语在语言结构等方面的差异，根据两种语言存在的不同规律进行合理处理，注重对于源语意思的表达。

同时，也不应过分在意源语词汇的类别或语态，并非动词必须要翻译为动词，名词必须翻译为名词，或者被动语态全部转换成主动语态。在翻译的过程中始终应考虑译文是否流畅通顺，掌握词性和语态的转换，在翻译中灵活变通，根据原文的实际意义与内容，通过利用词性和语态转换来忠实表达出原文的意思。

因此，需要在对韩中翻译技巧进行学习的过程中加强训练，不断积累经验，在实际的翻译中根据实际的情况进行合理科学的翻译，提高翻译的准确性与高效性，提高翻译的水平与质量。在翻译过程中还要结合具体语境来理解文本，在了解两国文化的基础上，熟练地运用两种语言。这样才能在翻译的过程中结合对方国家语言的使用习惯和思维方式进行恰如其分的翻译，注意调整语句的顺序，适当运用词性和语态转换技巧进行合理转换。只有这样，译出的句子才能合情合理，不会过于生硬，从而达到良好的交际效果。

二、段落视译

双循环格局下扩内需成关键

韩 文	中文释义
중앙정치국 회의	中央政治局会议
국내 대순환	国内大循环
국내외 양방향 순환	国内国际双循环
업무 안배	工作部署
안정 속 성장	稳中求进
긴장의 끈을 놓지 않다	毫不放松
6개 안정(취업·금융·대외 무역·외자·투자·시장 전망 안정)	六稳（稳就业、稳金融、稳外贸、稳外资、稳投资、稳预期）
6개 보장(주민 취업, 기초 민생, 시장 주체, 식량·에너지 안보, 산업·공급 사슬 안정, 기층 운영 보장)	六保（保居民就业、保基本民生、保市场主体、保粮食能源安全、保产业链供应链稳定、保基层运转）
소비력(消費力)	消费能力

2020년 7월 30일 열린 중앙정치국 회의에서 "중국 국내 대순환을 중심으로 국내외 양방향 순환을 상호 촉진하는 새로운 발전 구도를 빠르게 형성한다"는 내용이 제시되었다. 양방향 순환 구도는 성장 환경과 성장 조건의 중대한 전환이므로 양방향 순환을 어떻게 융합할 것인지가 지방정부의 경제 업무 안배의 근본적인 과제로 제시되었다.

일례로 7월 31일 상하이시 상무위원회 회의에서는 '안정 속 성장' 업무의 전체적인 기조를 견지하고 코로나19 상시화 방역의 긴장의 끈을 놓지 않으며, 착실하게 '6개 안정' 업무를 완수하고 전면적으로 '6개 보장' 임무를 이행한다고 밝혔다. 또, 국내 대순환의 중심 접점과 국내외 양방향 순환의 전략적 연결고리를 구축하여 경제·사회의 안정적이고 건강한 발전을 효과적으로 촉진하겠다고 강조했다.

내수 확대는 투자와 소비 두 방면에서 착수해야 한다. 정부에서 '양신일중'을 명시했으므로 투자는 이와 관련한 방법을 강구해야 하고, 소비의 경우 코로나19 방역 상시화 상황에서 소비 수요를 늘려야 하므로 하반기에는 소비력에 더욱 힘을 써야 한다.

2020年7月30日的中央政治局会议提出，"加快形成以国内大循环为主体、国内国际双循环相互促进的新发展格局。"双循环的格局是增长环境和增长条件的重大转变，因此，如何融合双循环便成为各地经济工作部署根本课题。

例如，7月31日，上海市委常委会会议提出，要坚持稳中求进工作总基调，毫不放松抓好常态化疫情防控这根弦，扎实做好“六稳”工作，全面落实“六保”任务，着力打造国内大循环的中心节点、国内国际双循环的战略链接，更好促进经济社会平稳健康发展。

扩大内需就是要从投资和消费两个方面着手。中央明确了“两新一重”，因此，投资还是要在这方面做文章。在消费上，就是要在疫情防控常态化上增加消费需求，所以下半年应在消费能力上下功夫。

视译译文

	断　句	译　文
1	2020년 7월 30일 열린	2020年7月30日的
2	중앙정치국 회의에서	中央政治局会议提出，
3	“중국 국내 대순환을 중심으로	以国内大循环为主体、
4	국내외 양방향 순환을 상호 촉진하는	国内国际双循环相互促进的
5	새로운 발전 구도를	新发展格局
6	빠르게 형성한다” 는 내용이 제시되었다.	要加快形成。
7	양방향 순환 구도는	双循环的格局
8	성장 환경과 성장 조건의	是增长环境和增长条件的
9	중대한 전환이므로	重大转变，
10	양방향 순환을 어떻게 융합할 것인지가	因此，如何融合双循环
11	지방정부의 경제 업무 안배의	便成为各地经济工作部署的
12	근본적인 과제로 제시되었다.	根本课题。
13	일례로 7월 31일	例如，7月31日，
14	상하이시 상무위원회 회의에서는	上海市委常委会会议提出，
15	‘안정 속 성장’ 업무의 전체적인 기조를 견지하고	要坚持稳中求进工作总基调，
16	코로나19 상시화 방역의	抓好常态化疫情防控
17	긴장의 끈을 놓지 않으며,	毫不放松，
18	착실하게 ‘6개 안정’ 업무를 완수하고	扎实做好“六稳”工作，
19	전면적으로 ‘6개 보장’ 임무를 이행한다고 밝혔다.	全面落实“六保”任务，
20	또, 국내 대순환의 중심 접점과	国内大循环的中心节点与
21	국내외 양방향 순환의	国内国际双循环，
22	전략적 연결고리를 구축하여	要着力打造这一战略链接，
23	경제·사회의	经济社会的
24	안정적이고 건강한 발전을	平稳健康发展
25	효과적으로 촉진하겠다고 강조했다.	要得到更好的促进。
26	내수 확대는	扩大内需

（续表）

	断　　句	译　　文
27	투자와 소비	就是要从投资和消费
28	두 방면에서 착수해야 한다.	两个方面着手。
29	정부에서	中央明确了
30	'양신일중(两新一重)'을 명시했으므로	"两新一重"，
31	투자는 이와와 관련한 방법을 강구해야 하고,	因此，投资还是要在这方面做文章。
32	소비의 경우	在消费上，
33	코로나19 방역 상시화 상황에서	就是要在疫情防控常态化上
34	소비 수요를 늘려야 하므로	增加消费需求，
35	하반기에는	所以下半年
36	소비력에 더욱 힘을 써야 한다.	应在消费能力上下功夫。

三、实战练习

韩　　文	中文释义
우수(雨水)	雨水
활로(活路)	活路、生路、出路
춘래불사춘(春來不似春)	春来不似春
예측치(豫測値)	预测值
고작	充其量、顶多
필두(筆頭)	为首
한파(寒波)	寒流、寒潮
불어닥치다	(大风)吹来
때아닌	不是时候、不合时宜、意外、突如其来
혹한기(酷寒期)	酷寒期、严寒期
휘청이다	摇摆、摇晃
서민 경제(庶民經濟)	民生经济
시의적절하다(時宜適切--)	恰逢其时、切合时宜
구직 단념자(求職斷念者)	放弃求职者
여파(餘波)	余波、影响、冲击
자영업자(自營業者)	个体户
장기 불황(長期不況)	长期萧条
탁견(卓見)	远见卓识
버나드 쇼(Bernard Shaw)	萧伯纳（英国剧作家）

오늘 2017 미래경제포럼 개막을 진심으로 축하 드립니다. 엇그제가 눈이 녹아서 비가 된다는 우수였습니다. 봄 기운이 모락모락 피어나는 계절이지만 '춘래불사춘'이란 말이 심상치 않게 들리고 있습니다. 바로 우리 경제 이야깁니다.

저성장의 늪에 빠진 대한민국 경제의 활로가 보이지 않습니다. 지난해 우리 경제는 2.7% 성장에 그쳤습니다. 올해 예측치는 그보다 더 낮은 2.5% 수준입니다. 글로벌 금융 위기가 터진 2008년 이후 지난 십 년간 3% 대 성장을 기록한 해는 고작 3개년에 불과합니다.

여기에 조선 해운업을 필두로 각종 구조 조정으로 인해서 고용 시장에 큰 한파가 불어 닥치고 있습니다. 성장률은 떨어지고 실업률은 올라가고 수출 부진에 내수마저 꽁꽁 얼어붙으면서 우리 경제는 때아닌 혹한기를 겪고 있습니다. 이렇게 우리 경제가 휘청이는 상황에서 일자리 창출과 서민 경제 활성화 방안 모색을 위한 오늘 이 포럼은 매우 시의적절한 자리라고 생각합니다.

내빈 여러분, 통계청 발표에 따르면 지난 1월 기준 실업자 수가 백만명을 넘어 금융 위기 이후 최대치를 기록하고 있습니다. 특히 청년 실업률은 2012년 7.5%에서 2016년 9.8%로 급증했고 구직 단념자를 실업자에 포함하여 집계한 청년 체감 실업률은 올해 1월 기준 22.5%로 사실상 청년 다섯 명중 1명은 실업 상태에 놓여 있습니다.

일자리 질도 악화되고 있습니다. 상대적으로 양질의 일자리를 제공해 온 제조 취업자수가 구조 조정 여파로 1년 전보다 16만 명이나 감소했습니다. 반면 자영업자수는 169,000명이 증가를 했지만 대부분 비자발적 자영업자라고 하는 분석입니다.

문제는 이러한 비상 상태가 오랜 기간 지속될 가능성이 높다고 하는 점입니다. 최근 발표된 IMF 보고서는 한국이 일본의 잃어버린 20년과 같은 장기 불황에 빠질 수 있다고 경고하고 있는 것입니다. 저출산 고령화에 의한 인구 감소, 성장 잠재력 하락, 생산성 향상 부진 등 최근 한국 경제 상황이 20년 전 일본과 비슷하다는 데 그 근거가 있습니다.

안팎으로 불확실성은 높아졌지만 우리에게 주어진 시간이 많지 않습니다. 새로운 성장 동력을 발굴하여 침체된 우리 경제에 활력을 불어 넣어야 하겠습니다. 4차 산업혁명의 물결에 적극적으로 대응하는 한편 전통 주력인 제조업의 혁신도 이끌어내야 할 것입니다. 특히 고용의 88%를 책임지고 있는 중소기업의 경쟁력을 높이고 공공과 민간 차원의 일자리 확대를 통해 내수 경제를 진작시켜 나가야 합니다.

내빈 여러분, 오늘 포럼은 조경태 기재위원장님을 비롯해서 경제 분야 상임위에 소속된 여야 의원님들이 머리를 맞대고 일자리 창출과 서민 경제 활성화를 위한 지혜를 모으는 자리입니다. 그간에 의정 활동 경험을 바탕으로 우리 경제를 살리는 탁견을 제시해 주시기를 부탁드립니다.

영국 극작가 버나드 쇼는 희망을 품지 않는 자는 절망도 할 수 없다고 했습니다. 그렇습니다. 대한민국이 걸어온 역사는 절망을 딛고 일어서는 희망의 역사였습니다. 오늘 이 자리가 우리 경제의 새로운 희망의 싹을 키우는 의미 있는 시간이 되시기를 진심으로 기원합니다. 감사합니다!

——미래경제포럼 축사

难句解析与视译处理

句1: 글로벌 금융 위기가 터진 2008년 이후 지난 십 년간 3% 대 성장을 기록한 해는 고작 3개년에 불과합니다.

译文: 2008年国际金融危机爆发之后，过去十年间总共只有三年经济增长率超过3%。

视译译文

	断　句	译　文
1	글로벌 금융 위기가 터진 2008년 이후	2008年国际金融危机爆发之后，
2	지난 십 년간 3% 대 성장을 기록한 해는	过去十年间增长率超过3%的年份
3	고작 3개년에 불과합니다.	只有三次。

句2: 최근 발표된 IMF 보고서는 한국이 일본의 잃어버린 20년과 같은 장기 불황에 빠질 수 있다고 경고하고 있는 것입니다.

译文: 最近国际货币基金组织的报告发出了警告，认为韩国很有可能像日本失去的二十年那样，陷入长期萧条。

视译译文

	断　句	译　文
1	최근 발표된 IMF 보고서는	最近国际货币基金组织的报告显示，
2	한국이 일본의 잃어버린 20년과 같은	韩国很有可能像日本的失去的二十年一样，
3	장기 불황에 빠질 수 있다고	陷入长期萧条，
4	경고하고 있는 것입니다.	对此发出了警告。

句3: 저출산 고령화에 의한 인구 감소, 성장 잠재력 하락, 생산성 향상 부진 등 최근 한국경제 상황이 20년 전 일본과 비슷하다는 데 그 근거가 있습니다.

译文: 依据在于，最近韩国经济的情况和二十年前的日本相似，包括低生育率和老龄化导致人口减少、增长潜力下降、生产效益增长乏力等。

视译译文

	断　句	译　文
1	저출산 고령화에 의한 인구 감소,	低生育率和老龄化导致人口减少，
2	성장 잠재력 하락,	增长潜力下降，
3	생산성 향상 부진 등	生产效益增长乏力，
4	최근 한국경제 상황이	最近韩国经济的情况
5	20년 전 일본과 비슷하다는 데	和二十年前的日本相似，
6	그 근거가 있습니다.	这是国际货币基金组织的依据。

四、自主练习

自主练习1

韩　文	中文释义
IMF 사태	指1997年韩国金融危机期间接受国际货币基金组织救助一事
기미(幾微)	征兆、兆头、迹象、苗头、蛛丝马迹
외환 위기	指1997年韩国金融危机
실마리	头绪、线索、端倪、眉目
패널(panel)	嘉宾
영위하다(營爲--)	经营、管理、运转、操作

쿠키뉴스와 중소기업연구원이 주최하는 오늘 토론회에 참석해주신 여러분께 진심으로 감사를 드립니다. 특히 요즘 정치적 혼란기임에도 불구하고 정세균 국회의장을 비롯해서 각 당 대표님들이 자리를 함께 해주신 데 대해 깊은 감사와 함께 경의를 표하는 바입니다. 그만큼 오늘 우리의 주제인 일자리 문제와 서민 경제에 각별한 관심을 갖고 계시기 때문이 아닌가 생각합니다.

지금 우리 나라는 정치적으로나 경제적으로나 힘들고 매우 어려운 국면을 맞고 있습니다. 다만 정치적 혼란이야 주어진 일정대로 프로세스가 진행되면 뭐 조만간 안정을 찾겠지만 국민을 더 힘들게 하는 것은 경제 문제가 아닐 수 없습니다.

지금 경제 환경이 IMF 사태 이후 가장 심각하다고 말들을 하고 있습니다. 앞으로 나아질 기미도 별로 보이지 않습니다. 그 점이 우리 국민을 더 힘들게 하고 있는 것 아닌가 생각합니다.

하지만 우리 국민은 외환 위기 이후 외환 위기의 어려움도 이겨낼 저력을 갖고 있습니다. 머리를 맞대고 힘을 합치면 조금씩 문제의 실마리를 찾을 수 있지 않을까 하는 희망을 가져봅니다.

그런 점에서 쿠키뉴스는 오늘 '일자리 창출과 서민 경제 활성화'라는 주제를 가지고 포럼을 개최하게 된 데에 상당한 자부심을 갖고 있습니다.

특히 오늘은 그 분야의 전문성을 갖고 계시고 또한 실질적으로 정책에 영향을 미칠, 영향을 갖고 계신 분들을 패널로 모시게 된 점을 큰 의미를 갖고 생각하고 있습니다.

아무쪼록 오늘 토론회가 우리 경제를 살리는 희망의 씨앗이 되고 줄기와 잎을 키우고 큰 그늘을 만들어 그 아래서 우리 국민이 다시 행복한 삶을 영위할 수 있게 되기를 간절히 바랍니다. 감사합니다.

——미래경제포럼 개회사

自主练习2

韩　　文	中文释义
숨통	气管
고용 절벽(雇用絶壁)	雇佣困境
취업 빙하기	就业冰河期
회자되다(膾炙)	脍炙人口、家喻户晓
매수 부진	采购停滞
줄폐업	接连倒闭
엿보다	偷看、窥视
독배를 손에 들고	手握有毒的圣杯、金杯毒酒
거창하다(巨創--)	宏伟、宏大、庞大
작금(昨今)	最近、近来
해법(解法)	解决方法

쿠키뉴스와 중소기업연구원이 주최하는 오늘 포럼을 진심으로 축하합니다. 바쁘신 가운데서도 자리를 빛내기 위해 참석해 주신 귀빈 여러분과 토론에 직접 참여해 주시는 패널 여러분께도 감사의 말씀을 드립니다.

지금 우리나라는 경제적으로 큰 위기를 맞고 있습니다. 많은 분들이 걱정하듯 높은 청년 실업률과 1,300조에 이르는 가계 부채는 우리 경제의 숨통을 쥐고 있습니다. '고용 절벽', '취업 빙하기'라는 용어가 낯설지 않게 회자되고 있습니다.

최근 통계청 조사에 따르면 지난 1월 제조업 취업자 수가 16만 명이나 줄었습니다. 2009년 7월 이후 7년 반 만에 가장 큰 폭의 감소세라고 합니다. 이는 심각한 내수 부진을 가져와 생계형 자영업자들의 줄폐업으로 이어지고 있습니다.

여기에다 저성장 기조가 장기화될 것이라는 우려가 확산되는 가운데 인공 지능을 필두로 한 4차 산업혁명 시대의 도래는 한편으로 일자리를 엿보는 또 다른 요인이 되고 있습니다.

이 때문에 차기 정부는 독배를 손에 들고 출발하게 될 것이라는 말까지 나오고 있습니다. 어찌됐건 국민이 가장 바라는 것은 민생 문제의 해결일 것입니다. 서민들에게는 경제 성장률이나 GDP 같은 거창한 통계보다는 당장의 생계와 자녀 취업이 무엇보다 중요한 문제가 아닐 수 없습니다.

그런 점에서 오늘 포럼의 주제는 시의적절하고 작금의 현실을 잘 반영한 것이라고 생각합니다. 비록 힘들고 어려운 주제이지만 우리가 반드시 해결해야 할 과제이기도 합니다. 오늘 포럼을 통해 좋은 해법이 제시되기를 바랍니다. 감사합니다.

——미래경제포럼 개회사

第七课

成分与句式转换

口译主题 | 就业问题

段落视译 | 稳住现有岗位，创造新岗位

实战练习 | 4차 산업혁명과 일자리 콘퍼런스 개회사

自主练习 | 서울시 좋은 일자리 도시 국제포럼 개회사

一、技巧讲解

从语序来看，韩语属于SOV型语言，语序是“主语——宾语——谓语”，除了修饰语（定语或状语）在被修饰语的前面和谓语在句尾之外，其他主语和宾语等句子成分的语序并没有严格的要求。汉语属于SVO型语言，语序是“主语——谓语——宾语”，语法关系主要靠语序决定，语序的变化对语义产生影响，中韩两种语序的差异必然要求翻译时对句子成分和句式进行调整。

在实际口译过程中，往往不能按照韩语句子结构格局，保持译语原封不动，否则可能导致译语生硬无法理解。在翻译过程中，将韩语的一种句子成分转换成汉语的另一种句子成分，或对肯定与否定、疑问与陈述等句式进行转换，这就是句子成分和句式转换。

1 句子成分转换

代表性的句子成分转换有宾语和主语之间的转换、定语和谓语之间的转换等。

（1）宾语→主语

汉语的宾语在汉语中一般被称为“补语”，在无主语的情况下，通常处于句首。而视译和同传中往往会出现这样的情况：译员听到谓语之前，先听到宾语。此时，根据顺句驱动原则，译员不得不先译出宾语。然而汉语一般都是主语和谓语在前，宾语在后，所以这时就需要把源语句首出现的宾语（即补语）转变处理成主语，再根据这种变化来调整后面的其他成分。通过这种句子成分转换，可以保持原来的语序不会变动太大，为视译和同传节省时间。

例1： **감세 및 비용 경감 조치를** 신속 이행하고 **통화 정책의 적정 수준을** 유지해야 한다.

译文： 要尽快落实减税降费措施，货币政策保持在合适水平。

视译译文

	断　　句	译　　文
1	**감세 및 비용 경감 조치를**	**减税降费**
2	신속 이행하고	要尽快落实到位，
3	**통화 정책의 적정 수준을**	**货币政策**
4	유지해야 한다.	要松紧适度。

例句中的“减税降费”和“货币政策”原本是宾语，但在译语中将其放在最前面变成主语，并不影响意思的表达。

例2: **이른바 아시아 패러독스 현상을** 극복하지 못하고 있다는 것입니다. 다른 말로 하면 한중일 3국이 증가하고 있는 경제, 문화, 인적 **상호 의존성을** 평화와 번영의 열쇠로 활용하고 있지 못하고 있다는 말이기도 합니다.

译文: 三国尚未克服所谓的"亚洲悖论"现象。也就是说，并没有将中日韩三国之间日益加深的经济与人文相互依存性转化为和平与繁荣的动力。

视译译文

	断　句	译　文
1	**이른바 아시아 패러독스 현상을**	**所谓的"亚洲悖论"现象**
2	극복하지 못하고 있다는 것입니다.	尚未得到解决。
3	다른 말로 하면	也就是说，
4	한중일 3국이 증가하고 있는	三国之间日益加深的
5	경제, 문화, 인적 **상호 의존성을**	经济、人文**相互依存性**
6	평화와 번영의 열쇠로 활용하고 있지 못하고 있다는 말이기도 합니다.	并没有转化为和平和繁荣的动力。

例句中的"亚洲悖论"现象原本是宾语，变成主语后，后面的谓语添加了"得到"一词，使表达更加自然。源语中的"经济、人文相互依存性"原本是宾语，变成主语后，其他成分不做修改，并不影响意思的表达。

例3: 2025년까지 플라스틱 제품의 생산, 유통, 소비 및 회수 처리 등 부분의 관리 제도를 기본적으로 구축하고 다원화된 공동 관리 시스템도 갖추기로 한다. 대체품 연구개발과 응용 수준을 한층 더 끌어올리며, 중점 도시의 플라스틱 쓰레기 매립량을 대폭 줄여 플라스틱으로 인한 환경 오염을 효과적으로 억제한다는 방침이다.

译文: 到2025年，基本建立起塑料制品的生产、流通、消费和回收处置等环节的**管理制度**，形成多元**共治体系**。进一步提升替代产品的**开发应用水平**，大幅降低重点城市塑料垃圾**填埋量**，以便有效控制**塑料对环境的污染**。

视译译文

	断　　句	译　　文
1	2025년까지	到2025年，
2	플라스틱 제품의 생산, 유통,	塑料制品的生产、流通、
3	소비 및 회수 처리 등 부분의 **관리 제도를**	消费和回收处置等环节的**管理制度**
4	기본적으로 구축하고	基本建立起来，
5	다원화된 **공동 관리 시스템도**	多元**共治体系**
6	갖추기로 한다.	基本成型。
7	대체품 **연구개발과 응용 수준을**	替代产品的**开发应用水平**
8	한층 더 끌어올리며,	进一步提升，
9	중점 도시의 플라스틱 쓰레기 매립량을	重点城市塑料垃圾**填埋量**
10	대폭 줄여	**大幅降低**，
11	플라스틱으로 인한 **환경오염을**	塑料对环境的**污染**
12	효과적으로 억제한다는 방침이다.	得到有效控制。

例句中的五个宾语“制度”“体系”“水平”“填埋量”“污染”均转换成了主语，前四个短句都保持源语顺序，没有做出太大调整，只有最后一个短句中添加了助动词“得到”，但并不影响源语信息的传达。

（2）定语→谓语

韩语中定语使用较为普遍，尤其是在书面语中，长定语、长状语十分常见，而汉语习惯用短句，多采用主谓形式。举一个代表性的例子，诺贝尔文学奖得主鲍勃·迪伦有一首经典作品*Blowin' in the Wind*，中文译名是《答案在风中飘扬》，韩文则译为《바람만이 아는 대답》，韩文汉译是《只有风知道的答案》。通过这两个题目的对比可以看出，中文习惯用主谓句型，而韩文更习惯采用定语形式。

如果定语较短，可以保留，但如果定语较长，译成汉语时仍保持原来的形式，听起来就会感觉到冗长，没有摆脱“翻译腔”。此时就需要将长定语拆分成短句，而成为独立短句后，源语中的定语在译语中就可能以谓语的形式出现。

例4： 6일 간의 박람회 기간 중 주요 외교 행사가 순조롭게 개최됐고 박람회장에서 한층 실무적이고 효율적인 거래가 성사됐으며 다양하고 다채로운 각종 행사가 열렸다.

译文： 6天的展期中，主场外交活动顺利进行，展览交易务实高效，配套活动丰富多彩。

视译译文

	断 句	译 文
1	6일 간의 박람회 기간 중	6天的展期中，
2	주요 외교 행사가 순조롭게 개최됐고	主场外交活动顺利进行，
3	박람회장에서 한층 **실무적이고 효율적인** 거래가 성사됐으며	展览交易**务实高效**，
4	**다양하고 다채로운** 각종 행사가 열렸다.	配套活动**丰富多彩**。

例句中的“务实高效”“丰富多彩”在源语中原本是定语，表述为“务实高效的交易达成”“丰富多彩的各种活动举办了”。这种表达方式不符合汉语的表述习惯，因此调整顺序之后，可以译成“展览交易务实高效”“配套活动丰富多彩”。这样定语变成了谓语，原本被修饰的核心词“交易”和“活动”前置，也就变成了主语。

例5： 제2회 수입박람회의 특징으로 △**높은** 수준, **광범위한** 국내외 영향력 △**풍부한** 내용, 한층 **강화된** 혁신의 촉진 작용 △**풍성한** 경제·무역 협력 성과 △**수준 높은** 현장 서비스, 기업 및 관람객 만족도 전면적 개선 등을 꼽았다.

译文： 第二届进博会的突出特点，一是规格**高**，国内外影响**广泛**；二是内容**丰富**，创新引领作用**增强**；三是经贸合作成果**丰硕**；四是现场服务**质量更优**，全方位提升了参展参会体验。

视译译文

	断 句	译 文
1	제2회 수입박람회의 특징으로	第二届进博会的突出特点，
2	△**높은** 수준,	一是规格**高**，
3	**광범위한** 국내외 영향력	国内外影响**广泛**；
4	△**풍부한** 내용,	二是内容**丰富**，
5	한층 **강화된** 혁신의 촉진 작용	创新引领作用**增强**；
6	△**풍성한** 경제·무역 협력 성과	三是经贸合作成果**丰硕**；
7	△**수준 높은** 현장 서비스,	四是现场服务**质量更优**，
8	기업 및 관람객 만족도 전면적 개선 등을 꼽았다.	全方位提升了参展参会体验。

例句中的定语“높은”“광범위한”“풍부한”“강화된”“풍성한”“수준 높은”如果保留原来的定语形式，就变成了“高规格”“广泛的国内外影响力”“丰富的内容”“增强的作用”“丰硕的成果”“优质的服务”。由于还要和其他成分搭配，而且是对“突出特点”的具体说明，因此将定语改成谓语形式可以使译语更符合汉语的表达习惯。

（3）定语→状语

在一些较为特殊的情况下，定语也可以转换为状语。

例6: 11월 18일 중국 국무원 상무회의는 **국내외 경제의 '양방향 순환'을 위한** 일련의 정책들을 발표했다.

译文: 11月18日，中国国务院常务会议部署了一揽子举措**助力内外经济双循环**。

视译译文

	断　句	译　文
1	11월 18일	11月18日，
2	중국 국무원 상무회의는	中国国务院常务会议
3	**국내외 경제의 '양방향 순환'을 위한**	**为了助力内外经济双循环，**
4	일련의 정책들을 발표했다.	部署了一揽子举措。

"助力双循环"原本是定语，用来修饰"一揽子举措"，当然，也可以翻译成"部署了一揽子助力双循环的举措"。不过，如果是视译或同传，考虑到意群的断句，最好还是切割成短句。这时候，源语中的定语形式就不适合保留原来的形式，可以根据上下文改成目的状语形式，翻译成"为了助力双循环"。

例7: 그는 한중일 3국의 협력관계를 한층 공고히 할 한중일 FTA의 **조속한** 체결을 역설했다.

译文: 他强调，为了进一步巩固中日韩三国的合作关系，应**尽快**签署中日韩自贸协定。

视译译文

	断　句	译　文
1	그는	他强调，
2	한중일 3국의 협력관계를	为了使中日韩三国关系
3	한층 공고히 할	进一步得到巩固，
4	한중일 FTA의 **조속한** 체결을 역설했다.	应**尽快**签署中日韩自贸协定。

例句中的"조속한"原本用来修饰"체결"，直译为"尽快的签署"。实际上"尽快"在汉语中一般不用作形容词，而多用来修饰动词。翻译成"尽快签署"后，"尽快"变成了副词，因此自然转换成了状语。

2 句式转换

句式转换主要是指句子表达形式的转换，常见的句式转换有疑问句和陈述句的转换、肯定句和否定句的转换，以及双重否定和肯定句的转换等。

（1）疑问句→陈述句

韩语的疑问形含有多重含义，可能是反问、请求，甚至感叹，可以根据上下文适当地对句式进行转换，使之变为陈述形式。

例8： 제 개인적인 생각으로는 Fact면 Fact고 즉 True면 True고 False면 False지, **중간에 뭐가 가능할까? 이게 제일 분명하지 않나요?**

译文： 我认为，事实就是事实，真就是真、假就是假，**没有中间地带，这一点显而易见**。

视译译文

	断　　句	译　　文
1	제 개인적인 생각으로는	我认为，
2	Fact면 Fact고	事实就是事实，
3	즉 True면 True고	真就是真、
4	False면 False지,	假就是假，
5	**중간에 뭐가 가능할까?**	**没有模棱两可，**
6	**이게 제일 분명하지 않나요?**	**这一点显而易见**。

上面例句中的两个反问句是为了表达个人的强烈主张，在口译中，不保留原来的疑问形式也可以表现出强烈的个人观点。

例9： 우리 대학의 민낯을 그대로 보여주는 일이 많았습니다. **예를 들어볼까요?** 대학 내에서의 의사 결정에서도 우리 민낯이었죠.

译文： 有很多事情都反映了我们大学的本色。**比如说**，大学内部的决策就是如此。

视译译文

	断　　句	译　　文
1	우리 대학의 민낯을 그대로 보여주는	反映了我们大学的本色。
2	일이 많았습니다.	有很多事情都
3	**예를 들어볼까요?**	**比如说，**
4	대학 내에서의 의사 결정에서도	大学内部的决策
5	우리 민낯이었죠.	就是如此。

例句中的“예를 들어볼까요?”并没有疑问的意思，只是不同于汉语的表达习惯而已。因此可以直接译为“比如说”或“例如”。有时候老师在课堂上让学生做练习，也

会说"연습 한 번 해볼까요?"这实际上是一种委婉的共动表达，意思是"下面做个练习吧"，而不必翻译成"要不要做个练习？"。

例10：천년 세월이 지난 오늘 한중 양국 전문가들이 이 곳 양주에 모여서 청소년, 기업, 문화 교류 협력 방안에 대해서 진지하게 토론하는 모습을 최치원 선생이 보실 수만 있다면 **얼마나 흐뭇하시겠습니까**?

译文：如果崔致远先生看到，千年之后，中韩两国专家今日在扬州共聚一堂，坦诚地探讨青少年、企业和文化交流合作方案，定会**倍感欣慰**。

视译译文

	断　　句	译　　文
1	천년 세월이 지난 오늘	一千年过去了，今天
2	한중 양국 전문가들이	中韩两国专家
3	이 곳 양주에 모여서	在扬州共聚一堂，
4	청소년, 기업, 문화 교류 협력 방안에 대해서	针对青少年、企业和文化交流合作方案
5	진지하게 토론하는 모습을	坦诚地展开讨论，
6	최치원 선생이 보실 수만 있다면	如果崔致远先生看到这一幕，
7	**얼마나 흐뭇하시겠습니까**?	定会**倍感欣慰**。

例句中的疑问句表达的是感叹而非疑问，因此可以翻译为陈述句，不一定译为"该有多么欣慰啊？"。同样，如果是演讲中提到了"이것이야말로 가장 소중한 것이 아니겠습니까?"，实际上是在强调"这才是最宝贵的"，只需译为陈述句即可。

（2）否定句→肯定句

由于表达习惯不同，韩中口译过程中可以视情况对肯定句和否定句进行转换。

例11：민족주의적 대립, 영토분쟁, 군비경쟁, 그리고 과거사를 둘러싼 마찰이 충돌로 치달을 수 있는 **가능성이 적지 않습니다**.

译文：民族主义对立、领土纠纷、军备竞赛以及由历史问题引起的摩擦**极有可能**导致冲突。

视译译文

	断　　句	译　　文
1	민족주의적 대립,	民族主义对立、
2	영토분쟁,	领土纠纷、
3	군비경쟁,	军备竞赛、
4	그리고 과거사를 둘러싼 마찰이	以及由历史问题引起的摩擦
5	충돌로 치달을 수 있는 **가능성이 적지 않습니다.**	**极有可能**导致冲突。

例句中源语最后一个意群可以直译为"演变成冲突的可能性不小"，也可以把"可能性不小"译为"极有可能"，两种译法均可成立。

例12： 서울도 물론 산업화도 가장 먼저 했지만 지속 가능한 부분도 서울시가 좀 결심을 하면 다른 도시나 외국 사례에 비해서 또 한번 먼저 나갈 수 있는 **그런 계기가 되지 않을까** 생각을 하고 있습니다.

译文： 首尔市率先实现了工业化，如果在可持续方面也下点儿决心，我想**这可以成为**首尔市再次领先其他城市和国家的**一个契机**。

视译译文

	断　　句	译　　文
1	서울도 물론 산업화도 가장 먼저 했지만	首尔市率先实现了工业化，
2	지속 가능한 부분도	在可持续方面
3	서울시가 좀 결심을 하면	如果也下点儿决心，
4	다른 도시나 외국 사례에 비해서	和其他城市和国家相比，
5	또 한번 먼저 나갈 수 있는	首尔市可以再次领先，
6	**그런 계기가 되지 않을까** 생각을 하고 있습니다.	我想这**可以成为一个契机**。

例句中的"-지 않을까"是韩语表达个人想法的一种特有形式，往往是一种自谦或是委婉的表达方式，并不一定表示疑问，可以直接译为对个人想法的陈述，翻译成"可以成为一个契机"，比"是不是可以成为一个契机呢？"更加明确而自然。

例13： 4차 산업혁명은 갑자기 나타난 것이 아닙니다. **이름이 4차라는 것이 있지 않습니까?** 4차라는 것은 **1차, 2차, 3차가 미리 있었다는 얘기죠?**

译文： 第四次工业革命并非突如其来的。既然命名为"第四次"，说明前面有过三次。

视译译文

	断　句	译　文
1	4차 산업혁명은	第四次工业革命
2	갑자기 나타난 것이 아닙니다.	并非突如其来的
3	**이름이 4차라는 것이 있지 않습니까?**	**既然命名为"第四次",**
4	4차라는 것은	就说明
5	**1차, 2차, 3차가 미리 있었다는 얘기죠?**	**前面有过三次。**

例句中的两个问句"이름이 4차라는 것이 있지 않습니까?""1차, 2차, 3차가 미리 있었다는 얘기죠?"这种说法其实并非疑问句，它不要求听众回答，只是起到强调和提示作用，因此在口译时可以处理为陈述句，这样可以将观点陈述得更加明确。

（3）双重否定句→肯定句

例14：물론 이 과목들은 지속되는 과목들이 아닙니다. 파란 학기의 성격상 **계속해서 변화가 있을 수밖에 없는 것**이죠.

译文：当然这些课程不会持续下去，因为"蓝色"学期本质上**就是不断寻求变化**。

视译译文

	断　句	译　文
1	물론 이 과목들은	当然这些课程
2	지속되는 과목들이 아닙니다.	不会持续下去,
3	파란 학기의 성격상	因为"蓝色"学期本质上
4	**계속해서 변화가 있을 수밖에 없는 것**이죠.	**就是不断寻求变化**。

"ㄹ/을 수밖에 없다"是双重否定，多用来表达肯定，因此可以直接以肯定的形式来表述，通常译为"就是""只能""肯定""必然"等。

例15：정부가 국민 피로도, 경제 상황 등을 고려해 내린 조치라는 것을 **이해 못하는 바는 아니지만** 확진자 수 변동에 따라 거리두기 단계를 자꾸 올렸다 내렸다 하는 것도 피로감을 주는 원인이다.

译文：政府采取这项措施是考虑到公众的抗疫疲劳和经济状况，这种做法**可以理解**，但政府根据确诊人数的变化不断调整保持社交距离的标准也给公众带来抗疫疲劳。

视译译文

	断　句	译　文
1	정부가 국민 피로도,	政府考虑到公众的抗疫疲劳
2	경제 상황 등을 고려해	和经济状况,
3	내린 조치라는 것을	采取了这项措施,
4	**이해 못하는 바는 아니지만**	这种做法**可以理解**,
5	확진자 수 변동에 따라	但随着确诊人数的变化,
6	거리두기 단계를	保持社交距离的标准
7	자꾸 올렸다 내렸다 하는 것도	频繁调整,
8	피로감을 주는 원인이다.	同样会给公众带来抗疫疲劳。

“이해 못하는 바는 아니지만”属于双重否定，直译是“不是不能理解”，不如直接译“可以理解”更加简洁，这种表达方式更符合汉语的表达习惯。

总之，成分转换和句式转换多种多样，并不仅仅局限于以上几种情形，也并不是只有这几种译法。在韩中视译前，需要先弄清韩文原意，然后按汉语习惯进行翻译，要敢于打破原文句子结构，在忠实于原文基础上译成通顺流畅的汉语，在不影响源语信息传达的情况下进行多种转换和尝试。

二、段落视译

| 稳住现有岗位，创造新岗位 |

韩　文	中文释义
규모성 정책 자금	规模性政策资金
하부 말단 기층 조직	基层
감세 및 비용 절감	减税降费
건물 임대료 감면	减房租
대출금리 할인	贴利息
직업 교육을 통한 일자리 안정	以训稳岗
영세 기업(零細企業)	小微企业
신업태(新業態)	新业态
긱 경제 (gig 經濟)	零工经济

중국은 규모성 정책 자금을 하부 말단 기층 조직이 감세 및 비용 절감에 사용하도록 허용했으며 기업의 건물 임대료 감면과 대출금리 할인에 쓰이도록 했다. 이 같은 조치는

기업을 안정시키고 일자리를 유지하되 공정하고 합리적이어야 한다.

우리는 기업의 직업 교육을 통한 일자리 안정에 자금을 지원하는 정책도 취해야 하며, 올해와 내년 2년 동안 연인원 3,500만 명이 실업 보험 잔액으로 일자리 교육을 받을 것이다. 이는 일자리를 잃더라도 짧은 시간 안에 재취업하는 기회를 부여한다는 의미이다.

지방 정부에서도 유사한 정책을 취한 바 있다. 베이징시는 4월 하순 특정 업종의 영세 기업에 대한 새로운 일자리 안정 지원 정책을 출범해 기업이 코로나19 방역 기간 동안 온라인 방식으로 일자리 기능 교육을 전개하도록 독려하고 있다.

취업을 해결하는 또 다른 방법은 더 많은 새로운 일자리를 창출하는 것이다. 최근 신업태가 빠르게 발전하면서 1억 명이 취업할 수 있었고 긱 경제를 통해 2억 명이 취업하게 되었다.

中国允许基层将规模性政策资金用于减税降费，允许用于为企业减房租、贴利息。这些措施就是要把企业稳下来，岗位保得住，又要公平合理。

我们还要采取资助企业以训稳岗的政策，今明两年将有3,500万人次通过失业保险结存来进行岗位培训。也就是说，即便失业了，也要短时期内有再就业的机会。

地方已经采取了类似的政策。北京市4月下旬针对特定行业的小微企业推出新一轮援企稳岗政策，鼓励企业在疫情期间采取线上方式开展岗位技能培训。

解决就业的另一个途径是创造更多新的就业岗位。现在新业态蓬勃发展，大概已有1亿人就业，通过零工经济，也有2亿人就业。

视译译文

	断　句	译　文
1	중국은 규모성 정책 자금을	中国的规模性政策资金，
2	하부 말단 기층 조직이	允许基层
3	감세 및 비용 절감에 사용하도록 허용했으며	用于减税降费，
4	기업의 건물 임대료 감면과	允许用于为企业减房租、
5	대출금리 할인에 쓰이도록 했다.	贴利息。
6	이 같은 조치는	这些措施就是
7	기업을 안정시키고	要把企业稳下来，
8	일자리를 유지하되	岗位保得住，
9	공정하고 합리적이어야 한다.	又要公平合理。
10	우리는	我们还要
11	기업의 직업 교육을 통한 일자리 안정에	对企业以训稳岗
12	자금을 지원하는 정책도 취해야 하며,	采取资助政策，

（续表）

	断句	译文
13	올해와 내년 2년 동안	今明两年
14	연인원 3,500만 명이	将有 3,500 万人次
15	실업 보험 잔액으로	通过失业保险结存
16	일자리 교육을 받을 것이다.	来进行岗位培训，
17	이는 일자리를 잃더라도	即便失业了，
18	짧은 시간 안에	短时期内
19	재취업하는 기회를 부여한다는 의미이다.	也要有再就业的机会。
20	지방 정부에서도	地方政府
21	유사한 정책을 취한 바 있다.	已经采取了类似的政策。
22	베이징시는 4월 하순	北京市 4 月下旬
23	특정 업종의 영세 기업에 대한	针对特定行业的小微企业
24	새로운 일자리 안정 지원 정책을 출범해	推出新一轮援企稳岗政策，
25	기업이 코로나19 방역 기간 동안	鼓励企业在疫情期间
26	온라인 방식으로	采取线上方式
27	일자리 기능 교육을 전개하도록 독려하고 있다.	开展岗位技能培训。
28	취업을 해결하는 또 다른 방법은	解决就业的另一个途径是
29	더 많은 새로운 일자리를 창출하는 것이다.	创造更多新的就业岗位。
30	최근 신업태가 빠르게 발전하면서	现在新业态蓬勃发展，
31	1억 명이 취업할 수 있었고	大概已有 1 亿人就业，
32	긱 경제를 통해	零工经济
33	2억 명이 취업하게 되었다.	也有 2 亿人就业。

三、实战练习

韩文	中文释义
대통령 직속 4차 산업혁명위원회	总统直属第四次工业革命委员会
대통령 직속 일자리 위원회	总统直属就业委员会
초연결(超連結)	超连接
노동 시장(勞動市場)	劳动力市场
양질의 일자리	优质工作岗位、体面工作
벨류 체인	价值链
온디맨드(On-Demand)	按需分配

（续表）

韩　　文	中文释义
비대면화	无接触化
고용 불안(雇傭不安)	就业焦虑
전 국민 고용 제도	全民就业体系
국민 취업 지원 제도	国家就业支持体系
사각지대(死角地帶)	盲点
태스크포스(task force)	特别工作组
권고안(勸告案)	建议案、建议书
장시간 근로(長時間勤勞)	超时工作

안녕하십니까? 저는 대통령 직속 4차 산업혁명위원회의 위원장 윤성로입니다. 4차 산업혁명과 일자리 콘퍼런스에 참석해 주셔서 대단히 감사합니다. 이번 콘퍼런스는 4차 산업혁명 시대의 일자리 변화에 대한 대국민 관심 제고를 위해 기획된 행사이고요. 대통령 직속 일자리 위원회와 공동으로 주최하게 됐습니다.

이 자리에 참석하신 김용기 일자리 위원회 부 위원장님, 그리고 여러 내빈 여러분, 그리고 온라인으로 함께 하고 계신 많은 분들께 감사의 말씀을 올립니다.

4차 산업혁명은 더이상 낯선 용어가 아닙니다. 디지털 기술로 촉발되는 초연결 기반의 지능화 혁명과 같이 다소 추상적이고 어려운 용어를 굳이 사용하지 않더라도 이미 우리 사회에 폭넓고 전반적으로 자리잡고 있음을 발견할 수 있습니다.

은행 창구를 방문하여 대기할 필요가 없는 인터넷 전용 은행, 소비자와 공급자 간의 거래 비용을 획기적으로 낮추어 줄 수 있는 플랫폼 비즈니스, 각종 사물이 인터넷으로 연결되어 생활을 편리하게 하고 기업의 생산 관리 효율성을 높여주는 사물인터넷, 이런 것들이 아주 좋은 사례가 될 것입니다.

이와 동시에 4차 산업혁명은 일자리의 양과 질, 그리고 일하는 방식에도 아주 큰 영향을 미칠 것으로 예측이 됩니다.

우선, 인공지능, 로봇, 빅데이터 등 신기술 분야에서는 새로운 일자리가 창출될 것으로 보입니다. 반면에 이러한 기술 진보가 노동 시장 내의 약자에게는 아주 커다란 충격으로 다가올 것입니다.

그리고 부가가치가 높은 일자리가 증가하면서 이에 대한 보상은 확대되는 반면에, 숙련, 기술, 정보, 다양한 격차에 따라서 소득의 재분배가 일어나게 될 것이고요. 이로 인해서 '양질의 일자리'라는 개념 자체도 변화할 것으로 생각이 됩니다.

또한 스마트 공장화 같은 것들이 가속화되면서 제조업의 전통적인 가치 사슬, 벨류 체인이 재구조화가 될 것이고요. 공유 경제와 온디맨드 형태의 서비스 제공이 확대되고 있습니다.

이러한 산업 구조의 재편에 따라서 근로 시간과 장소의 제약이 점차 사라지게 되고, 각 경제가 확대되는 등 일하는 방식도 크게 변화할 것으로 예상됩니다.

4차 산업혁명으로 가속화되는 이러한 일자리 변화에 대해서 선제적인 대응 방향을 설정할 필요성이 날로 커지고 있습니다. 특히 요즘 코로나 19로 인해서 비대면화, 그리고 디지털화가 가속화되고 있고, 이로 인해 노동시장 참여자들에게 높은 수준의 디지털 적응력이 요구되는 그런 상황임을 고려해야 합니다.

우선 향후 신산업 분야의 인력 수요가 증가할 것에 대비하여 신기술 교육 훈련 이런 것들을 통해서 4차 산업혁명에 대한 인재를 양성하는 것이 매우 중요하다고 볼 수 있습니다. 직업 훈련을 통해서 국민의 고용 가능성을 높이는 동시에 새로운 시대에 빠르게 적응할 수 있는 역량을 기를 수 있기 때문입니다.

그리고 다양한 고용 사회안전망 또한 구축을 해서 고용 형태 다양화와 경제 산업 구조 재편 시에 발생할 수 있는 국민들의 고용불안을 완화해야 합니다. 취약 계층 근로자들에 대한 두터운 보호와 함께 이직자, 그리고 실직자의 재취업을 위한 고용 서비스도 강화될 필요가 있다고 생각합니다.

이런 차원에서 '전 국민 고용 제도'와 '국민 취업 지원 제도' 등의 기존 고용안전망의 사각지대를 해소할 수 있지 않을까 기대해 봅니다. 아울러서 산업 안전 및 근무 환경 혁신도 매우 중요한 과제라고 생각합니다. 산업장 내 안전하고 생산성 높은 근무 환경을 조성하고 자동화, 기계화와 같은 4차 산업혁명 시대의 산업 환경 변화에 따른 선제적인 안전 관리 방안도 마련할 필요가 있다고 생각합니다.

장시간 근로 개선, 임금 체계 개편, 이런 것들을 위한 일터 혁신에 대한 컨설팅도 지속적으로 추진해 나가야 할 것입니다. 저희 4차 산업혁명 위원회에서도 이러한 일자리 변화에 대응하기 위해서 여러 논의들을 진행하고 있습니다.

작년에는 플랫폼 노동과 관련하여 배달 종사자 안전망 태스크 포스를 약 9개월 간 2019년 3월부터 11월까지 운영을 하였고요. 이를 통한 개선 방안을 마련하고 발표하였습니다.

올해에도 4차위 사회제도혁신위원회 내에 일자리 분과가 있고, 이 일자리 분과를 통해서 다양한 분야의 전문가들께서 '포스트 코로나 시대의 디지털 전환과 일의 미래'라는 주제로 논의를 지속해 가고 있습니다. 오늘 세션1에서는 그간의 논의 결과로써 3분기 대정부 권고안이 발표될 예정입니다.

그 외에도 공공 혁신 분과에서는 4차 산업혁명 시대 정부와 민간의 역할에 대한 논의와 함께 일자리 분야를 포함한 경제 사회 전반에 걸쳐, 규제 개선 사항이 존재하지 않는지 지속적으로 살펴볼 예정입니다.

오늘 콘퍼런스에서는 다양한 분야 발표와 함께 토론자 분들께서 4차 산업혁명 시대에 노동 시장과 일자리의 변화, 특히 현재 코로나 국면에서의 시사점 등에 대해서 수준 높고 풍부한 논의를 해주실 것으로 기대합니다.

아무쪼록 오늘 온라인과 오프라인을 통해 참석해 주신 많은 분들께 다시 한 번 감사 말씀을 드리며 인사 말씀을 마치겠습니다. 감사합니다.

——4차 산업혁명과 일자리 콘퍼런스 개회사

难句解析与视译处理

句1: 디지털 기술로 촉발되는 초연결 기반의 지능화 혁명과 같이 다소 추상적이고 어려운 용어를 굳이 사용하지 않더라도 이미 우리 사회에 폭넓고 전반적으로 자리잡고 있음을 발견할 수 있습니다.

译文：比如数字技术引发了基于超连接的智能革命，即使不使用这种抽象难懂的术语，我们也可以发现，它已经广泛而全面地渗透到我们的社会中。

视译译文

	断　句	译　文
1	디지털 기술로 촉발되는	数字技术引发的
2	초연결 기반의 지능화 혁명과 같이	基于超连接的智能革命，
3	다소 추상적이고 어려운 용어를	这些术语抽象难懂，
4	굳이 사용하지 않더라도	即使不使用这些词，
5	이미 우리 사회에	在我们的社会，
6	폭넓고 전반적으로 자리잡고 있음을	它已经广泛而全面地渗透其中，
7	발견할 수 있습니다.	我们可以看到这一点。

句2: 그리고 부가가치가 높은 일자리가 증가하면서 이에 대한 보상은 확대되는 반면에, 숙련, 기술, 정보, 다양한 격차에 따라서 소득의 재분배가 일어나게 될 것이고요.

译文：随着高附加值工作岗位的增加，其报酬也会增加，但收入再分配将取决于熟练程度、技能、信息等各种差距。

视译译文

	断　　句	译　　文
1	그리고 부가가치가 높은 일자리가 증가하면서	随着高附加值工作岗位的增加,
2	이에 대한 보상은	相应的报酬
3	확대되는 반면에,	也会增加,
4	숙련, 기술, 정보, 다양한 격차에 따라서	根据熟练程度、技能、信息等各种差距,
5	소득의 재분배가 일어나게 될 것이고요.	将出现收入再分配。

句3: 이러한 산업 구조의 재편에 따라서 근로 시간과 장소의 제약이 점차 사라지게 되고, 긱 경제가 확대되는 등 일하는 방식도 크게 변화할 것으로 예상됩니다.

译文: 随着产业结构重塑，预计工作方式将发生重大变化，比如对工作时间和地点的限制将逐渐消失，零工经济发展壮大。

视译译文

	断　　句	译　　文
1	이러한 산업 구조의 재편에 따라서	随着产业结构重塑,
2	근로 시간과 장소의 제약이	工作时间和地点的限制
3	점차 사라지게 되고,	将逐渐消失,
4	긱 경제가 확대되는 등	零工经济发展壮大,
5	일하는 방식도	工作方式
6	크게 변화할 것으로 예상됩니다.	预计也将发生重大变化。

句4: 특히 요즘 코로나 19로 인해서 비대면화, 그리고 디지털화가 가속화되고 있고, 이로 인해 노동 시장 참여자들에게 높은 수준의 디지털 적응력이 요구되는 그런 상황임을 고려해야 합니다.

译文: 特别是，我们应该考虑到新冠疫情正在加速无接触和数字化进程，这就要求劳动力市场参与者具有高水平的数字适应性。

视译译文

	断　　句	译　　文
1	특히 요즘 코로나 19로 인해서	特别是，新冠疫情
2	비대면화, 그리고 디지털화가 가속화되고 있고,	正在加速无接触和数字化,
3	이로 인해 노동 시장 참여자들에게	因此劳动力市场参与者
4	높은 수준의 디지털 적응력이 요구되는	需要具有高水平的数字适应性,
5	그런 상황임을 고려해야 합니다.	我们应该考虑到这一点。

句5： 작년에는 플랫폼 노동과 관련하여 배달 종사자 안전망 태스크 포스를 약 9개월 간 2019년 3월부터 11월까지 운영을 하였고요.

译文： 去年，关于平台劳动，我们成立了一个从2019年3月至11月为期约9个月的配送从业人员安全保障机制特别工作组。

视译译文

	断　句	译　文
1	작년에는	去年，
2	플랫폼 노동과 관련하여	关于平台劳动，
3	배달 종사자 안전망 태스크 포스를	配送从业人员安全保障机制特别工作组
4	약 9개월 간	运作了 9 个月，
5	2019년 3월부터 11월까지 운영을 하였고요.	从 2019 年 3 月至 11 月。

四、自主练习

韩　文	中文释义
보건복지위원장(保健福祉委員長)	保健福祉委员长
뉴질랜드(New Zealand)	新西兰
덴마크(Denmark)	丹麦
고령화사회(高齡化社會)	老龄化社会
노후 준비(老後準備)	养老准备
노인성 치매(老人性癡呆)	老年痴呆
중장년층(中壯年層)	中壮年层
베이비 부머(baby boomer)	婴儿潮时期出生者
일용직(日傭職)	日工、短工、临时工
한발 앞서다	领先一步
노후 설계(老後設計)	晚年规划
커뮤니티(community)	团体、社会、共同体、社区
감안하다(勘案--)	鉴于、考虑到、斟酌
가다듬다	振作、集中、整理、调整

안녕하세요? 서울시 의회 보건복지위원장 박영숙입니다. 다시 인사드리겠습니다. 반갑습니다.

작년에 이어서 우리 서울시 50플러스재단이 한걸음 발전된 모습이 되어서 국내 전문가들과 그리고 우리 서울시 50플러스 정책에 관심을 가지고 있는 우리 시민 여러분들을 이렇게 서울 50플러스 국제 포럼에서 만나뵐 수 있게 되어서 아주 많이 반갑습니다.

영국, 뉴질랜드, 덴마크에서 활동하는 해외 전문가들이 앞선 노하우와 경험을 우리 서울시와 공유하기 위해서 서울시 50플러스 국제 포럼에 참석하셨습니다. 서울시 의회를 대표하여 환영의 말씀을 드립니다.

한국은 지난 2000년 고령화 사회 진입하였고, 그리고 2017년 9월 말 기준으로 고령사회에 접어들었습니다. 고령화 사회에서 고령 사회로 변한 속도는 세계에서 유례를 찾아볼 수 없을 정도로 통계 자료를 통한 고령화 예측이 무색할 그럴 정도의 의미를 가지고 있습니다.

노후 준비가 잘 되어 있는 사회에서 장수를 누린다면 굉장히 축복 받을 일일 것입니다. 그러나 고령화 속도가 빠르고 사회가 대비할 수 있는 충분한 여유가 부족하다면 더 이상 축복받을 일이 아니라 이는 근심과 고통의 문제가 될 것입니다.

고령화 사회가 가져온 사회 문제는 여러 가지 모습으로 나타납니다. 노인 빈곤, 독거노인, 노인 자살 사고, 노인성 치매 질환 등은 고령 사회가 해결해야 할 과제입니다. 노인이 처한 상황은 예비 노인 세대인 50플러스 세대가 겪어야 할 가까운 미래의 문제입니다.

베이비부머 세대라고 불리는 중장년층 50 플러스 세대가 얼마나 잘 준비하느냐에 따라 노년기에 모습이 달라질 것입니다. 베이비부머 세대가 노인을 제대로 준비할 수 있는 기회를 가질 수 있다면 우리 사회가 짊어져야 할 문제도 훨씬 가벼워질 것입니다.

그런데 현실 속에서의 베이비붐 세대는 좀 다릅니다. 젊은 시절부터 다니던 직장에서 실직 경험을 하게 되는데, 다행히 재취업에 성공하더라도 대부분 임시직과 일용직 형태로 근무하기 때문에 고용 형태가 불안정하고 고용 환경의 질이 떨어져서 중장년이 가진 경험과 기술을 발휘하기 어렵습니다.

베이비부머 세대는 산업 민주화 시대를 이끈 세대이기도 합니다. 베이비부머 세대가 가진 지혜와 경험을 그들 스스로에게도 귀한 자산이며 우리 사회를 풍성하게 할 수 있는 자원이기도 합니다.

유엔 산하기구 유네스코는 2016년 보고서에서 성인의 교육과 평생학습은 도시 사회의 변화 전략의 중요한 요소라고 밝혔습니다. 중요성을 인식한 프랑스는 국가가 직접 나서서 노후 설계를 위한 인생 설계 교육 과정을 운영하고 있는 상황입니다.

서울시는 중앙정부보다 한발 앞서서 베이비부머 세대를 지원하기 위해 관련 조례를 제정하고 50플러스재단과 캠퍼스를 설립하는 등 선도적인 역할을 수행하고 있습니다.

베이비부머 세대가 어떻게 사회를 바라보고 어떠한 욕구를 가지고 있으며 무슨 일을 하고 싶어하는지를 조사하고 연구해서 인생 제2 막을 적극적으로 준비하고 설계할 수 있도록 지원하고 있습니다.

지난 1년간 서부 캠퍼스와 중부 캠퍼스를 운영한 결과를 살펴보면, 커뮤니티가 40개에서 50개정도 형성되었고, 120개의 프로그램을 실시했으며, 베이비부머 1만명이 찾아와서 상담을 받는 성과를 이루었다고 합니다.

서울시에 베이비부머 세대가 216만 명이라는 점을 감안한다면 앞으로 서울시 50플러스 정책에 대한 수요와 관심이 급증할 것으로 보입니다. 새로운 정부도 베이비부머 세대 지원 필요성을 공감하여 서울시가 추진한 50플러스 정책을 중앙정부 정책으로 채택함으로써 예비 노인 세대에 대한 새로운 접근 방식과 패러다임 전환을 모색하고 있습니다.

이제는 서울시 50플러스 정책을 보다 가다듬어서 한단계 높은 차원으로 발전시켜야 할 단계라고 생각합니다. 서울시 50플러스 국제 포럼은 영국과 뉴질랜드, 덴마크와 같이 우리보다 먼저 베이비부머 세대 가치를 알고 연구한 해외 전문가와 국내 전문가가 모여서 서로 지혜를 나누고 또 50플러스 정책의 발전 방향을 모색할 수 있는 의미 있는 기회라고 생각합니다.

이번 국제 포럼에서 활발한 논의와 제안이 이뤄져서 서울시 베이비부머가 다양한 사회 활동을 통해 사회 공헌하며 활기차고 의미 있는 삶을 설계할 수 있는 그러한 어떤 발전적인 방향을 찾게 되기를 바라구요.

그리고 서울시 의회에서는 이번 포럼에서 제기되는 여러 가지 많은 의견과 대안을 서울시 정책에 반영할 수 있도록 적극 노력하여 우리 서울 시민들의 새로운 인생 제2 막의 성공을 위해 항상 함께 하겠다는 말씀을 드립니다.

국제 포럼을 준비하기 위해서 수고해주신 우리 50플러스재단 이경희 대표님을 비롯해서 관계자 여러분들과 그리고 오늘 발제와 토론을 맡아 주시는 국내외 전문가 여러분들께 깊은 감사 인사를 드립니다. 고맙습니다.

——서울시 좋은 일자리 도시 국제포럼 개회사

第八课

反说

口译主题｜能源转型

段落视译｜碳中和

实战练习｜2021 동아 신에너지 이노베이션 콘퍼런스 축사

自主练习｜에너지의 미래

一、技巧讲解

由于社会文化背景不同，对同样的事物观察的角度不一样，人们的思维方式有很大的差异。韩语和汉语在表达同一概念时叙述的角度往往有差异，甚至截然相反。这种差别体现在语言习惯上，就产生了语言各自独特的表达形式。

“反说”是多种转换方式的综合运用，但又和前面介绍的词性、语态、成分和句式转换不完全相同，它涉及的转换范围更广，更是一种广义的思维方式转换。下面分别以句式反说、成分反说、语态反说和视角反说为例，来探讨在口译中的具体应用。

1 句式反说

韩中两种语言在表达否定意义时，这种差异尤为突出。韩语与汉语都可以从正面或者反面来表达同一概念。在翻译过程中，有些从正面表达的语句可以处理成反说，也可以把反说处理成正面表达。这种把正说处理成反说的译法被称作“正说反译”，把反说处理成正说的译法被称作“反说正译”。有时候语言的正反表达形式不能对译，需要进行正反转换，以保证译文的流畅和通顺。

（1）正说反译

有些韩语句子在形式和内容上虽然都是肯定的，但需要根据汉语表达习惯及修辞或语气的要求译成否定形，才能更好地表达原文内容。举几个正说反译的例子：“일파만파”可以翻译成“不断发酵、持续发酵”，“모든 가능성을 열어놓고”可以译为“不排除一切可能”。“예술제 트로피는 틀림없이 그대 것이여！”可以译为“艺术节的奖杯非你莫属！”同理，反过来，中文的一些否定表达，译成韩语也可以反说为肯定形，如“百年未有之大变局”可以译为“백년에 한 번 있을 대변혁기”，意指“百年一遇的大变局”。“暂不加征关税”可以译为“관세 인상을 일시적으로 유예하다”。

例1： 민진당 당국은 동 문제를 정치적으로 이용하려고 하는 것은 <u>매우 비열한 행동이다</u>.

译文： 民进党当局借这个问题做政治文章，搞政治操弄，<u>令人不齿</u>。

视译译文

	断　句	译　文
1	민진당 당국은	民进党当局
2	동 문제를	借这个问题
3	정치적으로 이용하려고 하는 것은	做政治文章，搞政治操弄，
4	<u>매우 비열한 행동이다</u>.	<u>令人不齿</u>。

例句中韩语用的是带有贬义的“비열하다”一词，对应汉语在这一场景下经常使用的是否定表达方式“令人不齿”。当然，也可以保留原来的说法，翻译成“这种做法十分卑劣”。不过，如果需要将汉语中的“令人不齿”译成韩语，就可以借鉴这种反说法。

例2： 화 대변인은 14일 첫 번째 올린 트윗에 “영원한 겨울은 없다. 봄날은 틀림없이 뒤따라 온다(No winter lasts forever, every spring is sure to follow)” 는 글을 올렸다.

译文： 14日，外交部发言人华春莹发布首条推文：“没有一个冬天不可逾越，没有一个春天不会到来！”

视译译文

	断　句	译　文
1	화 대변인은	外交部发言人华春莹
2	14일 첫 번째 올린 트윗에	14日发布首条推文：
3	“영원한 겨울은 없다.	“没有一个冬天不可逾越，
4	봄날은 틀림없이 뒤따라 온다”는 글을 올렸다.	没有一个春天不会到来！”

这句话韩文是根据英文翻译而来，前半句用否定说法，后半句用肯定形。事实上，华春莹的原话均采用了否定形，对仗工整，以隐喻的方式表达了战胜疫情的坚定信心。

例3： 다자주의와 대화 협력은 대다수 국가들이 지향하는 바이고, 개방과 혁신은 세계 경제와 세계화가 지속적으로 나아갈 수 있는 **분명한 방향성**이다.

译文： 多边主义、对话合作是大多数国家的愿望，开放、创新是世界经济和全球化持续前行的**不二选择**。

视译译文

	断　句	译　文
1	다자주의와 대화 협력은	多边主义、对话合作
2	대다수 국가들이 지향하는 바이고,	是大多数国家的愿望，
3	개방과 혁신은	开放、创新
4	세계 경제와 세계화가	是世界经济和全球化
5	지속적으로 나아갈 수 있는	持续前行的
6	**분명한 방향성**이다.	**不二选择**。

例句摘自韩国媒体对中国新闻的报道，引用了博鳌论坛秘书长李保东的话，“분명한 방향성”是肯定的表达，原话是“不二选择”，用的是否定表达方式。

（2）反说正译

反说正译是指在翻译过程中把原文的否定式译成肯定式。在某些语境中，韩语的否定往往需要译成汉语的肯定，即韩语从反面表达，汉语却从正面表达。例如“불합리한 것은 아니다”可以译为“有合理之处”或“有一定的合理性”等。这样做有时是为了将原文中某些否定形所具有的肯定含义清楚地表达出来，有时是为了将译文组织得更加自然流畅。当然，这两种目的也常常兼而有之。

例4： 양국은 **주저하지 말고** FTA를 통해 무역 자유화와 투자의 원활화를 도모해야 합니다.

译文：两国应**消除疑虑**，通过自由贸易区促进贸易自由化和投资便利化。

视译译文

	断　句	译　文
1	양국은 **주저하지 말고**	两国应**消除疑虑**，
2	FTA를 통해	通过自由贸易区
3	무역 자유화와	促进贸易自由化
4	투자의 원활화를 도모해야 합니다	和投资便利化。

“주저하지 말고”也可以翻译成“毫不犹豫”，在这个语境下，也可以翻译成“消除疑虑”。

例5： 양 정치국원은 “중국은 중국식 사회주의를 **흔들림없이** 추진해 나갈 것이고, 외부의 간섭은 용납하지 않겠다”는 입장을 밝혔다.

译文：杨洁篪表示，中国将**坚定不移地**沿着中国特色社会主义道路走下去，不容任何外部势力干涉。

视译译文

	断　句	译　文
1	양 정치국위원은	杨洁篪表示，
2	“중국은 중국식 사회주의를	中国将沿着中国特色社会主义道路
3	**흔들림없이** 추진해 나갈 것이고,	**坚定不移地**走下去，
4	외부의 간섭은 용납하지 않겠다”는	不容任何外部势力干涉。
5	입장을 밝혔다.	（省略）

“흔들림없이”和“坚定不移”在中韩双语中都属于较为常见的表达方式，韩语主要强调“毫不动摇”，汉语的“坚定不移”也有否定形式“不移”出现，但也可以只用肯定

形式译为“坚定”。

例6：그는 중국의 경제 성장은 경제 외교를 위한 기초를 다졌으며, TPP 가입은 중국 경제 외교의 중요한 수단이 될 수 있으므로 **기회를 놓치지 않고** TPP의 조속한 가입을 검토할 필요가 있다고 주장했다.

译文：他认为，中国经济发展为实施经济外交打下了基础，加入TPP可以成为中国经济外交的重要抓手，应考虑**抓住时机**尽早加入TPP。

视译译文

	断 句	译 文
1	그는	他认为，
2	경제 성장은	中国经济发展
3	경제 외교를 위한	为实施经济外交
4	기초를 다졌으며,	打下了基础，
5	TPP 가입은	加入 TPP
6	중국 경제 외교의 중요한 수단이 될 수 있으므로	可以成为中国经济外交的重要抓手，
7	**기회를 놓치지 않고**	**应抓住时机**
8	TPP의 조속한 가입을 검토할 필요가 있다고	考虑尽早加入 TPP。
9	주장했다.	（省略）

“기회를 놓치지 않고”这种说法在韩语中较为常见，体育赛事中很常用，形容“抓住机会进球、得分”等。在例句中这一短语用来修饰“加入”，因此可以翻译成肯定形式“抓住时机”。

2 成分反说

成分反说指通过句子成分的转换达到反说效果，通常由于中韩双语的表达习惯不同，导致同样的意思用不同的结构来表述。

例7：제조업 분야에서의 상호 개방을 기반으로 서비스, 무역, 금융, 투자 등 각 분야의 개방을 확대하여 상호 시장을 개방한다면 한·중 양국의 기업 간 협력은 물론 세계 시장 진출에도 **큰 힘이 될 것입니다**.

译文：在制造业领域相互开放的基础上，加大服务、贸易、金融、投资等领域的开放力度，实现市场开放，就可以不仅为中韩企业合作，而且为共同走向世界市场**创造条件**。

视译译文

	断　　句	译　　文
1	제조업 분야에서의 상호 개방을 기반으로	在制造业领域相互开放的基础上，
2	서비스, 무역, 금융, 투자 등 각 분야의	服务、贸易、金融、投资等领域
3	개방을 확대하여	加大开放力度
4	상호 시장을 개방한다면	实现市场开放，
5	한·중 양국의 기업 간 협력은 물론	就可以为中韩企业合作
6	세계 시장 진출에도	乃至共同走向世界市场
7	**큰 힘이 될 것입니다.**	**创造条件**。

例句中的“큰 힘이 되다”意指“提供帮助”，直接翻译过来是“成为很大的力量”，不符合汉语表达习惯，因此可以改成“创造条件”或“提供帮助”“助力”等。这样原本作为主语的“힘”就变成了宾语，动词“되다”也需要做出相应调整，译为“创造”或“提供”。

例8：《公共外交与跨文化交流》一书历时三年而成，凝聚了他二十多年来对公共外交理念的诠释总结和实践探索，给人以启迪与思考，为世界更好地了解中国和中国外交**打开了一扇窗**。

译文：‘중국은 어떻게 세계와 소통하는가’는 20년이 넘는 공공외교에 관한 그의 이론과 경험을 3년에 걸쳐 집대성한 저서로 많은 시사점을 주고 있으며, 중국과 중국의 외교를 세계에 더 잘 이해시키는 **창이 될 것입니다.**

视译译文

	断　　句	译　　文
1	《公共外交与跨文化交流》一书	‘중국은 어떻게 세계와 소통하는가’는
2	历时三年而成，	3년에 걸쳐
3	凝聚了他二十多年来	20년이 넘는
4	对公共外交理念的	공공외교에 관한 그의
5	诠释总结和实践探索，	이론과 경험을 집대성한 저서로
6	给人以启迪与思考，	많은 시사점을 주고 있으며,
7	为世界更好地了解中国和中国外交	중국과 중국의 외교를 세계에 더 잘 이해시키는
8	**打开了一扇窗**。	**창이 될 것입니다.**

例句中的“打开了一扇窗”是一种比喻，意指提供一种途径或渠道。同样的意思用韩语表达，更习惯说“창이 되다（成为窗口）”。汉语中的宾语“窗”在译语中变成了主

语，这就是通过句子成分转换实现的反说。

3 语态反说

语态反说指韩语和汉语中在表达相同意思时采用不同的语态，但又不是只对一个单词的语态进行调整，而是需要对整个句子结构做出调整。尤其是在视译和同传中，根据顺句驱动原则，常需要采取这种语态反说技巧。

例9：업계에서 '규제 샌드박스'로 불리는 핀테크 혁신 관리·감독 시범지역으로 2019년 12월 **베이징이 처음으로 선정된 이후**, 단 몇 개월 만에 1차 사업이 순조롭게 '규제 샌드박스'에 포함되었다. 또, 현재 2차 사업 역시 관련 신고 절차를 마무리한 상태이다.

译文：自金融科技"监管沙箱"2019年12月**在北京启动监管试点以来**，仅仅数月，不但首期项目顺利入箱，且二期项目也已完成申报。

视译译文

	断　　句	译　　文
1	업계에서 '규제 샌드박스'로 불리는	业界称之为"监管沙箱"的
2	핀테크 혁신 관리·감독 시범지역으로	金融科技监管示范地区
3	2019년 12월	2019年12月
4	**베이징이 처음으로 선정된 이후,**	**在北京启动试点以来，**
5	단 몇 개월 만에	仅仅数月，
6	1차 사업이	首期项目
7	순조롭게 '규제 샌드박스'에 포함되었다.	已顺利入箱，
8	또, 현재 2차 사업 역시	且二期项目
9	관련 신고 절차를 마무리한 상태이다.	申报工作也已完成。

"베이징이 처음으로 선정된 이후"是被动形，指"北京首次被选入"，但在视译或同传中根据前面切割的意群翻译时，如果译语保持这种被动语态，就显得比较别扭。因此可以换一个角度，将被动语态"被选入"翻译成能动语态"启动"，处理为"在北京启动……试点以来"，句子衔接比较自然。

例10：消费券正在起到国家跃过疫情影响的"跳板"作用：一是在短期之内刺激消费动力，**使零售业不至于大幅度下降**；二是通过消费券拉动消费，救活一大批中小企业，救活一大批非正规的个体经济；三是消费券能够**提升人们对战胜疫情、战胜经济萧条的信心**。

译文： 소비 쿠폰은 중국이 코로나19를 극복하는 발판 역할을 하고 있다. 첫째는 단기간 내에 소비 욕구를 자극해 소매 업계가 받는 타격을 줄였고, 둘째는 소비를 끌어올려 중소기업과 비정규 개인사업자를 살렸으며, 셋째는 사람들에게 코로나19와 경기 침체를 극복할 수 있다는 자신감을 심어주었다.

视译译文

	断　　句	译　　文
1	消费券	소비 쿠폰은
2	正在起到国家跃过疫情影响的	중국이 코로나19를 극복하는
3	“跳板”作用：	발판 역할을 하고 있다.
4	一是在短期之内	첫째는 단기간 내에
5	刺激消费动力，	소비 욕구를 자극해
6	**使零售业不至于大幅度下降**；	**소매 업계가 받는 타격을 줄였고**
7	二是通过消费券拉动消费，	둘째는 소비를 끌어올려
8	救活一大批中小企业，	중소기업과
9	救活一大批非正规的个体经济；	비정규 개인사업자를 살렸으며,
10	三是消费券能够**提升人们对战胜疫情、**	셋째는 사람들에게 **코로나19와**
11	**战胜经济萧条的信心**。	**경기 침체를 극복할 수 있다는 자신감을 심어주었다.**

例句中的汉语采用了使动语态，“使零售业不至于大幅度下降”，韩语中如果保留使动语态，表达不但啰唆，而且不符合韩语习惯，因此改为正常的能动句，以主谓形式译出“소매 업계가 받는 타격을 줄였고（减少了零售业的降幅）”。第二处“提升信心”的反说不属于语态反说，而是根据不同的表达习惯进行的翻译。汉语中的“提升”在韩语中译为“注入”，动作的方向不同。

4 视角反说

视角反说属于多种反说方法的综合运用，通常是随着视角的转换，以相反的方式对动作的主体及其动作涉及的对象之间关系进行描述。其实即便在同一种语言中这种情况也很常见，只是对同一件事换一种说法，但是视角不同，主体也会发生变化。

例11： 1986년 중국 정부는 아르테미시닌의 사용에 대한 승인 허가를 내주었다.

译文1： 1986年，中国政府批准了青蒿素的使用。

译文2： 1986年，青蒿素获得了中国政府的使用许可。

第一种译法与源语完全对应，但如果上文一直以“青蒿素”为主体，叙述其开发演变过程，那么改成第二种译法更符合语境。

例12：잔존한 문제를 원만하게 해결할 수 있을지가 인도의 최종 결정을 좌우할 수 있다.
译文1：遗留问题能否得到圆满解决将可能影响印度的最终决定。
译文2：印度的最终决定将取决于遗留问题能否得到圆满解决。

同样，第一种译法与源语在形式上较为对应，但如果上文一直在谈印度的情况，第二种译法是从“印度”的角度出发，那么这种表达方式更符合语境。

例13：그는 “이제는 아시아를 빼고는 세계 경제를 말할 수 없다” 고 말했다.
译文：他表示，如今亚洲在全球经济中占有举足轻重的地位。

视译译文

	断　句	译　文
1	그는	他表示，
2	“이제는 아시아를 빼고는	如今亚洲
3	세계 경제를 말할 수 없다” 고 말했다.	在全球经济中占有举足轻重的地位。

这个例句中，源语中“亚洲”原本是被谈论的对象，但句子表达的实际意思却是强调亚洲的重要性，因此可以改变视角，直接将“亚洲”作为从句的主语。

例14：차량 공유가 새로운 플랫폼으로까지 자리잡아 가고 있는 미국 등과의 비교는 고사하고 디디추싱, 그랩 같은 차량 공유 서비스가 있는 중국 및 동남아시아 국가들**과 비교해도 한참 뒤져 있다**.
译文1：中国和东南亚国家拥有滴滴出行和Grab等车辆共享服务，**韩国远远落后于这些国家**，更无法同共享汽车已成新平台的美国相比。
译文2：别说同共享汽车已成新平台的美国无法相比，就连中国和东南亚国家也拥有滴滴出行和Grab等车辆共享服务，**它们都遥遥领先于韩国**。

视译译文

	断　句	译　文
1	차량 공유가	共享单车
2	새로운 플랫폼으로까지 자리잡아 가고 있는	已成为新平台的
3	미국 등과의 비교는 고사하고	美国等国家自不必说，
4	디디추싱, 그랩 같은 차량 공유 서비스가 있는	拥有滴滴出行、Grab 等车辆共享服务的
5	중국 및 동남아시아 국가들**과 비교해도**	中国和东南亚国家
6	**한참 뒤져 있다**.	也**遥遥领先于韩国**。

例句中的“……과 비교해도 한참 뒤져 있다”直接翻译是“和……相比，韩国落后很多”，主要是强调韩国在共享出行方面不及其他国家先进。视译和同传中采用顺句驱动处理完前面的大部分信息之后，如果再译出比较的对象，译语就难免变得冗长，容易和源语产生时间差。因此可以改变视角，把原本的比较对象变成主体，“和B相比A落后很多”也可以说成“B遥遥领先于A”，这样最后一个意群的译语可以处理得很简洁。当然，单从这一个意群来看，也可以翻译成“相比之下，韩国极为落后”，但这样和前面的语句衔接就会出问题。

例15： 这次会议的主题**“通过教育赋权亚非妇女”特别吸引我**，担任过中国教育部长和国务院主管教育工作的国务委员的经历，使我对教育有特殊感情，我愿与各位分享自己的观点和看法。

译文： 특히 저는 이번 회의의 주제인 **‘교육을 통한 여성 임파워먼트’에 주목하고 있습니다**. 중국 교육부 장관을 역임하고 국무위원으로 국무원 교육 사업을 주관했던 저는 교육에 각별한 애정을 갖고 있으며 여러분과 함께 생각과 의견을 나누고자 합니다.

视译译文

	断　句	译　文
1	这次会议的主题	이번 회의의 주제인
2	**“通过教育赋权亚非妇女”**	**‘교육을 통한 여성 임파워먼트’에**
3	**特别吸引我，**	**저는 특히 주목하고 있습니다.**
4	担任过中国教育部长	중국 교육부 장관을 역임하고
5	和国务院主管教育工作的国务委员的经历，	국무위원으로 국무원 교육 사업을 주관했던 저는
6	使我对教育有特殊感情，	교육에 각별한 애정을 갖고 있으며
7	我愿与各位	여러분과 함께
8	分享自己的观点和看法。	생각과 의견을 나누고자 합니다.

例句中视角反说的变化在于“我”和“主题”之间的关系，汉语说“……主题吸引我”，但韩语的表达方式则是“……에 저는 특히 주목하고 있습니다（我特别关注……主题）”。这样既可以保留源语语序，又能传达源语的真实信息，不失为一种值得参考的译法。

以上介绍了的反说技巧仅是几种普遍使用的方法，绝非唯一形式。翻译这门语言转换的艺术是千变万化的，因此译文也可以是千姿百态，多种译法百花齐放。但万变不离其宗，要因文制宜，在忠实于原文、确切地表达原文含义的基础上灵活处理，以便既符合汉语的习惯，又能把意思表达得准确贴切、生动有力。只要我们对原文含义确实理解了，所运用的词语符合汉语习惯用法，在译文中又与上下文自然结合，就可以大胆地采用这种反说技巧。

二、段落视译

| 碳中和 |

韩　　文	中文释义
《파리기후변화협약》	《巴黎协定》
탄소배출량	碳排放
정점(頂點)	顶点、顶峰
탄소중립(炭素中立)	碳中和
비전(vision)	愿景
녹색 저탄소	绿色低碳
로드맵(road map)	路线图
시사하다(示唆)	表明
탄소 제로(炭素zero)	零碳

2015년 채택한《파리기후변화협약》에는 21세기 말 세계 온도 상승 범위를 2℃~1.5℃ 이내로 통제하자는 비전이 담겨 있으며, 하루빨리 세계 탄소 배출량을 감소세로 전환해 21세기 하반기에는 순 탄소 배출량 '제로'를 실현하자는 구체적인 목표도 제시되어 있다.

2030년 탄소 배출이 정점에 달해 감소세로 전환한다는 목표와 2060년 탄소 중립 실현이라는 비전은 중국 녹색 저탄소 발전의 시간표와 로드맵을 분명히 한 것이며, 녹색 저탄소를 위한 신기술, 신산업, 신업태의 발전에도 무한한 발전 가능성을 시사하고 금융 및 투자 기관이 지속적으로 건전하게 발전하는 새로운 기회를 마련했다.

탄소 중립 목표를 배경으로 중국의 '탄소 제로'로의 에너지 구조 전환은 에너지 공급과 소비 방식의 중대한 변화를 의미하며 더욱 양질의 경제 발전은 탄소 총량이 더욱 낮고 구조가 더욱 최적화된 에너지 체계로 뒷받침될 것이다. 중국의 2050년 최종 소비자 에너지 소비 총량은 22억 석탄 환산 톤(TCE)에 달하겠지만 이는 2016년에 비해 27% 낮은 수치이고 화석 연료 수요는 90% 이상 하락해 재생가능 에너지가 주요 에너지로 자리잡을 것이다.

2015年达成的《巴黎协定》提出了到21世纪末将全球温升控制在2°C至1.5°C以内的愿景，还提出了尽快减少全球碳排放，于21世纪下半叶实现净零碳排放的具体目标。

2030年“碳达峰”的目标与2060年“碳中和”的愿景明确了中国绿色低碳发展的时间表和路线图，将为绿色低碳的新技术、新产业和新业态的发展提供广阔空间，并成为金融与投资机构持续健康发展的新机遇。

在碳中和目标下，中国的零碳能源转型意味着能源供给和消费方式的重大转变，更高质量的经济发展将由碳排放总量更低、结构更优化的能源体系来支撑。预计中国2050年的终端能源消费总量将在22亿吨标煤左右，较2016年减少27%，化石燃料需求降幅超过90%，可再生能源将成为主要能源。

视译译文

	断　　句	译　　文
1	2015년 채택한《파리 기후 변화 협약》에는	2015 年达成的《巴黎协定》
2	21세기 말 세계 온도 상승 범위를	提出了到 21 世纪末将全球温升
3	2℃~1.5℃ 이내로 통제하자는 비전이 담겨 있으며,	控制在 2℃至 1.5℃以内的愿景，
4	하루빨리 세계 탄소 배출량을 감소세로 전환해	还提出了尽快减少全球碳排放，
5	21세기 하반기에는	于 21 世纪下半叶
6	순 탄소 배출량 '제로'를 실현하자는	实现净零碳排放的
7	구체적인 목표도 제시되어 있다.	具体目标。
8	2030년 탄소 배출이 정점에 달해 감소세로 전환한다는 목표와	2030 年“碳达峰”的目标
9	2060년 탄소 중립 실현이라는 비전은	与 2060 年“碳中和”的愿景
10	중국 녹색 저탄소 발전의 시간표와	明确了中国绿色低碳发展的时间表
11	로드맵을 분명히 한 것이며,	和路线图，
12	녹색 저탄소를 위한 신기술,	将为绿色低碳的新技术、
13	신산업, 신업태의 발전에도	新产业和新业态的发展
14	무한한 발전 가능성을 시사하고	提供广阔空间，
15	금융 및 투자기관이	并成为金融与投资机构
16	지속적으로 건전하게 발전하는	持续健康发展的
17	새로운 기회를 마련했다.	新机遇。
18	탄소 중립 목표를 배경으로	在碳中和目标下，
19	중국의 '탄소 제로'로의 에너지 구조 전환은	中国的零碳能源转型
20	에너지 공급과 소비 방식의 중대한 변화를 의미하며	意味着能源供给和消费方式的重大转变，
21	더욱 양질의 경제 발전은	更高质量的经济发展

（续表）

	断 句	译 文
22	탄소 총량이 더욱 낮고	将由碳排放总量更低、
23	구조가 더욱 최적화된 에너지 체계로 뒷받침될 것이다.	结构更优化的能源体系来支撑。
24	중국의 2050년 최종 소비자 에너지 소비 총량은	预计中国2050年的终端能源消费总量
25	22억 석탄 환산 톤(TCE)에 달하겠지만	将在22亿吨标煤左右，
26	이는 2016년에 비해 27% 낮은 수치이고	较2016年减少27%，
27	화석연료 수요는 90% 이상 하락해	化石燃料需求降幅超过90%，
28	재생가능 에너지가	可再生能源
29	주요 에너지로 자리잡을 것이다.	将成为主要能源。

三、实战练习

韩 文	中文释义
이노베이션(Innovation)	创新
원전(原電)	核电
저탄소(低炭素)	低碳
탈탄소(脫炭素)	去碳化
시나리오(scenario)	方案、情境、场景
반등하다(反騰--)	反弹、回升、回涨
빌 게이(Bill Gates)	比尔·盖茨
How to Avoid a Climate Disaster	《如何避免气候灾难》

안녕하십니까? 산업통상자원부 에너지자원실장 주영준입니다.

제6회 동아 신에너지 이노베이션 콘퍼런스 개최를 진심으로 축하드립니다. 그리고 오늘 행사를 준비해 주신 동아일보와 채널A 관계자 여러분께 진심으로 감사의 말씀을 드리겠습니다.

정부는 현재 석탄, 원전의 감축과 신재생에너지의 확대 등 깨끗하고 안전한 에너지로의 전환을 추진해 오고 있습니다. 이에 더해 지난 해 10월에는 대통령님께서 2050년 탄소 중립을 선언하였으며, 또 이어서 12월에는 <2050 탄소중립 추진 전략>을 발표한 바 있습니다. 이러한 상황에서 오늘 에너지 분야의 비즈니스 혁신 전략을 모색하는 콘퍼런스 개최가 아주 시의적절하고 매우 뜻깊다고 생각합니다.

현재 에너지 분야를 둘러싼 대 내외 환경은 급격히 변하고 있습니다. 이에 대한 효과적인 준비와 대응을 통해 에너지 시스템의 혁신과 새로운 동력 창출이라는 기회를 저희가 만들어 가야 될 것 같습니다. 크게 한 세 가지 방향으로 좀 설명드리고자 합니다.

첫째, 중장기 탄소 중립 경제 사회로 나아가기 위해서는 에너지 분야의 혁신 전략이 지금부터 바로 마련하고 추진돼야 할 것 같습니다. 최근 세계 각국은 경쟁적인 탄소 중립 선언과 함께 저탄소 분야 투자 확대 등 기후 변화 대응을 위해 적극적으로 나서고 있습니다.

오히려 이제 탄소 중립이라는 새로운 목표로 나아가기 위해 에너지 분야 그 자체 뿐만 아니라 산업, 건물, 수송 등 모든 경제 사회 분야의 탈탄소와 함께 여기서 또 야기되는 전기화를 뒷받침할 수 있는 준비를 해야 합니다.

정부는 이를 위해 현재 범부처 2050 탄소 중립 시나리오를 마련 중에 있고, 또 에너지 분야에 같은 경우에는 금년 말까지 에너지 탄소 중립 혁신 전략을 지금 준비 중에 있습니다.

두 번째는 우리 기업들도 기후 변화, 감염병 등 불확실성이 만연이 되는 이 시대에 기민하게 대응하고 준비할 수 있도록 해야 할 것 같습니다. 특히 최근에는 여름철에 장기간 지속되는 폭우가 있었고, 또 겨울철에는 기록적인 한파가 나타나는 등 극단적인 기상 이변이 나타나고 있습니다.

에너지 수요 예측이 더욱더 어려워졌고, 또 대규모 정전과 같은 전력 시스템의 안전성 확보도 더욱더 중요한 상황이 된 것 같습니다. 또 최근에는 유가가 다시 크게 반등하면서 에너지 시장에 있어서의 급격한 변화도 겪고 있습니다.

기업의 경영 환경이 어느 때보다도 불활실하기 때문에 이에 대해서 잘 준비하고 복원이 강한 시스템으로 정부와 기업이 같이 준비해 나가도록 할 필요가 있습니다.

셋째, 현재의 위기와 도전을 새로운 성정 동력의 기회로 저희가 창출하는 노력을 해야 할 것 같습니다. 몇 가지 시장에 대한 전망을 좀 보면 수소 시장하고 재생에너지 시장 자체가 앞으로 크게 저희가 늘어날 것으로 보고 있습니다.

이러한 성장 동력을 저희가 잘 활용을 하면 앞으로 상당히 장기간 동안의 새로운 비즈니스를 저희가 창출할 수 있을 것이라고 생각하고 있습니다. 탄소 중립은 우리의 산업 구조와 에너지 믹스를 감안할 때, 도전적인 과제임은 분명하지만 반드시 우리 경제가 나아가야 할 방향인 것 같습니다.

최근 빌 게이츠가 쓴 저서 《*How to Avoid a Climate Disaster*》라는 책이 많이 인용되는데, 그의 저서에 보면 이런 문구가 나옵니다. “우리에게 필요한 에너지 시스템은 우리가 좋아하는 것은 지속하고 우리가 싫어하는 것은 멈추는 시스템”이라고 언급되어 있습니다.

탄소 중립이라는 새롭고 담대한 도전에 우리가 오늘 참석해 주신 많은 기업인, 그 다음에 참여해 주신 전문가 여러분들이 변화와 혁신의 길을 논의할 수 있는 장이 되기를 기대합니다. 감사합니다.

——2021 동아 신에너지 이노베이션 콘퍼런스 축사

▶▶ 难句解析与视译处理

句1: 최근 세계 각국은 경쟁적인 탄소 중립 선언과 함께 저탄소 분야 투자 확대 등 기후 변화 대응을 위해 적극적으로 나서고 있습니다.

译文: 最近，世界各国一直在积极应对气候变化，包括竞相宣布实现碳中和和扩大对低碳领域的投资。

视译译文

	断　　句	译　　文
1	최근 세계 각국은	最近，世界各国
2	경쟁적인 탄소 중립 선언과 함께	竞相宣布实现碳中和，
3	저탄소 분야 투자 확대 등	并扩大对低碳领域的投资，
4	기후 변화 대응을 위해	为了应对气候变化
5	적극적으로 나서고 있습니다.	积极采取各种措施。

句2: 정부는 이를 위해 현재 범부처 2050 탄소 중립 시나리오를 마련 중에 있고, 또 에너지 분야에 같은 경우에는 금년 말까지 에너지 탄소 중립 혁신 전략을 지금 준비 중에 있습니다.

译文: 为此，目前政府所有部委正在制定2050年实现碳中和的方案，能源部门则在准备今年年底前制订出能源碳中和创新战略。

视译译文

	断　　句	译　　文
1	정부는 이를 위해	为此，目前政府
2	현재 범부처	所有部委
3	2050 탄소 중립 시나리오를 마련 중에 있고,	正在制订 2050 年实现碳中和的方案，
4	또 에너지 분야에 같은 경우에는	能源部门
5	금년 말까지	在今年年底前
6	에너지 탄소 중립 혁신 전략을	将推出能源碳中和创新战略，
7	지금 준비 중에 있습니다.	目前正在筹备当中。

句3： 탄소 중립은 우리의 산업 구조와 에너지 믹스를 감안할 때, 도전적인 과제임은 분명하지만 반드시 우리 경제가 나아가야 할 방향인 것 같습니다.

译文： 考虑到我们的产业结构和能源结构，碳中和无疑是一项具有挑战性的任务，但恐怕是我们的经济必然的发展方向。

视译译文

	断　句	译　文
1	탄소 중립은	碳中和
2	우리의 산업 구조와 에너지 믹스를 감안할 때,	对于我们的产业结构和能源结构来说，
3	도전적인 과제임은 분명하지만	无疑是一项具有挑战性的任务，
4	반드시 우리 경제가	但恐怕是我们的经济
5	나아가야 할 방향인 것 같습니다.	必然的发展方向。

四、自主练习

韩　文	中文释义
셰일 가스(shale gas)	页岩气
판명이 나다	判明、辨明、证明
사용처(使用處)	用途
각광(脚光)을 받다	注目、瞩目、关注、青睐
맞물리다	咬合、符合、衔接
스킵(skip)	跳跃、跳过
LNG(liquefied natural gas)	液化天然气
PNG(pipeline natural gas)	管道运输天然气
매장량(埋藏量)	储藏量、蕴藏量、埋藏量
투르크메니스탄(Turkmenistan)	土库曼斯坦

역사적으로 봤을 때 에너지의 흐름 자체는 1800년대에 석탄이 주를 이루다가 1900년대, 사실은 지금까지죠. 석유 중심의 시대가 이어지고 있었는데요. 2000년대를 넘어서면서 가스에 대한 소비가 빠르게 늘어나고 있습니다. 물론 생산까지도 같이 늘어나고 있고요. 여기서 우리가 가장 잘 알고 있는 2000년 이후의 미국의 셰일 가스라는 흐름이 가장 큰 역할을 차지했죠.

또 하나 감안하셔야 될 것이 원래는 기존의 석유를 많이 사용하던 자동차라는 부분도 최근에 전기차로 전환이 되면서 역시 전기를 만들기 위한 가스 소비가 같이 늘어나고 있습니다. '시대적인 흐름 자체가 약 한 시기마다 이어지고 있는 에너지 패러다임의 변화가 그 중심축이 현재 가스로써 일어나고 있다.' 이렇게 이해하시면 될 것 같습니다.

기본적으로 가스는 석유보다 더 효율적인 에너지원이라는 게 첫 번째 원인이 될 것 같아요. 이 석탄보다 조금 더 효율적이어서 불완전 연소가 덜된 것이 석유라고 보시면 될 것 같습니다. 그런데 그 석유마저 지금 효율성이 그다지 높지 않다는 게 판명이 나고 있고, 이것보다 더 효율적인 에너지원으로 가다 보니 가스를 찾아서 가게 됐다고 보시면 될 것 같아요.

이 에너지의 효율성이라는 것은 사실 시대적인 화두이기도 한 친환경하고도 연관이 됩니다. 친환경에 대한 관심이 높아지다 보니 최근 석탄 뿐만 아니고 석유에 대한 소비 자체도 줄이고 있고요. 그러면서 더 에너지 효율성이 높은 가스 쪽으로 넘어가면서 친환경에 대한 흐름을 가져가고 있다.

미국의 셰일 가스가 등장하고 셰일 가스 기술을 통해서 과거에 없던 가스 생산량의 급증이 나오다 보니 가격마저 떨어지고 있습니다. 그러다 보니 수요 측면에서도 부담 없이 가스 쪽으로 이동하고 있다.

4차 산업혁명과 가스는 사실 밀접한 연관이 있습니다. 가스의 가장 주요한 사용처가 어디냐면은 전기를 만드는 데 사용이 돼요. 이 전기라는 것은 4차 산업혁명에서도 핵심이 되는 아이템이다. 인공 지능을 운영하기 위한 데이터 센터라는 부분, 최근에 그래서 반도체가 각광을 많이 받고 있죠.

그런데 여기서 많이 간과되는 것이 이 모든 것들을 작동하는 에너지원이 과거처럼 석탄도 아니고, 석유도 아니고 전기라고 보시면 될 것 같아요. 그런데 이 전기가 최근에 말씀드린 것과 같이 가스의 낮은 가격을 통해서 공급이 되다 보니까 가스의 소비량 증대와 함께 전기의 생산이 증대가 되고 있고요. 이게 4차 산업혁명의 근원을 이룬다.

4차 산업혁명의 기술이 모두 담겨 있는 도시로 갈 때는 전력 소비량이 엄청나게 늘 수밖에 없겠지요. 이런 식으로 본다면 앞으로 가스 소비의 증대 그리고 가스가 에너지 패러다임에서 하는 역할이 중요해질 수밖에 없다.

잘 아시는 것처럼 미국은 셰일 가스를 토대로 가스 소비량의 증대, 가스 가격의 하락, 여기에 따른 가스 소비량의 증대가 지금 동시에 나타나고 있다. 그만큼 4차 산업혁명의 흐름, 셰일 가스 생산에 맞물려 가지고 국가의 에너지 패러다임을 매우 빠르게 그리고 효율적으로 바꿔 놓았다고 볼 수가 있는 거죠.

중국 같은 경우는 석탄의 시대, 흐름으로 가자면 석유로 대체하게 되잖아요. 그런데 이 석유를 스킵, 즉 뛰어넘고 곧바로 가스의 시대로 가고 있습니다. 중국의 LNG 수입, 이것

뿐만이 아니고 PNG라는 부분도 같이 가고 있습니다. PNG는 뭐냐면, pipeline natural gas 액화하지 않고 기체같이 그대로 파이프를 통해 받아온다고 보시면 돼요.

전 세계 가스 매장량 4위인 투르크메니스탄으로부터 PNG를 상당량 수입하고 있고요. 또 하나의 접경 국가이자 세계 최대의 가스 생산국인 러시아로부터도 파이프를 받아오고 있습니다.

사실 전 세계에서 셰일 가스가 가장 많이 묻혀 있는 나라가 중국입니다. 늘 중국의 셰일 가스 생산은 안된다고만 얘기하고 있었는데 중국이 놀랍게도 빠른 기술 발전을 이뤄서 지금 자국 내 셰일 가스 생산마저도 같이 늘고 있어요. 중국도 미국 못지않게 상당히 빠른 속도, 인접 국가의 PNG와 자국 내 셰일 가스 생산을 늘리면서 대비를 해 가고 있다.

사실은 우리가 지금까지 받아오고 있는 LNG 생산국들은 거의 다 중동 쪽에 위치가 돼 있고요. 말씀드린 바와 같이 접경 국가인 중국, 그리고 미국도 셰일 가스와 PNG로 대비하는 거에 비해 우리는 아직 LNG라는 형태에서 크게 벗어나지 못하고 있습니다.

새로운 시대를 대비하는 측면에서는 주변국들이 만들고 있는 셰일 가스 그리고 PNG, 이 두 가지에 대한 수입을 우리는 앞으로도 더 많이 생각할 필요성이 있다. 이 가스의 활용도를 높이고 가스를 중심으로 무언가 새로운 산업을 육성할 수 있는 부분 그런 쪽에 대한 고민은 필요한 시점이라고 보시면 될 것 같습니다.

——에너지의 미래

第九课

增补

口译主题 | 中韩关系

段落视译 | 中韩关系

实战练习 | 중국 포럼 축사

自主练习 | 뉴스핌 중국 포럼 축사

一、技巧讲解

中韩两种语言拥有不同的语言结构，承载着不同的历史文化背景，在口译过程中，为达成最近似、最等值的形式转换，译者需要根据实际情况采用增补译法，以便在译语中再现源语隐含的语义，使译语符合汉语的表达习惯，易于译语听众理解接受。

增补意味着对源语有所增加或补充，这种策略广泛应用于翻译中。语言学家亨力・巴力克（Henri Barik）认为，增补是指译员直接增加到源语中的材料。他指出，一位译员的译文与源语不同的情形有三种：译员可以省略成分、增添成分和替代成分，这里明确指出增补是译员在源语中增加的新成分。

增译并非无中生有地随意增加语言单位，而是增加源语中虽无其形但有其意的一些语言单位。当口译仅再现源语的词语无法在译语中准确传达原来的意义时，就需要增加一些语言单位来表达原文中蕴涵的意义。增补译法是增加原文中没有直接表达却蕴涵在其中的意义，增词并不等于增意，而是对原文所蕴涵意义的显性表达，是为了使听众获得最佳近似的语言感受。由此可见，增补是有意义的增加，是为了补充源语中的深层意义。

增补法的原则是“增词不增意”。即所增之词的意义虽然在原文字面上没有明确地表现出来，但却隐藏在原文中，而增补译法并未违背忠实原则。也就是说，译者在译语中增加内容，表达出源语中的深层含义，使译文更加流畅，更容易被听众理解。

中韩口译中几种较常见的增补包括：增补主语、增补说明、增补数量词和增补动词。

1 增补主语

韩语中省略主语的情况较为常见，往往通过上下文、时态或格助词等方式间接体现出来，所以在汉译时就需要补译出来。通过下面对比英国女作家维多利亚・霍尔特一句名言的韩汉译文，可以看出韩语和汉语的主语不同表现方式：

例1： Never regret. If it's good, it's wonderful. If it's bad, it's experience.

– Victoria Holt

韩文： 절대 후회하지 마라. 좋았다면 멋진 것이고, 나빴다면 경험인 것이다.

—빅토리아 홀트

中文： 永远别后悔。因为如果过去是好的，完美；如果过去是不好的，那也是经验。

——维多利亚・霍尔特

在韩语中，“过去”这一主语并未出现，而是以过去时态加以体现。汉译则将“过去”一词以主语的形式明确体现出来。这个例子从一个侧面反映出韩语有时会省略主语的表达特点，汉译时则需要补译。当然也不能一概而论。

例2: 아까 말씀을 하신 것처럼 상업성만을 우리가 판단의 근거로 삼을 수는 없습니다.

译文: 正如您刚才所言，我们不能把商业性作为唯一的判断依据。

视译译文

	断　句	译　文
1	아까 말씀을 하신 것처럼	正如您刚才所言，
2	상업성만을	商业性
3	우리가 판단의 근거로 삼을 수는 없습니다.	不能成为我们唯一的判断依据。

韩语表达往往省略第一和第二人称，译成汉语时需要补译。例句中从谓语的敬语表达形式可以判断出是第二人称，因此补译出隐形主语“您”使译语更加明确。

例3: 유럽이나 또 미주권에서의 오래된 역사와 또 튼튼한 산업 기반을 생각한다면, 아직은 서울이 걸음마 단계라고 이야기할 수는 있습니다.

译文: 欧美的**会展旅游业**历史悠久，基础设施完备，相比之下，首尔市才刚刚起步。

视译译文

	断　句	译　文
1	유럽이나 또 미주권에서의	欧美的**会展旅游业**
2	오랜된 역사와	历史悠久，
3	또 튼튼한 산업 기반을 생각한다면,	基础设施完备，
4	아직은	相比之下，
5	서울이	首尔市
6	걸음마 단계라고 이야기할 수는 있습니다.	才刚刚起步。

和源语相比，译语的句子结构做了很大调整。由于韩语的表达特点，源语中没有明确的主语，如果加上主语反而显得不自然。但译语改变句型，如果不补译，容易使听众误以为“欧美历史悠久”。这句话节选自一个关于首尔市会展旅游业的演讲，从上下文可以知道，演讲人说的对象是“会展旅游业”，尽管通过语境可以猜测出来，此处的译语还是需要把主语补译出来。补充了主语“会展旅游业”之后，整个句子的表达变得更加清晰了。

例4: 월드 이코노미 포럼에서 나온 많은 얘기들을 보게 되면 사실 급여 등에 대한 기대는 굉장히 높습니다. 하지만 안정성이 굉장히 떨어지는 등 여러 가지 문제점도 있습니다.

译文： 从世界经济论坛上谈到的许多观点来看，**人们**对**文化创意产业**的薪酬等抱有很大期望，但**文化创意产业**也存在很多问题，比如稳定性太差等。

视译译文

	断句	译文
1	월드 이코노미 포럼에서	世界经济论坛上
2	나온 많은 얘기들을 보게 되면	谈到了很多观点，
3	사실 급여 등에 대한 기대는	**人们**对**文化创意产业**的薪酬等
4	굉장히 높습니다.	期待很高。
5	하지만	但是**文化创意产业**
6	안정성이 굉장히 떨어지는 등	稳定性太差，
7	여러 가지 문제점도 있습니다.	也存在很多问题。

这个句子如果只看源语，同样猜不到谈论的对象。从演讲的上下文可以推测，“期待”和“不稳定”说的都是“文化创意产业”，因此译语中需要补译，才不会令听众感到困惑。“期待”的主语在源语中也没有出现，同样需要补译出来。

2 增补说明

为了帮助听众更好地理解信息，有时需要根据情况增补一些简单的说明，例如，动作涉及的对象最好明确增补出状语，对某些事物可以根据译入语的习惯补充同位语，使表达更加明确。

例5： 이렇게 좋은 기회를 마련해주신 서울경제 측에 감사드립니다.

译文： 感谢《首尔经济新闻》**给我**提供了这个好机会。

这是一个致辞的开场白，源语中并未明确说出给谁提供机会，韩语的表达习惯可以省略涉及的对象。但如果译语不加以说明，听众便有可能误以为是给所有人提供好机会，因此增补动作涉及的对象“我”，这样可以使表达更明确。

例6： 올해로 10주년을 맞은 스마트국토엑스포는 공간정보 산업의 지난 10년을 돌아보고 앞으로의 10년, 나아가 100년을 준비하는 소중한 기회의 장이 될 것입니다.

译文： 智慧国土博览会今年迎来了举办十周年，它提供了一个难得的机会，**让我们得以**回顾过去十年的空间信息产业，并为今后十年乃至百年做准备。

视译译文

	断　句	译　文
1	올해로 10주년을 맞은 스마트국토엑스포는	智慧国土博览会今年迎来了举办十周年，
2	공간정보 산업의 지난 10년을 돌아보고	**让我们得以**回顾过去十年的空间信息产业，
3	앞으로의 10년, 나아가 100년을 준비하는	并为今后十年，乃至百年做准备。
4	소중한 기회의 장이 될 것입니다.	它提供了一个难得的机会。

源语中“돌아보고”“준비하는”的主语并未出现，只是说博览会将提供“回顾”和“做准备”的机会。实际上定语从句核心句中“提供机会”涉及的对象是“我们”，是“我们回顾”“我们……做准备”，因此这里可以说“博览会给我们提供了回顾和做准备的机会”。这个长句拆分开来，并补译出动词涉及的对象，把定语从句的核心句变成“让我们得以回顾和做准备”。

还有一种情况时，源语中的现有信息汉译时可能引发歧义或不符合译语的表达习惯，这时就需要加一个同位语，增补相应的解释或说明。

例7： 얼마 전에 발표된 Lonely planet에서 2017년에 주목해야 될 여행지로서 우리 서울을 국가, 도시, 또 지역별로 이렇게 나눠서 발표를 했는데 우리 서울이 7위로 여행하기 좋은 도시로 선정이 됐고 10위권 내에는 아시아권 도시로서는 유일한 결과를 가져왔었습니다.

译文： 前不久，《孤独星球》**杂志**公布了2017年最佳旅行目的地，分国家、城市和地区，首尔在十佳旅游城市中名列第七，是唯一一个上榜的亚洲城市。

视译译文

	断　句	译　文
1	얼마 전에 발표된 Lonely planet에서	前不久，**《孤独星球》杂志**公布了
2	2017년에 주목해야 될 여행지로서	2017 年最佳旅行目的地，
3	우리 서울을	首尔市成功入选。
4	국가, 도시, 또 지역별로	国家、城市和地区，
5	이렇게 나눠서 발표를 했는데	评选结果分别公布，
6	우리 서울이 7위로	首尔市名列第七，
7	여행하기 좋은 도시로 선정이 됐고	被选为最佳旅游城市之一。
8	10위권 내에는	在十佳城市中，
9	아시아권 도시로서는	亚洲城市，
10	유일한 결과를 가져왔었습니다.	只有首尔上榜。

《孤独星球》是一本杂志，也是一家著名的私人旅行指南出版商，它最广为人知的修饰词是“全球旅行指南出版商”。在源语中，演讲人突然提到了《孤独星球》，如果听众对这个领域都很了解，不加同位语无妨。但如果不是，加一个同位语“杂志”可以让听众更加清楚它的性质。

例8：사실 1차 대전, 대공황, 2차 대전은 서로 긴밀하게 연결이 되어 있고, 그 자체가 모든 국가들이 **자국 우선주의를** 극단적으로 취하면 궁극적으로 얼마나 큰 재앙으로 귀결되느냐를 보여주는 그런 사례죠. 인류에게 엄청나게 값비싼 교훈을 안겨주는 그런 사례라고 볼 수가 있겠죠.

译文：其实一战、大萧条和二战三者是紧密相关的，这说明，如果每个国家都奉行极端的**本国优先政策**，最终会带来极大的灾难，这也给人类留下了惨痛的教训。

视译译文

	断　句	译　文
1	사실 1차 대전, 대공황, 2차 대전은	其实一战、大萧条和二战
2	서로 긴밀하게 연결이 되어 있고,	三者是紧密相关的，
3	그 자체가	这说明，
4	모든 국가들이	如果每个国家
5	**자국 우선주의를** 극단적으로 취하면	都奉行极端的**本国优先政策**，
6	궁극적으로 얼마나 큰 재앙으로 귀결되느냐를	最终会带来极大的灾难，
7	보여주는 그런 사례죠.	（省略）
8	인류에게 엄청나게 값비싼 교훈을 안겨주는	这也给人类留下了惨痛的教训。
9	그런 사례라고 볼 수가 있겠죠.	（省略）

这个例子体现了两种语言不同的表达习惯，将“자국 우선주의를 취하다”译为“采取本国优先”或“奉行本国优先”虽无不可，但意思不够完整，可以增补“政策”或“原则”这样的词语，使译语显得更加通顺。

3 增补数量词

韩语和汉语都有数量词，汉语的物量词、动量词的使用具有一定的强制性，数量词短语一般出现在句子中。韩语的物量词和动量词的使用比较自由，量词短语不出现也能表达意义，因此韩语汉译时可以视情况增补数量词。

上面例6中已经涉及这种增补，“소중한 기회의 장이 될 것입니다”中并未出现量词，但根据汉语的表达习惯，增补“一个”更符合汉语表达习惯：“它将提供一个难得的

机会”。

例9：저는 이것을 보면서 데자뷔 같은 느낌이 들었습니다. 산업 혁명 자료를 찾아 보니까 혜택을 많이 볼 수 있는 분야로 헬스케어를 들고 있습니다.

译文：我看着它，有一种似曾相识的感觉，查阅工业革命的资料后发现，医疗卫生可能是受益最大的领域。

视译译文

	断　句	译　文
1	저는 이것을 보면서	我看着它，
2	데자뷔 같은 느낌이 들었습니다.	有**一种**似曾相识的感觉。
3	산업 혁명 자료를 찾아 보니까	查阅工业革命的资料后**发现**，
4	혜택을 많이 볼 수 있는 분야로	受益最大的领域
5	헬스케어를 들고 있습니다.	可能就是医疗卫生。

例句中的“데자뷔”出自法语“déjà-vu”，意为“既视感”“似曾相识”。和“느낌”搭配，译成汉语时加上“一种”显得更加自然。

例10：5G는 디지털경제 시대의 전략적 인프라로 **새로운** 과학 기술 혁명과 산업 변혁을 촉진하는 중요한 역량이다.

译文：5G是数字经济时代的战略性基础设施，是驱动**新一轮**科技革命和产业变革的重要力量。

视译译文

	断　句	译　文
1	5G는	5G
2	디지털경제 시대의	是数字经济时代的
3	전략적 인프라로	战略性基础设施，
4	**새로운** 과학 기술 혁명과 산업 변혁을	是**新一轮**科技革命和产业变革的
5	촉진하는 중요한 역량이다.	重要驱动力量。

“새로운”根据语境可以翻译成“新兴”“新型”“崭新的”等等，此处修饰“科技革命和产业变革”，可以增补数量词，翻译成“新一轮”。

例11：공유 경제는 자동차, 빈방, 책 등 활용도가 떨어지는 물건이나 부동산을 다른 사람들과 함께 공유하는 **신개념 경제용어이다**.

译文：共享经济**是一个新概念经济术语**，指与他人分享汽车、闲置空房、书籍等利用率较低的东西或房地产。

视译译文

	断　　句	译　　文
1	공유 경제는	共享经济
2	자동차, 빈방, 책 등	指汽车、闲置空房、书籍等
3	활용도가 떨어지는	利用率较低的
4	물건이나 부동산을	东西或房地产
5	다른 사람들과 함께 공유하는	与他人共享，
6	**신개념 경제용어지요.**	**是一个新概念经济术语**。

例句是对“共享经济”概念的说明，汉语在介绍某个术语时，习惯加上“一个”，表述为“……是一个……术语”，因此这里的汉译可以补译出这个数量词：“共享经济是一个新概念经济术语”。

4 增补动词

中韩口译增补动词的情况较为常见，主要可以分为三种情况：一是增补源语中省略的动词；二是根据源语语义增补助动词；三是同一个动词带多个宾语时需根据译语搭配习惯增补相应的动词。

例12：후보기업들을 지원하는 글로벌 전문 기업 육성 프로그램은 크게 전략, 인력, 마케팅, 금융 등 4개의 플랫폼으로 구성돼 있고 전략은 한국 중견기업 연합회가, 인력은 키아트가, 마케팅은 KOTRA가, 그리고 금융은 기업, 우리, 신한은행으로 구성된 RCMS 금고 은행이 담당을 하며, 총괄 운영 및 관리는 산업통상자원부가 담당하는 명실상부한 전방위적인 운영 및 지원 프로그램입니다.

译文：支持候选企业的专业化跨国公司扶植项目是一个名副其实的全方位运营和扶植项目，由战略、人力资源、市场营销和金融四大平台构成。战略**由**韩国中坚企业联合会**负责**，人力资源**由**韩国产业技术振兴院**负责**，市场营销**由**KOTRA**负责**，金融由中小企业银行、友利银行以及新韩银行组成的清算银行负责，整体运营和管理由产业通商资源部负责。

视译译文

	断　　句	译　　文
1	후보 기업들을 지원하는	支持候选企业的
2	글로벌 전문기업 육성 프로그램은	专业化跨国公司扶植项目
3	크게 전략, 인력, 마케팅, 금융 등	由战略、人力资源、市场营销和金融
4	4개의 플랫폼으로 구성돼 있고	四大平台构成。
5	전략은 한국 중견기업 연합회가,	战略**由**韩国中坚企业联合会**负责**，
6	인력은 키아트가,	人力资源**由**韩国产业技术振兴院**负责**，
7	마케팅은 KOTRA가,	市场营销**由** KOTRA **负责**，
8	그리고 금융은 기업, 우리, 신한은행으로 구성된	金融由**中小企业银行、友利银行**以及新韩银行组成的
9	RCMS 금고 은행이 담당을 하며,	清算银行负责，
10	총괄 운영 및 관리는	整体运营和管理
11	산업통상자원부가 담당하는	由产业通商资源部负责，
12	명실상부한	是一个名副其实的
13	전방위적인 운영 및 지원 프로그램입니다.	全方位运营和扶植项目。

例句中介绍了分工，不同的工作由不同的部门负责，动词“담당하다”搭配多个短语，因此源语中省略了三处，此时译语需分别增补出来。此外，源语银行名称“기업”“우리”采用了缩略形式，因此最好增补出全称“中小企业银行”“友利银行”。如果不熟悉韩国国情，也有可能误译为“企业和我们”，因此需结合语境准确地理解源语，在译语中适当进行增补。

例13： 그는 지금도 이 복잡한 바이러스가 어떻게 확산되는지를 연구하고 있으나 불확실성이 여전히 많아 현재로서는 신뢰할 만한 **예측이** 어려운 상황이라고 덧붙였다.

译文： 他表示，目前仍在研究这个复杂的病毒是如何传播的，由于依然存在着许多不确定性，目前还很难**做出**可靠的**预测**。

视译译文

	断　　句	译　　文
1	그는	他表示，
2	지금도 이 복잡한 바이러스가	目前这个复杂的病毒
3	어떻게 확산되는지를	是如何传播的
4	연구하고 있으나	仍在研究当中，
5	불확실성이 여전히 많아	由于不确定性太大，

（续表）

	断　　句	译　　文
6	현재로서는	因此目前
7	신뢰할 만한 **예측이** 어려운	很难**做出**可靠的**预测**。
8	상황이라고 덧붙였다.	（省略）

例句中的“예측”是动名词，“예측이 어렵다”也可以译为“难以预测”，但由于源语中还有一个修饰词“신뢰할 만한”，翻译成“难以可靠预测”说不通，这里可以增补一个对动作进行补充说明的助动词“做出”。

例14： 중소 창업 벤처 기업들이 중견 기업으로 도약하기 위한 선순환의 성장 사다리 구축과 이렇게 성장한 중견 기업들이 세계시장에서 어깨를 겨눌 수 있는 세계적인 전문기업으로 도약할 수 있도록 **정책과 제도, 사회 시스템을 만들어주는** 것이 절대적으로 필요합니다.

译文： 必须要构建**帮助**中小风险创业企业跃升为中坚企业的良性循环增长阶梯，**制定政策、制度，构建社会系统**，使这样成长起来的中坚企业跻身于堪与国际市场平分秋色的专业化跨国公司。

视译译文

	断　　句	译　　文
1	중소 창업 벤처 기업들이	中小风险创业企业
2	중견 기업으로 도약하기 위한	要想跃升为中坚企业
3	선순환의 성장 사다리 구축과	需要为他们**构建良性循环增长阶梯**，
4	이렇게 성장한 중견 기업들이	这样成长起来的中坚企业
5	세계시장에서 어깨를 겨눌 수 있는	要想与国际市场平分秋色
6	세계적인 전문기업으로 도약할 수 있도록	跻身于专业化跨国公司，
7	**정책과 제도,**	**制定政策、制度，**
8	**사회 시스템을 만들어주는** 것이	**构建社会系统**
9	절대적으로 필요합니다.	是绝对必要的。

如果同一个动词无法和所有的宾语搭配，就需要根据使用习惯增补动词。例句中“만들어주다”修饰三个宾语“정책과 제도, 사회 시스템”，“만들다”本身是“制造、制定”的意思，但需要考虑与名词搭配是否贴切，“政策和制度”可以“制定”，但“社会系统”无法“制定”，需增补动词“构建”。

以上仅列举增补主语、增补说明、增补数量词和增补动词四种情况的例句进行了具体分析，在实际口译中增补的情况常见而多样，很难一一列出。有时候，源语中的一些隐含信息需要视情况做显化处理，一些模糊的信息需要明晰化，尤其是在顺句驱动策略下，单词的增补或重复作为一种有效的衔接手段广为使用，但具体还需要灵活掌握。

二、段落视译

| 中韩关系 |

韩　文	中文释义
한중 문화교류의 해	中韩文化交流年
신축년	辛丑
세 마리의 소 정신	三牛精神（指为民服务孺子牛、创新发展拓荒牛、艰苦奋斗老黄牛的精神）
혁신과 발전의 개척우	创新发展拓荒牛

한중 양국은 지난해 코로나19라는 위기 속에서도 긴밀히 협력해 왔으며, 특히, 양국은 경제·인적 교류 등 분야에서 모범적인 협력 사례를 만들어 왔다.

올해에도 코로나19 상황이 지속될 것으로 보이나, 한중 양국은 가까운 이웃나라로서 교류·협력 흐름을 지속 이어나가야 할 것이다. 최근 양국 정상은 2021-22년을 '한중 문화 교류의 해'로 선포하였는 바, 이는 양국 간 교류·협력을 한 차원 더 높은 수준으로 발전시켜 나가고자 하는 양국의 의지를 보여주는 것이다.

내년 한중 수교 30주년을 앞두고 모든 분야에서의 양국 간 협력을 강화해 나가기를 희망한다. 특히, 양국 민간 상호 이해 및 우호적 인식 증진이 도움이 되는 음악, 드라마, 영화, 관광 등 다양한 문화 분야에서의 협력 강화를 기대하고 있다. 이는 양국관계가 장기적·안정적으로 발전해 나가는 데 큰 도움이 될 것이다.

중국에서는 2021년 신축년 소의 해를 맞아 '세 마리의 소 정신'을 강조하고 있는 것으로 알고 있다. 올 한해 '혁신과 발전의 개척우'의 정신을 발휘하여 보다 다양한 분야에서의 양국 간 교류·협력을 발전시켜 나가길 희망한다.

中韩两国在去年的新冠疫情危机中始终密切合作，特别是在经济和人员交流等领域树立了合作的典范。

今年预计新冠肺炎疫情仍将持续，但中韩两国作为近邻，应继续保持交流与合作势头。最近，两国领导人宣布2021至2022年为"中韩文化交流年"，这表明了两国推动交流与合作迈上新台阶的意愿。

明年即将迎来中韩建交30周年，我们希望继续加强双方在各领域的合作，特别是希望加强音乐、电视剧、电影、旅游等文化领域的合作，以助推增进两国民间的相互理解与友好认知，这将极大地促进两国关系长期稳定发展。

据我所知，中国在庆祝2021年辛丑牛年时强调“三牛精神”，希望今年双方发挥“创新发展拓荒牛”精神，在更多的领域推动中韩交流合作的发展。

——选自韩国驻华大使张夏成接受中央电视台采访内容

视译译文

	断　　句	译　　文
1	한중 양국은	中韩两国
2	지난해 코로나19라는 위기 속에서도	在去年的新冠疫情危机中
3	긴밀히 협력해 왔으며,	一直在密切合作，
4	특히, 양국은 경제・인적 교류 등 분야에서	特别是在经济和人文交流等领域
5	모범적인 협력 사례를 만들어 왔다.	树立了合作的典范。
6	올해에도 코로나19 상황이	今年新冠肺炎疫情
7	지속될 것으로 보이나,	预计仍将持续，
8	한중 양국은 가까운 이웃나라로서	但中韩两国作为近邻，
9	교류·협력 흐름을 지속 이어나가야 할 것이다.	应继续保持交流与合作势头。
10	최근 양국 정상은	最近，两国领导人
11	2021-22년을 ‘한중 문화 교류의 해’로 선포하였는바,	宣布 2021 至 2022 年为“中韩文化交流年”，
12	이는 양국 간 교류·협력을	这说明了两国交流与合作
13	한 차원 더 높은 수준으로 발전시켜 나가고자 하는	要提升到一个新台阶，
14	양국의 의지를 보여주는 것이다.	表明了两国的意愿。
15	내년 한중 수교 30주년을 앞두고	明年即将迎来中韩建交 30 周年，
16	모든 분야에서의	在各领域
17	양국 간 협력을 강화해 나가기를 희망한다.	我们都希望继续加强双方的合作，
18	특히, 양국 민간 상호 이해	特别是对两国民间的相互理解
19	및 우호적 인식 증진이 도움이 되는	与友好认识有促进作用的
20	음악, 드라마, 영화, 관광 등	音乐、电视剧、电影、旅游等
21	다양한 문화 분야에서의	文化领域，
22	협력 강화를 기대하고 있다.	希望双方加强合作。
23	이는 양국관계가	这对于两国关系
24	장기적·안정적으로 발전해 나가는 데	长期稳定的发展，
25	큰 도움이 될 것이다.	将起到极大的促进作用。

（续表）

	断　句	译　文
26	중국에서는	中国
27	2021년 신축년 소의 해를 맞아	在庆祝 2021 年牛年时
28	'세 마리의 소 정신'을 강조하고 있는 것으로 알고 있다.	强调"三牛精神"，
29	올 한해	希望今年
30	'혁신과 발전의 개척우'의 정신을 발휘하여	双方发挥"创新发展拓荒牛"精神，
31	보다 다양한 분야에서의	在更多的领域
32	양국 간 교류·협력을 발전시켜 나가길 희망한다.	推动中韩交流合作的发展。

三、实战练习

韩　文	中文释义
견인하다(牽引--)	拉动、带动
육·해상 신 실크로드 경제 벨트	"一带一路"
아시아인프라개발은행(AIIB)	亚投行
아시아 태평양 자유무역지대(FATTP)	亚太自由贸易区
금융 불안	金融动荡
실물 경제	实体经济
WB	世界银行
펀더멘털(fundamental)	基本面
과열되다(過熱--)	过热
경착륙(硬着陸)	硬着陆
연착륙(軟着陸)	软着陆
근접성(近接性)	相近、接近
청산은행	清算银行
위안화 역외 허브	人民币离岸交易中心
중간재(中間財)	中间产品
균형추(均衡錘)	均衡锤
유감없이(遺憾--)	毫无遗憾地、淋漓尽致地、充分地、尽情地

안녕하십니까?

진짜 앞에 민 대표님과 정우택 위원장님이 말씀대로 좋은 날씨에, 좋은 또 중국 경제를 다시 한 번 우리가 생각할 수 있는 좋은 기회에 이런 세미나 콘퍼런스를 열어주어서 대단히 감사의 말씀을 드립니다.

특히, 올해로서 세 번째 맞는 뉴스핌 '중국 포럼'은 상당한 의미가 있다고 생각합니다.

최근 G2로 자리매김한 중국 경제의 다양한 이해 관계가 글로벌 경제와 금융 시장에 큰 불확실성을 야기시키고 있는 상황 속에서 오늘 중국 경제 포럼을 통해서 우리들이 많은 것을 생각하고 준비할 수 있을 것이라고 생각합니다.

이러한 소중한 논의의 장을 마련해 주신 뉴스핌 민병복 대표님과 관계자 여러분께도 감사와 축하의 말씀을 전해드립니다.

이제는 모든 사람에게 익숙해진 '신창타이', 신창타이가 중국 경제의 새로운 성장 패러다임이라는 것을 여러분께서도 익히 잘 알고 계실 것입니다. 두 자리의 고속 성장을 거듭해 온 중국 경제가 더 이상 '성장률'에 집착하지 않고, '온중구진' 즉, 안정 속에서 지속 가능한 성장을 유지해 나가겠다는 새로운 성장 전략입니다.

이는 수출과 투자가 주도해온 고도 성장 전략을 내수와 소비가 주도하는 안정화된 성장으로 전환하는 것이며 제조업과 부동산으로 이루어진 성공 모델에서 전략적 신흥 산업과 서비스 산업이 새로운 성장 동력이 되어 지속 가능한 성장을 견인할 수 있도록 경제와 산업구조를 개혁하는 것을 의미하는 것입니다.

신창타이는 여기에 그치지 않습니다. 육·해상 신 실크로드 경제 벨트 구축을 위한 일대일로 전략과 아시아인프라개발은행(AIIB) 출범, 아시아-태평양 자유무역지대(FATTP)를 주창하는 중국의 글로벌 신경제 구상 역시 뉴노멀 시대를 맞은 중국의 야심찬 미래 성장 전략의 선언으로 볼 수 있겠습니다.

그러나 최근 증시의 불안한 상황은 중국 정부의 각종 시장 안정화 대책에도 불구하고 글로벌 금융 시장의 리스크 요인으로 작용하고 있습니다. 이는 금융 불안이 실물 경제의 침체로까지 확대될 수 있다는 중국 경제의 위기설마저 불러일으키고 있습니다.

실제로 수출이 감소되고 있고, 제조업PMI 지수 하락 등 중국의 여러 경제 지표들이 부진하고 있는 상황이며 중국 경제가 더 이상 7%대의 고도 성장을 달성하기 어려울 것이라는 부정적인 전망이 IMF를 비롯한 WB 등 다양한 경제 연구 기관에서 나오고 있는 상황입니다.

그러나 중국의 최근 증시 하락은 펀더멘털의 변화를 반영하기 보다는 과열된 주식시장의 조정 과정으로 보는 것이 맞을 것 같습니다. 중국 부동산 시장의 회복세, 중국정부의 재정 여력 등을 고려 시 중국 경제의 경착륙 가능성은 제한적일 것이라고 생각합니다.

중국은 이제 전 세계 GDP의 14%를 차지하는 세계 2위의 경제 대국, G2로 부상하였습니다. 시장에서 종종 회자되어 쓰이고 있는 '중국 경제가 기침하면 세계 경제가 몸살을 앓는다'는 말을 실감하고 있는 요즘이기도 합니다.

이제 세계의 눈과 귀는 중국 경제가 새로운 위기와 도전을 극복하고 신창타이로의 연착륙에 성공할 것인가에 쏠려 있으며, 이는 중국의 새로운 미래 성장 전략의 큰 시험대가 될 것입니다. 한국 경제의 미래를 좌우할 것으로 생각합니다.

내외귀빈 여러분!

한국과 중국의 경제 협력은 1992년 국교 정상화 이후 눈부시게 발전해 왔습니다. 작년 양국 간의 교역량은 2,354억 달러를 기록하며 중국은 한국의 최대 수출국으로 한국의 중국의 3대 교역국으로 자리 잡게 되었습니다.

이제 양국 경제는 지리적인 근접성만큼이나 밀접하게 연결되어 있다고 할 수 있겠습니다. 따라서 이 같은 중국 성장전략의 변화가 우리경제에 가져올 다양한 위험과 기회를 예측하고 대응해 나가는 것은 미래 잠재되어 있는 리스크를 최소화하고 新시장을 창출해 나갈 수 있는 중요한 첫걸음이 될 것입니다.

우리 정부도 신창타이에 기반한 중국의 글로벌 신경제 구상을 저성장의 위험에 처한 우리 경제의 기회 요인으로 선점하고자 발 빠르게 대응해왔습니다. 작년 11월 위안화 청산 은행을 출범시키고, 이어 위안화 직거래 시장을 개설하는 등 위안화 역외허브 조성을 위한 인프라 구축을 위해 노력하고 있습니다.

아시아 인프라투자개발은행(AIIB)에 참여하기로 한 결정도 같은 맥락입니다. 중국정부의 역점 사업인 일대일로와 인프라 건설을 중점 지원하는 AIIB와의 시너지 효과로 아시아 지역에 건설·통신·교통 등 대형 인프라 건설시장이 열릴 것으로 예상하고 있습니다.

이에 따라 정부는 기업, 금융 기관과 밀접한 협력 체제를 구축하여 유망한 비즈니스 모델을 발굴하고 종합적인 자금 지원 방안을 마련하는 'Korean Package'를 마련하여 운영해 나갈 것입니다.

또한, 중국의 수입수요가 중간재에서 화장품, 의류 등 소비재로 빠르게 전환되고 있음을 주목할 필요가 있습니다. 중국이라는 14억 소비 시장에서 우리 기업들이 새로운 기회를 찾을 수 있도록 알리바바 T-Mall의 한국관 개설하는 등 전자상거래 채널을 구축하는 등 지원 방안도 마련해 나가고 있습니다.

특히, 작년 11월에 타결된 한중 FTA는 중국이라는 거대 시장을 우리의 제 2의 내수시장으로 선점할 수 있는 좋은 기회를 제공해 줄 것이라고 생각합니다. 정부가 위안화 인프라 구축, AIIB 가입, 그리고 한중 FTA 타결로 뉴노멀 시대의 중국으로 통하는 새로운 길을 열었다면, 이제는 우리의 수출 및 투자 기업과 금융 회사들이 중국 내수 시장을 누비며, 아직 그 누구의 것도 아닌 기회를 우리의 것으로 만들어야 된다고 생각합니다.

존경하는 참석자 여러분! 불확실한 미래에 대한 가장 확실한 예측 방법은 바로 '미래를 만들어 가는 것'이라고 합니다.

글로벌 시장의 균형추를 움직이는 중국 경제 새로운 변화에 능동적으로 대처하면서 미래를 준비하는 노력을 해 나간다면 현재 중국에 불고 있는 대변혁의 과정 속에서 우리는 또 다른 기회를 찾아낼 수 있을 것이라고 생각합니다.

오늘 세미나를 통해 우리가 나아가야 할 방향을 위해 여러분들의 지식과 통찰력을 유감없이 보여주시길 부탁드리겠습니다. 감사합니다.

——중국 포럼 축사

难句解析与视译处理

句1： 이는 수출과 투자가 주도해온 고도 성장 전략을 내수와 소비가 주도하는 안정화된 성장으로 전환하는 것이며 제조업과 부동산으로 이루어진 성공 모델에서 전략적 신흥 산업과 서비스 산업이 새로운 성장 동력이 되어 지속 가능한 성장을 견인할 수 있도록 경제와 산업구조를 개혁하는 것을 의미하는 것입니다.

译文： 这意味着进行经济和产业结构改革是为了将一直以来出口和投资主导的高增长战略转变为内需和消费主导的稳增长，改变过去制造业和房地产带动的成功模式，使战略性新兴产业和服务业成为新增长动力，带动可持续发展。

视译译文

	断　句	译　文
1	이는	这意味着，
2	수출과 투자가 주도해온	一直由出口和投资主导的
3	고도 성장 전략을	高增长战略
4	내수와 소비가 주도하는	朝着内需和消费主导的
5	안정화된 성장으로 전환하는 것이며	稳增长转换，
6	제조업과 부동산으로 이루어진	制造业和房地产带动的
7	성공 모델에서	成功模式要发生变化，
8	전략적 신흥 산업과 서비스 산업이	战略性新兴产业和服务业
9	새로운 성장 동력이 되어	成为新增长动力，
10	지속 가능한 성장을 견인할 수 있도록	带动可持续发展，
11	경제와 산업구조를 개혁하는 것을 의미하는 것입니다.	这就是经济和产业结构改革的目的。

句2: 이에 따라 정부는 기업, 금융 기관과 밀접한 협력 체제를 구축하여 유망한 비즈니스 모델을 발굴하고 종합적인 자금 지원 방안을 마련하는 'Korean Package'를 마련하여 운영해 나갈 것입니다.

译文: 为此，政府将筹建和运行一个"Korean Package"，以便和企业、金融机构建立密切的合作机制，开发有潜力的商业模式，制定综合性的资金支持方案。

视译译文

	断句	译文
1	이에 따라 정부는 기업, 금융 기관과	为此，政府将企业、金融机构
2	밀접한 협력 체제를 구축하여	建立密切的合作机制，
3	유망한 비즈니스 모델을 발굴하고	开发有潜力的商业模式，
4	종합적인 자금 지원 방안을 마련하는	制定综合性的资金支持方案。
5	'Korean Package'를 마련하여 운영해 나갈 것입니다.	将筹建和运行这样一个"Korean Package"。

四、自主练习

韩文	中文释义
전례 없다	史无前例、前所未有
모멘텀(momentum)	势头、动力
신속 통로	快捷通道
재개하다(再開--)	重启、重开、再开
다각화하다(多角化--)	多边化、多样化
유망(有望)	有希望、有发展
포착하다(捕捉--)	抓住、掌握、把握
강점(强點)	优势、长处、优点
금일(今日)	今日、今天

반갑습니다. 산업통상자원부 장관 성윤모입니다. 제8회 뉴스핌 중국포럼 개최를 축하드립니다.

최근 세계 경제는 전례 없는 어려움에 놓여 있습니다. 보호무역주의가 강화되는 가운데 코로나19가 확산되면서 인적 교류는 제한되고 글로벌 교역은 위축되고 있습니다.

이런 어려운 상황에서 한중 양국은 경제 협력의 모멘텀을 이어가며, 위기 극복을 위한 공동 노력을 추진하고 있습니다. 양국이 세계 최초로 도입한 '신속 통로' 제도는 양국 기업인의 원활한 이동을 가능하게 하였습니다. 기업은 조업과 투자 활동을 재개할 수 있었고, 코로나19로 인한 부정적인 영향을 줄일 수 있었습니다.

위기 상황에서 보여준 신속하고 적극적인 협력을 계기로 삼아, 한중 양국은 인적, 물적 교류를 보다 확대해 나가면서, 코로나 이후 시대를 준비해 나가야 할 것입니다. 뉴노멀로 불리는 새로운 대외 환경은 위기이면서 기회이기도 합니다.

우선, 양국간 무역과 협력 구조를 다각화해야 합니다. 반도체, 기계 등 주력산업 중심에서 미래차, 바이오 등 신산업 분야로 확대해야 하며, 교역 품목도 중간재 중심에서 화장품, 생활용품 등 소비재 등으로 지속적으로 넓혀 나가야 할 것입니다.

또한 4차 산업혁명 기술의 발전과 함께 코로나19로 급속하게 확대되고 있는 디지털 전환과 비대면 경제는 양국이 새롭게 협력할 수 있는 분야입니다. 한국의 창의적이고 우수한 문화 콘텐츠와 중국의 거대한 디지털 플랫폼의 결합은 양국이 협력할 수 있는 유망 분야이며, 세계시장에 함께 진출할 수 있을 것입니다.

우리 정부는 기업인 여러분이 새로운 변화에 대응하고, 기회를 포착할 수 있도록 활발히 소통하고, 적극 지원해 나가도록 하겠습니다.

코로나19 장기화로 인하여 세계 경제의 불확실성은 커져 가고 있습니다. 하지만 서로의 강점을 살려서 시너지를 발휘해 나간다면 양국 관계는 코로나 이후 시대에서도 지속적으로 발전해 나갈 수 있을 것입니다.

금일 포럼에서 양국의 협력에 대한 건설적 논의가 이루어질 것으로 기대하며 참석하신 모든 분들의 건강과 사업의 건승을 기원합니다. 감사합니다.

——뉴스핌 중국 포럼 축사

第十课

省略

口译主题｜疫后经济

段落视译｜疫后中国共享经济市场

实战练习｜한국포럼 개막식 축사

自主练习｜KDI, 코로나19 이후, 한국 경제 3가지 시나리오

一、技巧讲解

经过反复推敲写成的文稿大部分内容都是经过提炼润色的，冗余信息较少。不过，有时候发言人可能会中途即兴发挥，这时候的内容就有可能产生一些冗余信息。不过，从源语角度看，冗余是重要的句法手段，也是交际中不可或缺的语篇、语用策略。从语言结构看，冗余是语篇衔接手段。形态型语言冗余多，而语义型语言冗余相对较少。从语用角度看，冗余是获得表达效果的手段。

同样，经济原则也是重要的句法、语篇、语用手段，经济原则的表现形式之一就是省略。韩礼德和哈桑把省略作为重要的衔接手段来论述，认为省略也是形式手段。吉利恩·布朗和乔治·尤尔在论述省略的衔接功能时特别提出了省略和语篇连贯的关系，从语义、主题和外部因素几方面阐述了省略在语篇中的连贯过程。

冗余和经济在句法结构中恰好是一对矛盾，但在语义结构中则未必如此。一个冗余多的句子和一个精炼的句子完全有可能共享一个语义结构。在语言哲学家格莱斯提出的交际合作原则中，这两个策略属于方式总则下的次则。方式总则要求说话要清楚明白、直截了当。这一总则之下的几个次则分别是：（1）避免晦涩、模糊；（2）避免歧义；（3）避免啰唆，要尽量简练；（4）井井有条。

冗余在满足构句需要的同时可以提高句意的明晰度，但这并不等于说冗余越多越好，因为过度冗余也会增加交际负担，表现为枝词蔓语，结构松散，这也会影响句意明晰度。而说话过于讲究经济，话语就晦涩。把握冗余的适性，可以说就是在次则1和次则3之间寻求平衡。为此，话者总是一方面利用冗余信息，另一方面又遵守着“经济原则”。冗余与经济这两个对立的原则始终围绕着交际需要寻求着和谐的统一。

体现在口译中，从译语的角度看，“冗余”体现为译语中的“增补”技巧，是通过增补一些适当的信息来提高译语的清晰度；而“经济”则体现为译语中的“省略”技巧，是在不影响信息传达的前提下省略一些信息，使译语的表述更加简洁。

韩中口译的省略技巧可以应用于以下几种情况：陈述观点、描述状态、前后重复、冗余信息。

1 陈述观点

韩语的句尾常常体现出对个人观点的描述，对这样的描述，汉译时省略也无伤大雅。尤其是韩语的谓语常常出现在句末，根据顺句驱动原则，如果最后再翻译出来，反而有画蛇添足之嫌。

例1: 2016 포럼은 2015년 11월 개최된 제6차 3국 정상 회담의 정신을 이어 받아 3국 간의 이해와 협력을 증진시키기 위해 마련된 **것으로 알고 있습니다.**

译文: 2016年论坛旨在落实2015年11月第六次中日韩领导人会议的精神，增进三国之间的理解、促进合作。

视译译文

	断　句	译　文
1	2016 포럼은	2016 年论坛
2	2015년 11월 개최된	是根据 2015 年 11 月
3	제6차 3국 정상 회담의 정신을 이어 받아	第六次中日韩领导人会议的精神，
4	3국 간의 이해와 협력을 증진시키기 위해	为了增进三国之间的理解、促进合作
5	마련된 **것으로 알고 있습니다.**	而举办的。

句末的“ㄴ/은 것으로 알고 있다”如果翻译出来就是“据我所知是这样”“我们知道”，由于前面已经充分表达出了个人观点，这里可以省略不译。

例2: 전체적인 생태계를 보고 역할 분담에 대해서도 조금 더 고민이 돼야 되는 것이 아니냐 **이런 부분들을 우리가 볼 수가 있겠습니다.**

译文: 我们应该根据整个生态系统进一步考虑如何分工。

视译译文

	断　句	译　文
1	전체적인 생태계를 보고	根据整个生态系统，
2	역할 분담에 대해서도	对于分工
3	조금 더 고민이 돼야 되는 것이 아니냐	也应该进一步考虑。
4	**이런 부분들을 우리가 볼 수가 있겠습니다.**	（省略）

“볼 수가 있겠습니다”也是韩语口语中常见的一种陈述观点的方式，汉译是“可以认为”，翻译时大多置于句首。若放在句尾，则可以译成“可以这么认为”。上述例句总体而言，前面的意思既已表达完整，这句话便显得多余，故可省略不译。

例3: 이게 어떻게 보면 4차 산업혁명 시대를 맞이해 가는 보건 의료 쪽에서 준비해가는 그런 과제의 하나가 아닌가 **이렇게 생각을 하고 있습니다.**

译文: 从某种意义上说，这正是医疗卫生领域迎接第四次工业革命时代面临的任务之一。

视译译文

	断　句	译　文
1	이게 어떻게 보면	从某种意义上来说，
2	4차 산업혁명 시대를 맞이해 가는	面对第四次工业革命时代，
3	보건 의료 쪽에서	这是医疗卫生领域
4	준비해가는 그런 과제의 하나가 아닌가	面临的任务之一。
5	**이렇게 생각을 하고 있습니다.**	（省略）

句末的“이렇게 생각을 하고 있습니다”翻译过来就是“我这么想”“我这样认为”。在口语中，演讲人大部分都是在陈述个人观点，因此这个短语可以省略不译。

例4：하지만, 오늘날 정보 통신 기술의 발달로 진화되고 있는 커뮤니케이션 양식과 이와 더불어 새롭게 등장하고 있는 “관계의 힘”을 감안할 때 대화형 공공 외교를 협력적 공공 외교로 격상시키는 중요성과 효과성이 부각되고 있음을 **지적하지 않을 수 없습니다.**

译文：然而，需要指出的是，鉴于沟通方式因信息通信技术的进步而不断演变，以及随之而新出现的“关系力量”，公共外交从对话型提升为合作型的重要性和实效性正在凸显出来。

视译译文

	断　句	译　文
1	하지만,	然而，
2	오늘날 정보 통신 기술의 발달로	随着信息通信技术的进步
3	진화되고 있는 커뮤니케이션 양식과	沟通方式不断演变，
4	이와 더불어 새롭게 등장하고 있는	以及随之而新出现的
5	“관계의 힘”을 감안할 때	“关系力量”，考虑到这些，
6	대화형 공공 외교를	对话型公共外交
7	협력적 공공 외교로 격상시키는	应提升为合作型公共外交，
8	중요성과 효과성이 부각되고 있음을	其重要性和实效性日益凸显。
9	**지적하지 않을 수 없습니다.**	（省略）

2 描述状态

韩语中有几种常用的描述状态的表达方式，同样也出现在句末，在视译或同传中同样可以省略不译。

例5： 많은 현실주의적 전문가들이 우려하듯 지금 동북아의 국제정세는 불안하고 불확실한 **것이 사실입니다**. 언제 관계가 악화될지 모르는 **상태이기도 합니다**.

译文： 正如许多现实主义专家所担忧的，目前东北亚的国际局势**的确**动荡不安，充满不确定性，**处于**关系随时都有可能恶化**的状态**。

视译译文

	断　句	译　文
1	많은 현실주의적 전문가들이 우려하듯	正如许多现实主义专家所担忧的，
2	지금 동북아의 국제정세는	目前东北亚的国际局势
3	불안하고 불확실한 **것이**	动荡不安，充满了不确定性，
4	**사실입니다.**	（省略）
5	언제 관계가 악화될지 모르는	关系随时都有可能恶化。
6	**상태이기도 합니다.**	（省略）

例句中有两处描述状态的表达，一处是“사실입니다”，另一处是“상태이기도 합니다”。笔译或交传是听完整个句子再翻译，可以在译语中体现出来。但在视译或同传中，由于这种描述出现在句末，如果在句末加上“这是事实”“处于这种状态”，反而给人以画蛇添足之感，因此不如省略不译。

例6： 이제는 가상과 현실의 경계가 더 이상 유지되기 굉장히 힘든 **그런 시대가 된 것이죠**. 그래서 새로운 서비스 경험을 제공해 주는 그 것이 정말 절실하게 필요한 **시대가 된 것입니다**.

译文： **当今这个时代**虚拟和现实已经很难区分开来，因此迫切需要提供一种新的服务体验。

视译译文

	断　句	译　文
1	이제는 가상과 현실의 경계가	**如今**虚拟和现实
2	더 이상 유지되기 굉장히 힘든	已经很难区分开来，
3	**그런 시대가 된 것이죠.**	（省略）
4	그래서 새로운 서비스 경험을 제공해 주는	因此提供一种新的服务体验，
5	그 것이 정말 절실하게 필요한	已经迫在眉睫。
6	**시대가 된 것입니다.**	（省略）

源语是一个长定语形式，“시대가 된 것이죠”“시대가 된 것입니다”都是强调现在和过去不同，在交传和笔译中可以处理为“当今这个时代”。在视译或同传中，也可以处

理为复指形式“已经到了这样的时代”，但是不翻译出来未必影响源语信息的表达，因为整个句子都在说不同于过去的新变化，也可以在最后补译一句“时代已经不同了”。

例7：反면 60세 이상 가구의 연간 소득이 50대 소득의 절반 수준에 불과하고 국민연금의 실질소득 대체율이 25%에도 미치지 못하고 있어서 사회 전반적으로 고령화에 대한 준비가 미흡한 실정입니다.

译文：然而，60岁以上家庭年均收入仅为50~60岁家庭的一半，养老金实际替代率不到25%，整个社会应对老龄化的准备不足。

视译译文

	断　句	译　文
1	반면 60세 이상 가구의 연간 소득이	然而，60 岁以上家庭年均收入
2	50대 소득의 절반 수준에 불과하고	仅为 50~60 岁家庭的一半，
3	국민연금의 실질소득 대체율이	养老金实际替代率
4	25%에도 미치지 못하고 있어서	不到 25%，
5	사회 전반적으로	整个社会
6	고령화에 대한 준비가 미흡한	应对老龄化的准备不足。
7	실정입니다.	（省略）

“ㄴ/은 실정이다”是描述现状，表示实际情况如何，与前面的“사실이다”相似，可以省略不译。

3 前后重复

有些句子前后表述重复，而同样的信息并不需要重复翻译，此时可以适当省略。

例8：동북아 3국은 공공 외교적 측면에서 서로 윈윈할 수 있는 부분이 많은 나라들입니다. 오늘날 마찰과 갈등만을 반복하고 있는 것으로 여겨지는 동북아 외교 안보 상황에 요청되는 것이 공공 외교의 필요성입니다.

译文：在公共外交方面，中日韩三国在很多领域都可以实现共赢。今天摩擦与冲突不断的东北亚外交安全形势需要公共外交发挥作用。

视译译文

	断　句	译　文
1	동북아 3국은	中日韩三国
2	공공 외교적 측면에서	在公共外交方面，
3	서로 윈윈할 수 있는 부분이 많은	在很多领域都可以实现共赢。
4	**나라들입니다.**	（省略）
5	오늘날 마찰과 갈등만을 반복하고 있는 것으로 여겨지는	如今外交摩擦与冲突不断
6	동북아 외교 안보 상황에	东北亚这种安全形势，
7	요청되는 것이 공공 외교의 **필요성입니다.**	需要公共外交发挥作用。

例句中有两处重复，一处是“3국은 ……나라들입니다”，另一处是“요청되는 것은 ……필요성입니다”。直译过来分别是“三国是……的国家”“要求的是……的必要性”，这里无须保留原句型，只译一处即可。

例9： 다보스 포럼에서 **애기했던** 슈밥 회장의 금년 초에 한 애깁니다. 금년에 초등학교로 들어오는 일곱 살짜리 애들이 나중에 잡마켓에 나갈 때즈음에는 그 학생 중의 65%는 지금은 있지도 않은 일에 종사하게 될 것이다 **이런 애기를 했습니다.**

译文： 施瓦布主席今年年初在达沃斯论坛上**曾说**，今年上小学的7岁孩子们将来就业的时候，其中65%都会从事目前不存在的工作。

视译译文

	断　句	译　文
1	다보스 포럼에서 **애기했던**	在达沃斯论坛上
2	슈밥 회장의 금년 초에 한 애깁니다.	施瓦布主席今年年初表示，
3	금년에 초등학교로 들어오는 일곱 살짜리 애들이	今年上小学的 7 岁孩子们
4	나중에 잡마켓에 나갈 때즈음에는	将来就业的时候，
5	그 학생 중의 65%는	其中 65%
6	지금은 있지도 않은 일에 종사하게 될 것이다	都会从事目前不存在的工作。
7	**이런 애기를 했습니다.**	（省略）

例句中前后有两次“애기”，可以只译一处。

例10： **전반적으로 보시면** 병원에서 이루어지는 게 10%밖에 안 되기 때문에 거의 대부분의 결정적인 것들은 병원에 가기 전에 이 60%가 다 **설명하고 있다 이렇게 보시면 되겠습니다.**

译文： 总体来看，住院治疗对健康的影响只占10%，主要还是取决于去医院之前的60%。

视译译文

	断　句	译　文
1	전반적으로 보시면	总体来看，
2	병원에서 이루어지는 게	住院治疗对健康的影响
3	10%밖에 안 되기 때문에	只占 10%，
4	거의 대부분의 결정적인 것들은	大部分决定性因素
5	병원에 가기 전에 이 60%가	都在于
6	다 설명하고 있다 이렇게 보시면 되겠습니다.	去医院之前的 60%。（省略）

例句中重复出现的“보시면”，表示“可以这样认为”，可以省略不译。

4 冗余信息

此处的冗余信息是指演讲人一些习惯性的口头语或韩语常用于句末表示一句话结束的部分，这种赘语在口语中很常见，翻译的时候可以省略，只保留核心信息。

例11：이제 클라우스 슈밥이라는 사람, 그 회장님께서 이제 애기를 하실 때, 이제 4차 산업혁명의 룰이 이제 완전히 바뀐다라는 그런 애기들을 이제 하고 계신 것 같습니다.

译文：克劳斯·施瓦布主席曾经说过，如今第四次工业革命的规则完全变了。

视译译文

	断　句	译　文
1	이제 클라우스 슈밥이라는 사람,	克劳斯·施瓦布主席
2	그 회장님께서 이제 애기를 하실 때,	曾经说过，
3	이제 4차 산업혁명의 룰이	如今第四次工业革命的规则
4	이제 완전히 바뀐다라는	完全变了。
5	그런 애기들을 이제 하고 계신 것 같습니다.	（省略）

口译过程中从大量的信息中去除冗余，提炼核心是译员的必备能力，从例句中可以看出，“이제”是发言人的口头语，表达重复啰唆，没有实质意义，可以全部省略。

例12：아까 뉴노멀에 대해서도 말씀을 드렸습니다만 '이런 부분들은 우리가 주목할 필요가 있다' 이제 보여집니다.

译文：刚才我谈到了“新常态”，这些内容值得我们关注。

视译译文

	断　　句	译　　文
1	아까 뉴노멀에 대해서도 말씀을 드렸습니다만	刚才我谈到了“新常态”，
2	‘이런 부분들은	这些内容
3	우리가 주목할 필요가 있다’	值得我们关注。
4	**이제 보여집니다.**	（省略）

句末的“이제 보여집니다”是韩语口语句末常用的表达方式，表示结束，大多可以省略不译。

例13： 저기 보시는 것처럼 에코 룩 같은 경우에는 인공 지능과 관련돼서 사실은 사용자의 수요에 맞게끔 옷이나 피팅에 관련된 서비스도 거꾸로 제안을 하고 **뭐 이런 부분들이 굉장히 있다는 거죠.**

译文： 可以看到，Echo Look可以利用人工智能，根据用户需要提供推荐服装、试穿等相关服务，还能反过来给出建议。

视译译文

	断　　句	译　　文
1	저기 보시는 것처럼	可以看到，
2	에코 룩 같은 경우에는	Echo Look
3	인공 지능과 관련돼서	利用人工智能，
4	사실은 사용자의 수요에 맞게끔	可以根据用户需要
5	옷이나 피팅에 관련된 서비스도	提供推荐服装、试穿等相关服务，
6	거꾸로 제안을 하고	还能反过来提建议。
7	**뭐 이런 부분들이 굉장히 있다는 거죠.**	（省略）

“이런 부분들이 굉장히 있다”用来强调“Echo Look”的独特功能，也是结束这句话的句末表达方式。前面已经说明了具体功能，此处可以省略不译。

以上分为陈述观点、描述事实、前后重复和冗余信息四种类型简单介绍了口译中的省略译法。省略译法仅仅反映了翻译策略的表面现象，其实质应是“减词不减意”，词汇句法层的减词仅仅出于译语表达简洁明确的需要，并不影响对源语信息的表达。

省略分为结构性省略和功能性省略，以上四种情形中，前两种属于结构性省略，两种语言表达习惯因素居多，即便不按字面译出，源语的含义也已经内化于译语之中，字面上表现为减词，实际上只是表述方式的改变。

后两种属于功能性省略，删除妨碍目的语表达的口头语、重复及冗余信息，化显为隐。正确得体地使用省略译法，译语不仅不会丢失源语的信息，而且还能保证译语的流畅度，提高译语的准确度。

二、段落视译

| 疫后中国共享经济市场 |

韩　　文	中文释义
공유 경제(共有經濟)	共享经济
연간 보고서	年度报告
거래액(去來額)	交易额
동기 대비	同比
복원력(復元力)	韧性
모빌리티(mobility)	移动出行、智慧出行
호조(好調)	景气、好兆头、好势头

《중국 공유 경제 발전 연간 보고서(2021)》에 따르면 2020년 중국 공유 경제 시장 거래액은 약 3조 3773억 위안으로 전년도 동기 대비 2.9% 증가했다. 《보고서》는 코로나19 충격 속에서 공유 경제로 대표되는 중국의 신업태・신모델의 거대한 발전 잠재력과 복원력이 드러났다고 밝혔다.

코로나19가 각 분야 공유 경제에 미친 영향은 현저한 차이를 보였고, 이는 분야별 발전 불균형 상황을 더 악화시켰다. 지식·기능 및 공유 의료 분야의 시장 규모는 큰 폭으로 성장해 전년도 동기 대비 각 30.9%와 27.8%씩 성장했다. 공유 숙박·오피스·모빌리티 등 오프라인 거래 단계가 포함된 분야의 시장 규모는 전년도 대비 현저히 감소했고 감소율은 각각 29.8%, 26%, 15.7%였다. 생활 서비스 분야는 전년도 대비 6.5% 감소했다.

《보고서》는 코로나19 여파에도 중국의 취업 상황이 전반적으로 안정되고 예상보다 호조를 보이는 것은, 취업 보장 정책 시행과 연관이 있으며 공유 경제 발전으로 일자리가 많이 생겼기 때문이라고 진단했다.

《中国共享经济发展年度报告（2021）》显示，2020年中国共享经济市场交易额约为33,773亿元，同比增长2.9%。报告认为，疫情冲击下，以共享经济为代表的中国新业态新模式表现出巨大的韧性和发展潜力。

疫情对不同领域共享经济产生的影响明显不同，使得不同领域发展不平衡情况更加突出。知识技能、医疗共享等领域的市场规模大幅增长，同比分别增长30.9%和27.8%；共享住宿、共享办公、交通出行等需要通过线下活动完成交易闭环的领域市场规模同比显著下降，降幅分别为29.8%、26%和15.7%；生活服务领域同比下降6.5%。

报告认为，疫情冲击下中国就业形势总体稳定并好于预期，是因为保就业政策的实施，以及共享经济发展提供了大量就业岗位。

视译译文

	断 句	译 文
1	《중국 공유 경제 발전 연간 보고서(2021)》에 따르면	《中国共享经济发展年度报告(2021)》显示，
2	2020년 중국 공유 경제 시장 거래액은	2020 年中国共享经济市场交易额
3	약 3조 3,773억 위안으로	约为 33,773 亿元，
4	전년도 동기 대비 2.9% 증가했다.	同比增长 2.9%。
5	《보고서》는	报告认为，
6	코로나19 충격 속에서	疫情冲击下，
7	공유 경제로 대표되는	以共享经济为代表的
8	중국의 신업태·신모델의	中国新业态新模式
9	거대한 발전 잠재력과 복원력이 드러났다고 밝힘.	表现出巨大的韧性和发展潜力。
10	코로나19가	疫情
11	각 분야 공유 경제에 미친 영향은	对不同领域共享经济产生的影响
12	현저한 차이를 보였고,	明显不同，
13	이는 분야별 발전 불균형 상황을	使得不同领域发展不平衡情况
14	더 악화시켰다.	更加突出。
15	지식·기능 및 공유 의료 분야의	知识技能、医疗共享等领域的
16	시장 규모는	市场规模
17	큰 폭으로 성장해	大幅增长，
18	전년도 동기 대비	同比
19	각 30.9%와 27.8%씩 성장했다.	分别增长 30.9% 和 27.8%；
20	공유 숙박·오피스·모빌리티 등	共享住宿、共享办公、交通出行等
21	오프라인 거래 단계가 포함된 분야의	需要通过线下活动完成交易的领域
22	시장 규모는	市场规模
23	전년도 대비 현저히 감소했고	同比显著下降，
24	감소율은 각각 29.8%, 26%, 15.7%였다.	降幅分别为 29.8%、26% 和 15.7%；
25	생활 서비스 분야는	生活服务领域
26	전년도 대비 6.5% 감소했다.	同比下降 6.5%。

（续表）

	断　　句	译　　文
27	《보고서》는	报告认为，
28	코로나19 여파에도	疫情冲击下
29	중국의 취업 상황이	中国就业形势
30	전반적으로 안정되고	总体稳定
31	예상보다 호조를 보이는 것은,	并好于预期，
32	취업 보장 정책 시행과 연관이 있으며	是因为保就业政策的实施，
33	공유 경제 발전으로	以及共享经济发展
34	일자리가 많이 생겼기 때문이라고 진단했다.	提供了大量就业岗位。

三、实战练习

韩　　文	中文释义
파고(波高)	影响
솔선수범하다(率先垂範--)	率先垂范、身先士卒、以身作则
협치(協治)	协同治理
주재하다(主宰--)	主持
목요대화	周四对话

반갑습니다. 한국일보가 주최하는 ‘2020 한국 포럼’ 개최를 진심으로 축하드립니다. 제가 한국 포럼 출석률이 좋습니다. 국회 의장으로 있었던 2017년과 2018년에 이어, 올해 세 번째입니다. 뜻깊은 자리를 마련해 주신 한국일보 승명호 회장님, 이영성 사장님을 비롯한 관계자 여러분 감사합니다. 수고 많으셨습니다.

그동안 ‘한국 포럼’은 대한민국의 미래를 준비하는 대표적인 토론장의 하나로 성장했습니다. 올해 ‘한국 포럼’이 내거신 주제는 “포스트 팬데믹, 위기인가 기회인가”입니다. 매우 시의적절하고 긴박한 주제입니다. 포럼에 거는 기대가 큽니다. 정부는 이번 포럼의 발표와 토론을 경청하고 분석하겠습니다.

여러분도 잘 아시는 것처럼, 지금 세계는 ‘포스트 팬데믹’의 파고에 직면해 있습니다. 코로나19로 인해 보건, 경제 사회는 물론 국제 관계까지 삶의 모든 영역에서 영향을 받고 있습니다. 전문가들은 코로나19가 세계사적 변곡점이 될 정도로 혁명적 변화를 불러올 것으로 전망하고 있습니다.

이러한 포스트 팬데믹은 분명 위기입니다. 자유 무역 질서와 국제 분업 구조가 위협받고 있습니다. 대외 의존도가 매우 높은 우리에게는 엄청난 위기입니다. 그러나 기회이기도 합니다. 우리는 이번 코로나를 겪으면서 우리의 저력과 역량을 또 한 번 확인했습니다. 난관을 슬기롭게 극복해 가는 우리 국민의 저력에 놀랐습니다. 나보다 타인을 위하는 양보와 배려의 정신으로 '사회적 거리 두기', '생활 속 방역'을 솔선수범해 나가고 있습니다. 각급 학교에서 실시하고 있는 온라인 교육도 세계의 주목을 받고 있습니다. 위기 앞에서 위축되지 않고, 더 뭉치고 강해지는 대한민국을 다시 한번 확인했습니다.

이러한 우리의 경험과 역량을 토대로, 정부는 지금의 위기를 기회로 만들기 위해 할 수 있는 자원과 정책을 총동원할 것입니다.

'한국판 뉴딜'을 통해 경제 구조를 고도화하고, '지속 가능한 성장 패러다임'을 만들겠습니다. '전 국민 고용 보험 가입'과 '국민 취업 지원 제도'를 통해 고용안전망을 확충하겠습니다. 공공 보건 의료 체계 강화 등 '사회안전망'도 강화하겠습니다.

존경하는 국민 여러분, 그리고 함께하신 내외 귀빈 여러분, 새로운 도전에는 어려움도 많을 것입니다. 불확실성은 증대되고, 갈등은 빈번하게 나타날 것입니다. 사회적 대화와 협치가 요구되는 이유입니다.

제가 주재하고 있는 '목요대화'는 그러한 뜻에서 시작됐습니다. 매주 목요일 열리는 '목요대화'는 우리 사회의 갈등과 분열을 협력과 상생으로 바꾸기 위한 사회적 대화 모델입니다. 앞으로도 지속적으로 사회적 대화를 추진하겠습니다. 목요대화에서 논의된 의제들은 범정부 차원에서 구체적으로 실행 계획을 마련해 나갈 것입니다. 이 자리에 함께하신 전문가 여러분께서도 관심을 갖고 지혜를 모아 주실 것을 부탁드립니다.

제가 존경하는 김대중 대통령께서는 IMF 외환 위기 때 "오늘의 고난을 극복하고 내일의 도약을 실천하는 위대한 역사의 창조자가 되자"고 하셨습니다. 그 당시 우리는 하나가 되어 외환 위기를 잘 이겨냈습니다.

지금 우리는 또 한 번 '역사의 창조자'가 되려는 길 앞에 서 있습니다. 오늘 포럼은 그러한 각오를 굳게 다지고, 내일의 도약을 위한 해법을 찾는 자리가 될 것이라고 믿습니다.

오늘 특별 강연을 해주실 송호근 포항공대 석좌교수님과 홍윤철 서울대 의과대학 교수님, 윤영관 전 외교부 장관님을 비롯한 발표자와 토론자 여러분들의 고견을 기대합니다. 감사합니다.

——한국포럼 개막식 축사

难句解析与视译处理

句1：위기 앞에서 위축되지 않고, 더 뭉치고 강해지는 대한민국을 다시 한번 확인했습니다.

译文：我们再次证明，韩国在危机面前没有退缩，而是变得更加团结和强大。

视译译文

	断　句	译　文
1	위기 앞에서 위축되지 않고,	我们在危机面前没有退缩，
2	더 뭉치고 강해지는	而是变得更加团结和强大。
3	대한민국을 다시 한번 확인했습니다.	我们再次证明了韩国这一特点。

句2：이러한 우리의 경험과 역량을 토대로, 정부는 지금의 위기를 기회로 만들기 위해 할 수 있는 자원과 정책을 총동원할 것입니다.

译文：政府将根据我们的这种经验和能力，调动一切可调动的资源和政策，化当前的危机为机遇。

视译译文

	断　句	译　文
1	이러한 우리의 경험과 역량을 토대로,	基于我们的这种经验和能力，
2	정부는	政府
3	지금의 위기를 기회로 만들기 위해	为了化当前的危机为机遇，
4	할 수 있는 자원과 정책을 총동원할 것입니다.	将调动一切可调动的资源和政策。

四、自主练习

韩　文	中文释义
장기화되다(長期化--)	长期持续
내구재(耐久)	耐用品
자본재(資本財)	资本财货
시나리오(scenario)	假想情景
백신(vaccine)	疫苗
기피하다(忌避--)	忌讳、躲避、回避
자금 경색(資金梗塞)	资金短缺
재정 건전성(財政健全性)	财政稳定性、财务稳健性

（续表）

韩　　文	中文释义
사양 산업(斜陽産業)	夕阳产业
유예하다(猶豫--)	推迟、延期
통화 스와프 협정(通貨swap協定)	货币互换协议

코로나19로 우리 경제는 어떻게 될까요? 현재까지 주로 서비스업이 위축되며 경제 성장률은 1.3%까지 하락했는데요. 코로나19 확산이 단기간에 종식된다면 서비스업이 회복하면서 경기가 반등하겠지만 확산이 장기화된다면 글로벌 경기 침체로 이어져 내구재 소비와 기업의 투자가 위축되고 특히 투자와 밀접한 자본재와 중간재를 주로 수출하는 제조업 중심의 우리 경제는 다른 나라보다 더 큰 타격을 받을 수 있습니다.

KDI는 코로나의 지속 기간에 따라 가상의 시나리오를 설정해 우리 경제가 어떻게 될지 전망해 봤습니다.

먼저 국내에서는 상반기 해외에서는 하반기부터 코로나19 확산이 점차 잦아든다면 2020년에는 0.2% 성장할 수 있을 것으로 예측됩니다. 상반기에 위축됐던 내국인 국내 소비는 하반기에 대부분 해소되지만 국가 간 이동이 천천히 풀리면서 내국인의 해외 소비와 외국인의 국내 소비는 내년까지 부진하겠습니다.

수출은 하반기에 해외 기업들의 투자가 다시 살아나면서 부진이 조금씩 나아지겠습니다. 하반기까지 국내 경제 활동이 정상화되더라도 고용은 시차를 두고 내년에야 회복되고 내년까지는 GDP가 기존 경로에 이르지 못할 것으로 전망됩니다.

다음으로 치료 방법과 백신 개발로 코로나19 확산이 전세계적으로 빠르게 둔화된다면 1.1%까지 성장할 수 있습니다. 국가 간 이동을 기피하는 심리가 남아 있어 국내외 여행객들의 소비는 올해 말까지 부진하겠지만 글로벌 투자가 회복되면서 국내 소비, 수출, 고용은 하반기에 반등할 수 있어 GDP는 2020년 말에 기존 경로로 돌아갈 수 있습니다.

마지막으로 전세계에 코로나19가 다시 확산된다면 경제 심리가 계속 위축돼 성장률은 -1.6%까지 떨어지겠습니다. 수출은 급격히 위축됐다가 내년에야 천천히 회복되고 소비는 내년까지 부진하겠는데요, 취약한 기업과 가계가 파산하고 대규모 실직까지 발생하면 부실 대출로 금융 시장까지 자금 경색을 겪을 수 있습니다.

결국 코로나19가 종식되더라도 경기가 더디게 회복되고 경기 전반의 생산성까지 떨어져 GDP는 2021년에 기존 경로를 크게 밑돌고 중장기적으로 하향 조정될 수 있습니다.

코로나19로 우리 경제의 성장세가 빠르게 위축되고 있습니다. 만약 대규모 기업 파산이나 실업이 발생한다면, 경기 침체가 더 심해지고 회복도 어려워질 수 있는 만큼 자금 사정이 어려운 가계와 기업에 대출을 지원하고 일자리도 지킬 수 있는 적극적인 정책이 필요합니다.

다만 이런 노력이 중장기적인 재정 건전성 악화로 인식되지 않도록 코로나19가 지나간 뒤에는 재정 건전성을 어떻게 관리할 지에 대한 계획과 의지를 명확하게 밝혀야 합니다.

또한 광범위한 지원 정책으로 자원이 사양 산업에 계속 투입되어, 오히려 신성장 산업의 발달이 저해되는 것을 막아야 합니다. 나아가 코로나19가 글로벌 경기 침체로 이어지고 있기 때문에 신흥국 채무의 상환을 유예하고 통화 스와프 협정을 체결하는 국제 공조도 필요합니다.

——KDI, 코로나19 이후, 한국 경제 3가지 시나리오

第十一课

释意

口译主题｜未来教育

段落视译｜研究生教育顶层设计

实战练习｜2020 서울경제 미래 콘퍼런스 축사

自主练习｜2017 서울경제 미래 콘퍼런스 축사

一、技巧讲解

20世纪60年代末，释意学派产生于法国，是探讨口译与非文学文本笔译原理与教学的学派，创始人是著名翻译家达尼卡·塞莱斯科维奇和勒代雷。该理论认为，口译过程由三个阶段组成：源语理解、脱离源语外壳和重新表达。释意学派认为翻译即释意，是译者通过语言符号对原文的一种诠释。译者追求的不是语言单位的对等，而是原文意思或效果的等值。

一般的翻译理论将翻译分为三个层次：词汇层次、句子层次和篇章层次。在释意理论中，这三个层次分别对应解释为：逐字翻译、脱离语境和交际环境的句子翻译、语言知识同认知知识相结合的篇章翻译。释意理论认为对于整体的篇章层次进行翻译才是成功的翻译。因为句子是语法上的单位，而篇章才是语义单位，翻译所译的是整篇的意义，而不是语法。所以译员在完成口译任务时应该着重于篇章，而不是词语或独立的句式进行翻译，否则就很难让读者或听众感受到源语的效果。只有这样才能抓住说话人的真实意图和情感将其话语以最贴近原文的方式呈现出来，尽到译员应尽的责任。

释意理论把翻译定义为应在读者中产生与原文同等的认知效果与情感效果的活动，译者此时不仅是原文的读者，同时也是译出原文言语意义的二次传递者。理解源语、脱离源语语言外壳和重新表达是释意理论的三个基本阶段。

口译任务的第一步是理解。勒代雷把理解分为语言和百科知识两个部分，以便消除通常出现的混淆，尤其是所谓翻译课把由外语水平欠缺造成的错误当作翻译错误。理解这一步也分三种类型，包括理解语言成分、理解暗喻内容以及认知补充。理解语言成分是需要丰富的语言知识储备，熟练地掌握母语知识和外语知识是优秀的口译员必不可少的一项技能；理解暗喻内容即理解不同的表达形式，因为表达思想的形式是复杂的，译员需理解所听到或接收到的实际语义内容；认知包括认知知识和情感、认知语言外知识以及认知环境。这些理解步骤能够帮助译者充分理解源语，给予其表达的自由。

脱离源语语言外壳是译员用非语言形式记住了理解的内容，摆脱了源语语言的形式。很多人存在误区，认为口译员有惊人的记忆力，可以一字不漏地记住讲话人在短时间内表达的一连串话语。实际并非如此，译员遵循了摆脱源语语言外壳这项程序，抓住了讲话人要表达的关键意思，便挣脱了源语框架的束缚。脱离源语外壳是整个口译过程的核心，对口译行为的成功与否起着重要的作用。释意学派认为，若不经历此阶段，只是进行机械的代码转译，不能称作真正意义的翻译。

释意理论三个阶段的最后一步即重新表达。在理解了源语后，抓住要表达的概念和情感，摆脱源语束缚，用自己的语言将原文内容重新组合加以表达。只有放弃源语语言形式才能更好地表达意义。

"脱离源语语言外壳"是韩中口译中一个重要的原则，韩语有很多汉字词，实际的意思与被借用的汉字意思有差距，在口译过程中很容易产生干扰，需要格外注意。例如，"시설 격리"的字面是"施设隔离"，放在新冠疫情语境下，实际是指"集中隔离"；"부채 축소"字面是"负债缩小"，实际上是"降低负债"；"선심성 정책"字面对应"善心性政策"，真实的概念是"收买人心的政策"；"보편적 의료보장"字面是"普遍的医疗保障"，作为专业术语，应该是"全民健康覆盖"。

中韩口译也同样适用释意原则，例如，"有序利用资源"如果只按照字面翻译，就是"자원을 질서 있게 이용하다"。这里的"有序"其实是指"合理"，因此译为"자원을 합리적으로 이용하다"更为恰当。再比如，"对美好生活的向往"译为"아름다운 삶에 대한 동경"意思不够明确，实际上是指"人们过上更好生活的需求"，应译为"보다 나은 삶에 대한 욕구"。"反欺诈、反洗钱"的"反"不能译"반대"，应译"방지"，所以这两个短语的准确译法是"피싱 방지, 자금 세탁 방지"。

下面分别从"根据语境选词""明晰隐含意义""还原凝练表达""改为惯用说法"四个角度，论述脱离源语外壳释意的具体应用方法。

1 根据语境选词

脱离源语外壳意味着，即便是同一个词，在不同语境下，也要根据语篇中的含义选择合适的译入语，不能墨守成规一成不变。

例1： 육류 판매 감소 우려에 코로나19가 축산업 **2차 타격을 주고 있다.**

译文： 肉类供应恐偏紧，疫情给养殖业**带来次生冲击**。

视译译文

	断句	译文
1	육류 판매 감소 우려에	肉类供应恐偏紧，
2	코로나19가 축산업에	疫情给养殖业
3	**2차 타격을 주고 있다.**	**带来次生冲击**。

例2： 코로나19의 영향으로 영세 기업과 개인 사업자의 리스크 방어 능력이 약화돼, 업무가 정상화되기까지 많은 시간이 필요하다. 만약 필요한 지원이 제때 제공되지 않는다면 자금 줄 끊기고, 경영에 **큰 타격을** 주게 될 것이다.

译文： 疫情影响下，小微企业和个体工商户抗风险能力弱，业务回归常态所需的时间长。如果缺乏必要支持，容易引发资金链断裂，对经营带来**极大影响**。

视译译文

	断　　句	译　　文
1	코로나19의 영향으로	疫情影响下，
2	영세 기업과 개인 사업자의	小微企业和个体工商户
3	리스크 방어 능력이 약화돼,	抗风险能力弱，
4	업무가 정상화되기까지	业务回归常态
5	많은 시간이 필요하다.	所需的时间长。
6	만약 필요한 지원이	如果必要的支持
7	제때 제공되지 않는다면	得不到保障，
8	자금 줄 끊기고,	容易引发资金链断裂，
9	경영에 **큰 타격을** 주게 될 것이다.	对经营带来**极大影响**。

例3： 일부 품종의 경우 생산이 30~50일밖에 걸리지 않는 등 육용 가금의 성장 주기가 짧은 편인데, 가금 시장이 폐쇄되고 판매가 원활히 이루어지지 않아 가금류 축산 농가가 전체적으로 **심각한 타격을 입었다**.

译文： 肉禽的生长周期偏短，一些品种只有30~50天。现在活禽市场关闭，销售严重不畅，整个养禽业**亏损严重**。

视译译文

	断　　句	译　　文
1	일부 품종의 경우	一些品种
2	생산이 30~50일밖에 걸리지 않는 등	生产只需 30~50 天，
3	육용 가금의 성장 주기가 짧은 편인데,	肉禽的生长周期很短。
4	가금 시장이 폐쇄되고	现在活禽市场关闭，
5	판매가 원활히 이루어지지 않아	销售严重不畅，
6	가금류 축산 농가가	养禽农户
7	전체적으로 **심각한 타격을 입었다**.	整体**亏损严重**。

在上面三个例句中，随着语境和搭配单词的不同，“타격(打擊)”的三种译法各不相同。形容灾难或灾害时，“2차 타격”译为“次生冲击”；形容对经营的影响，“큰 타격”译为“极大影响”；形容农户受疫情影响的具体情况，“심각한 타격을 입다”可译为“大受打击”或“亏损严重”。

例4： 중국의 기부는 지정 용도가 있는 것인지, **언제 기부가 완료될 것인지** 답변 부탁드립니다.

译文： 请问中方捐款是否有指定用途？何时**到位**？

视译译文

	断　　句	译　　文
1	중국의 기부는	中方捐款
2	지정 용도가 있는 것인지,	是否有指定用途？
3	**언제 기부가 완료될 것인지**	何时**到位**？
4	답변 부탁드립니다.	请您介绍一下。

例5： 회의에서는 의료진에 대한 보호 **조치 이행**, 전염병 관련 정보 은폐 금지 등을 지시했다.

译文： 会议要求，要把关爱医务人员的措施**落实到位**，不得隐瞒疫情信息。

视译译文

	断　　句	译　　文
1	회의에서는	会议要求，
2	의료진에 대한 보호 **조치 이행**,	关爱医务人员的措施要**落实到位**，
3	전염병 관련 정보 은폐 금지 등을	不得隐瞒疫情信息。
4	지시했다.	（省略）

例6： '**단번에** 핵 포기'를 추구하는 전략은 협상의 교착 국면 타개에 도움이 되지 않는다.

译文： "**一步到位的**弃核"战略不利于打破谈判的僵局。

视译译文

	断　　句	译　　文
1	'**단번에** 핵 포기'를 추구하는 전략은	"**一步到位的**弃核"战略
2	협상의 교착 국면 타개에	对于打破谈判的僵局，
3	도움이 되지 않는다.	并无帮助。

上面三个例句的译语中均出现了"到位"一词，源语对应的却是不同的词组。第一个例句中"捐款到位"对应"기부가 완료되다"，第二个例句"措施到位"对应"조치 이행"，第三个"一步到位"对应"단번에"。

2 明晰隐含意思

表达方式不同或者口语表达的模糊性可能导致源语信息含糊，这在口语中很常见。这时候就需要脱离源语外壳，将隐含的意思明确表达出来。只有这样，才能使听众理解其中的真正含义。

例7： **함께** 가면 길이 되고 또 **함께** 꾸는 꿈은 현실이 됩니다.

译文：结伴同行即可开辟道路；**齐心协力**就会梦想成真。

视译译文

	断　句	译　文
1	**함께** 가면	**结伴**同行，
2	길이 되고	即可开辟道路；
3	또 **함께** 꾸는 꿈은	**齐心协力**，
4	현실이 됩니다.	就会梦想成真。

如果按照字面意思将例句中的后半部分译为“一起做梦，梦想就会成真”，听众可能会不明所以，误以为演讲人强调的是“只要做梦，什么也不做，梦想就会自然实现”。其实这里强调的重点在“함께”，因此第一个“함께”可以根据搭配的动词译为“结伴同行”，第二个可以译为“齐心协力”。

例8： 그런데 특허 기술은 그렇지가 못합니다. **길거리에 내놓았다고** 해서 사람들이 이게 **나에게 필요한 기술인지** 알고 금방 살 수 있는 것이 아닙니다.

译文：但是专利技术不能这样。即使**公开出售**，人们也无法判断出**是否需要**并当即购买。

视译译文

	断　句	译　文
1	그런데 특허 기술은	但是专利技术
2	그렇지가 못합니다.	不能这样。
3	**길거리에 내놓았다고** 해서	即使**公开出售**，
4	사람들이	人们
5	이게 **나에게 필요한 기술인지**	**是否需要这些技术**，
6	알고 금방 살 수 있는 것이 아닙니다.	无法做出判断并当即购买。

“길거리에 내놓고”是一种比喻，字面意思是“摆放在路边”，此处意指“公开出售”。“나에게 필요한 기술”字面上是“我需要的技术”，但人称代词不宜直接译出，这

里是从“人们”的角度描述，“나”指“自己”，正如“우리사주”是指“员工持股”，而不是“我们社股”。

例9： 이 데이터를 사실은 그동안 우리가 어떻게 **할 수 있는** 방법이 없었습니다. 저 데이터를 모을 수 있는 방법도 없었고 저 데이터를 저장하거나 분석할 수 있는 방법이 없었는데 다행히 컴퓨터 공학이라든가 이런 기술이 발전하면서 이런 것들을 이제 조금 **건드려 볼 수 있게** 된 거지요.

译文： 之前我们一直无法**利用**这些数据，没法收集、储存和分析。不过多亏有了计算机工学等技术的发展，现在可以一点一点**利用**起来了。

视译译文

	断　句	译　文
1	이 데이터를 사실은	其实这些数据
2	그동안 우리가	之前我们
3	어떻게 **할 수 있는** 방법이 없었습니다.	一直无法**利用**。
4	저 데이터를 모을 수 있는 방법도 없었고	没法收集、
5	저 데이터를 저장하거나	储存
6	분석할 수 있는 방법이 없었는데	和分析。
7	다행히 컴퓨터 공학이라든가 이런 기술이 발전하면서	不过多亏有了计算机工学等技术的发展，
8	이런 것들을 이제 조금 **건드려 볼 수 있게** 된 거지요.	现在可以一点一点地**利用**起来了。

例句中的模糊点在于“하다”和“건드려보다”的含义不明确，韩语中的“하다”几乎可以指代任何动作，因此必须要结合上下文才能确定其真正含义。例句选自一篇关于大数据的演讲，而且后面有对“하다”的具体说明——“收集、储存和分析”，因此可以判断这里是“利用”的意思。后面的“건드려 보다”在这个语境中是“利用”的另一种口语表达方式，因此可以直接翻译出来。

例10： 그래서 여기서 이야기한 벨류라는 것은 환자의 아웃컴을 좋게 해주는 것이고 헬스케어 코스트를 낮추는 것이다. 그러니까 다른 말로 이야기하면 **SCI뭐 인팩트 팩터가 높은 자원료를 많이 내는 게 아니라 그런 말씀입니다.**

译文： 这里所说的价值是指改善患者疗效，降低医疗成本。也就是说，**不用想方设法在影响因子高的SCI期刊上发表论文**。

视译译文

	断　句	译　文
1	그래서 여기서 이야기한 벨류라는 것은	这里所说的价值
2	환자의 아웃컴을 좋게 해주는 것이고	是指改善患者疗效，
3	헬스케어 코스트를 낮추는 것이다.	降低医疗成本。
4	그러니까 다른 말로 이야기하면	也就是说，
5	SCI 뭐 인팩트 팩터가 높은	在影响因子高的 SCI 期刊发论文，
6	자원료를 많이 내는 게 아니라 그런 말씀입니다.	不用在这方面花费精力。

例句中的模糊点在句末，“SCI”和“자원료를 많이 내다”之间的关系不明确。SCI期刊是一部国际性索引（译名《科学引文索引》，*Science Citation Index*），是美国科学情报研究所出版的世界著名的期刊文献检索工具，它收录的文献能够全面覆盖全世界最重要和最有影响力的研究成果。“인팩트 팩터（impact factor）”指SCI的影响因子，影响因子越高，SCI影响力越大，投稿刊登论文的难度就越大。“자원료를 많이 내다”正是指这种情况，全句强调应该开发能够改善疗效、降低成本的实用技术，而不必单纯为了追求学术影响力去费尽心思在SCI期刊上发表论文。

3 还原凝练表达

汉语是高度凝练的语言，有些经典名句或缩略语往往蕴涵着丰富的含义，如果简单带过，不仅可能使译语大为逊色，而且听众也可能不明所以，这就需要译员译出具体的含义。在韩中口译里遇到这种情况时，最好能够还原为汉语的凝练表达。例如，“뜻이 맞으면 산으로 막히고 바다가 있어도 멀다고 하지 않는다”还原为“志合者，不以山海为远”，“형제가 합심하면 쇠도 자를 수 있다”还原为“兄弟齐心，其利断金”。

同样的情况也存在于韩语中。韩国同属汉字文化圈，很多描写中韩友谊的经典名句流传至今，并经常被引用。例如，“무릇 도는 사람과 멀리 떨어져 있지 않고, 사람은 나라에 따른 차이가 있지 않다”是新罗时代著名学者崔致远的名句“도불원인 인무이국(道不遠人 人無異國)”；“추위에도 잎이 지지 않는 소나무와 잣나무처럼 오래도록 서로 잊지 말자.”是朝鲜王朝时代学者金正喜的名句，最近被媒体频繁引用，原文为“세한송백 장무상망(歲寒松柏 長毋相忘)”；“간과 쓸개를 꺼내어 서로를 비추니, 항아리의 얼음 한 조각을 차디찬 달이 비치는 듯하다”则是朝鲜王朝时代诗人许筠的诗句“肝胆每相照，冰壶映寒月”。此时翻译出具体意思听众也可以理解，但如果熟悉相关诗句迅速还原，则更能体现出原文的经典韵味，因此需要平时多积累相关知识并熟记。

现代汉语中同样有很多独特的浓缩表达方式，例如“부정 부패 척결 및 청렴 실천”可还原为“反腐倡廉”，“혁신을 통한 발전, 체질 전환과 선진화, 질적 성장과 효율 증대”对应的是“创新发展、转型升级、提质增效”。

例11：《**클라우드, 빅데이터를 통한 스마트화** 추진, 신경제 육성 실시 방안》

译文：《关于推进“**上云用数赋智**”行动，培育新经济发展实施方案》

“클라우드”“빅데이터”“스마트화”分别对应“上云”“用数”“赋智”，此处的“上云”是指探索推行普惠型的云服务支持政策；“用数”是在更深层次推进大数据的融合运用；“赋智”是要加大对企业智能化改造的支持力度，特别是要推进人工智能和实体经济的深度融合。中国的时政特色新词层出不穷，平时需要养成关注时事的习惯，及时了解新词的具体含义，才能在口译时准确地互译出来。

例12：최근 몇 년간 온라인 마케팅 모델이 끊임없이 발전하면서 플랫폼 입주자에게 **경쟁 상대 플랫폼에 동시에 입주할 수 없도록** 요구하는 등 경쟁 질서가 흐트러지거나 소비자의 권익을 보호하기 어려운 문제도 동반되었다.

译文：近年来，网络促销模式不断翻新，但也催生出许多问题。例如，强迫商家“二选一”等竞争失序问题突出，消费者维权难等。

视译译文

	断　句	译　文
1	최근 몇 년간	近年来，
2	온라인 마케팅 모델이	网络促销模式
3	끊임없이 발전하면서	不断翻新，
4	플랫폼 입주자에게	出现了强迫商家
5	**경쟁 상대 플랫폼에 동시에 입주할 수 없도록** 요구하는 등	“二选一”等
6	경쟁 질서가 흐트러지거나	竞争失序，
7	소비자의 권익을 보호하기 어려운 상황이	消费者维权难等
8	발생하기도 했다.	一系列问题。

网络平台强迫商家只能在自己的平台上推出促销活动，不许在竞争对手的平台上同时搞类似活动，这种情况中国有约定俗成的说法，即“二选一”。这也是近来网络直销经常被提及的问题之一，因此更宜于直接还原为汉语的惯用说法。

4 采用惯用说法

中韩两种语言在表达同一概念时，会从不同的角度选择词汇或词组，比如“활력을 되찾다”的字面意思是“找回活力”，汉语则习惯表述用“恢复活力”。“제도적 장벽을 해소하다”的字面意思是“消除制度壁垒”，汉语则习惯说“打破制度壁垒”。“제3국 시장 공동 진출”的字面意思是“共同进出第三方市场”，汉语则说“共同开拓第三方市场”。“발상의 전환”字面释义是“想法的转换”，汉语则表述为“改变思维”或“打开新思路”。有时候直接做字面翻译虽然并无不可，但不完美，最好能摆脱源语字面的影响，改为汉译的惯用说法。

例13：2030년 **탄소 배출량 감소세 전환** 목표와 2060년 탄소 중립 실현이라는 비전은 중국 녹색 저탄소 발전의 시간표와 로드맵을 분명히 한 것이다.

译文：2030年 **“碳达峰”** 的目标与2060年“碳中和”的愿景明确了中国绿色低碳发展的时间表和路线图。

视译译文

	断　句	译　文
1	2030년 **탄소 배출량 감소세 전환** 목표와	2030 年 **“碳达峰”** 的目标
2	2060년 탄소 중립 실현이라는 비전은	与 2060 年“碳中和”的愿景
3	중국 녹색 저탄소 발전의	明确了我国绿色低碳发展的
4	시간표와 로드맵을 분명히 한 것이다.	时间表和路线图。

“碳达峰”指碳排放达到最高值，之后逐年下降，“碳中和”指通过植树造林、节能减排等形式抵消自身产生的二氧化碳或温室气体排放量，实现正负抵消，达到相对“零排放”。汉语“碳达峰”强调“峰值”，韩语“탄소 배출량 감소세 전화”的重点在“由增变减”，说法不同，翻译时需注意互换。

例14：미국 에너지정보청(EIA)에 따르면 지난주 미국의 원유 재고는 310만배럴 줄어 시장 전망치 190만배럴 감소를 웃도는 감소 폭을 기록했다. 미국 의회가 **추가 재정 부양 패키지법안** 타결을 위한 막바지 협상에 나서고 코로나19 백신 일반 접종이 시작된 것도 유가에 **긍정적인 영향을 미쳤다**.

译文：美国能源信息署(EIA)表示，上周美国原油库存减少310万桶，高于市场预期的190万桶。美国议会已进入**新一轮纾困法案**的最后谈判，新冠疫苗开始大规模接种，这些均为油价**带来利好支撑**。

视译译文

	断　句	译　文
1	미국 에너지정보청(EIA)에 따르면	美国能源信息署(EIA)表示，
2	지난주 미국의 원유 재고는	上周美国原油库存
3	310만배럴 줄어	减少 310 万桶，
4	시장 전망치 190만배럴 감소를	市场预估减少 190 万桶
5	웃도는 감소 폭을 기록했다.	实际情况高于预期。
6	미국 의회가	美国议会，
7	**추가 재정 부양 패키지법안** 타결을 위한	**针对新一轮纾困法案**
8	막바지 협상에 나서고	正在进行最后谈判，
9	코로나19 백신 일반 접종이 시작된 것도	新冠疫苗开始大规模接种，
10	유가에 **긍정적인 영향을 미쳤다.**	这些均为油价**带来利好支撑**。

“추가 재정 부양 패키지법안”直译为“追加提振经济一揽子财政法案”，冗长拗口。汉语对美国类似法案的惯用表达是“新一轮纾困法案”，简单明了且易于理解。“긍정적인 영향을 미치다”通常译为“产生积极影响”，这种语境下这样翻译也说得通，但是不完美。源语是在谈油价问题，“为油价变动带来积极影响”用“带来利好支撑”，文字更显优美简洁。

以上通过“根据语境选词”“明晰隐含意思”“还原浓缩含义”和“采用惯用表达”四种代表性的情况讲解了脱离源语外壳进行释意的具体应用情况。当然，在实际口译中释意的应用极为广泛，不仅仅局限于这四种。口译过程中如果执着于源语的形式，只会导致生硬的代码转译。译者应积极调动言内知识和言外知识，充分理解语言的篇章意义，迅速摆脱语言符号的束缚，尽量准确忠实地传达源语。不管运用什么口译策略，最终目的都是最大限度地传递源语的真实意图和讲话风格。只有深刻地理解源语信息，迅速捕捉到源语的意思并准确传达出去，才能真正摆脱源语外壳，做到“得意忘言”。

二、段落视译

| 研究生教育顶层设计 |

韩 文	中文释义
맞춤형 양성	个性化培养
특별 모집 계획	专项招生计划
차세대 과학기술 혁명	新一轮科技革命
집적회로(集積回路)	集成电路
에너지 저장 기술(energy貯藏技術)	储能技术
의학 연구	医学攻关
인재 유치	人才引进

중국은 2021년과 그 이후의 대학원생 모집을 계속해서 확대하기로 한다. 박사 대학원생 모집 규모를 적절히 앞당겨 계획하고 석사 대학원생 모집 규모를 점진적으로 확대할 예정이다.

현재 중국의 대학원생 규모와 국가의 고급 인재에 대한 수요 사이에는 격차가 존재하지만 일부 대학에서는 표면적인 규모 확장에만 치중한 반면, 교육의 질과 맞춤형 양성 측면에서 부족한 점이 있다. 따라서 2021년도와 그 이후의 대학원생 모집은 관련 방침을 조정하는 속에서 규모를 확대하는 방향으로 진행될 예정이다.

중국은 핵심 분야에서 시급히 필요한 고급 인재 양성을 위한 특별 모집 계획을 시행할 방침이다. 현재 전 세계적으로 차세대 과학기술 혁명이 빠르게 진행되고 있는 상황에서 중국의 경제·사회 발전과 민생 개선에는 그 어느 때보다 과학기술의 해결 방안이 필요하다. 중요하고 시급히 필요한 분야의 학과 개설과 인재 양성을 강화하여 취약점을 보완한다면, 국제 경쟁력과 발전의 질 향상에 도움이 될 것이다.

또한 집적회로, 인공지능(AI), 에너지 저장 기술, 의학 연구 등을 포함한 국가 중점 지원 학과와 전공 리스트를 마련해 신입생 모집 계획, 인재 유치, 자금 투입 등 측면에서 우선적으로 지원할 것이다.

中国2021年甚至之后的研究生招生将继续扩招，博士研究生招生规模将适度超前布局，硕士研究生招生规模稳步扩大。

目前中国的研究生规模与国家对高层次人才的需求还有差距，但有的学校片面追求规模扩张，高质量、个性化培养不足，因此，2021年及此后的研究生扩招将在调整中扩招。

中国将实施国家关键领域急需高层次人才培养专项招生计划。当前，世界新一轮科技革命加速推进，中国经济社会发展和民生改善比过去任何时候都需要科学技术的解决方案，加强重点急需领域学科专业建设和人才培养，破解短板弱项，有助于增强国际竞争力，提升发展质量。

还将建立国家重点支持的学科专业清单，包括集成电路、人工智能、储能技术、医学攻关等，在招生计划、人才引进、资金投入等方面优先支持。

视译译文

	断　句	译　文
1	중국은	中国
2	2021년과 그 이후의 대학원생 모집을	2021 年甚至之后的研究生招生
3	계속해서 확대하기로 한다.	将继续扩招，
4	박사 대학원생 모집 규모를	博士研究生招生规模
5	적절히 앞당겨 계획하고	将适度超前布局，
6	석사 대학원생 모집 규모를	硕士研究生招生规模
7	점진적으로 확대할 예정이다.	稳步扩大。
8	현재 중국의 대학원생 규모와	目前中国的研究生规模
9	국가의 고급 인재에 대한 수요 사이에는	与国家对高层次人才的需求
10	격차가 존재하지만	还有差距，
11	일부 대학에서는	但有的学校
12	표면적인 규모 확장에만 치중한 반면,	片面追求规模扩张，
13	교육의 질과 맞춤형 양성 측면에서	高质量、个性化培养
14	부족한 점이 있다.	仍然不足，
15	따라서 2021년도와 그 이후의 대학원생 모집은	因此，2021 年及此后的研究生扩招
16	관련 방침을 조정하는 속에서	将调整相关方针，
17	규모를 확대하는 방향으로 진행될 예정이다.	同时扩大招生规模。
18	중국은	中国
19	핵심 분야에서 시급히 필요한 고급 인재 양성을 위한	为了培养国家关键领域急需高层次人才，
20	특별 모집 계획을 시행할 방침이다.	将实施专项招生计划。
21	현재 전 세계적으로	当前，全世界
22	차세대 과학기술 혁명이 빠르게 진행되고 있는 상황에서	新一轮科技革命加速推进，
23	중국의 경제·사회 발전과 민생 개선에는	中国经济社会发展和民生改善
24	그 어느 때보다 과학기술의 해결 방안이 필요하다.	比过去任何时候都需要科学技术的解决方案，

（续表）

	断　　句	译　　文
25	중요하고 시급히 필요한 분야의	重点急需领域学科
26	학과 개설과 인재 양성을 강화하여	要加强专业建设和人才培养，
27	취약점을 보완한다면,	破解短板弱项，
28	국제 경쟁력과 발전의 질 향상에 도움이 될 것이다.	将有助于增强国际竞争力，提升发展质量。
29	또한	此外，
30	집적회로, 인공지능(AI),	包括集成电路、人工智能、
31	에너지 저장 기술, 의학 연구 등을 포함한	储能技术、医学攻关等，
32	국가 중점 지원 학과와 전공 리스트를 마련해	还将建立国家重点支持的学科专业清单，
33	신입생 모집 계획, 인재 유치,	在招生计划、人才引进、
34	자금 투입 등 측면에서	资金投入等方面
35	우선적으로 지원할 것이다.	优先支持。

三、实战练习

韩　　文	中文释义
더불어민주당	共同民主党
내포되다(內包--)	内含、暗含、蕴含
딥러닝(deep learning)	深度学习
AI 백만양병설	AI 百万养兵说
학령 인구(學齡人口)	学龄人口
단견(短見)	短见、浅见、浅薄的见识、短浅的目光
정예화(精銳化)	精锐、精简
장병(將兵)	官兵、将士

반갑습니다. 국회 교육위원장을 맡고 있는 더불어민주당 유기홍입니다. 먼저 서울경제 미래 콘퍼런스 2020의 개최를 진심으로 축하 드립니다. 그리고 코로나 시대를 맞아서 교육 혁신의 방향을 모색하기 위한 이 뜻깊은 자리를 만들어 주신 이종환 부회장님, 이재민 부의장님을 비롯한 모든 분들께 감사의 인사를 드리겠습니다.

우리는 한 번도 경험해 보지 못한 코로나 시대를 경험하고 있습니다. 그 변화의 폭과 깊이가 너무 커서 재난 혁명이라는 말이 등장하고 있습니다. 재난 혁명이라는 말 속에는 두 가지 뜻이 있는 것 같습니다. 하나는 그만큼 위기가 심각하다는 것을 말하는 것이고, 다른 하나는 오히려 위기를 기회로 만들 수 있는 이 재난의 상황 속에서 오히려 혁명적 변화를 만들어 내자는 실천적 의미가 내포돼 있는 말이 재난 혁명이라고 생각합니다.

저는 국회 의원 3선을 하는 동안 교육위원회에서만 활동했습니다. 그 이유는 교육이야말로 우리 미래 세대를 길러 내는, 우리의 미래를 이끌어갈 인재를 길러 내는 일이기 때문입니다. 그렇습니다. 이 코로나 위기 속에서도 우리가 확실하게 잊지 말고 가져가야 할 것은 우리 미래 세대를 이끌어 갈 인재를 키워 내는 일이라고 생각합니다.

첫 번째는 입시 위주의 경쟁 교육에서 벗어나서, 지식 위주의 교육에서 벗어나서, 4차 산업혁명 시대를 이끌어갈 수 있는 창의적 인재를 길러 내는 일입니다. 유치원부터 대학원까지 우리가 습득하는 모든 지식을 AI에게 딥러닝으로 학습시키는 데 14분밖에 걸리지 않는다고 합니다. 이제 우리 아이들에게 필요한 것은 지식이 아니라 AI에게 무엇을 학습시키고 AI를 어떻게 활용할 것인가 하는 창의력을 가진 인재를 키워내는 일입니다. 우리 교육이 바뀌어야 합니다.

그리고 또 한 가지 말씀드리자면, 디지털 혁신 인재를 키워 낼 수 있는 체제를 갖추어야 합니다. 제조, 유통, 금융, 의료, 에너지, 인터테인먼트, 공공 서비스 등 모든 분야에서 AI와 사물 인터넷, 그리고 빅데이터란 디지털 도구로 무장한 그런 디지털 혁신 인재를 키워내야 하는 것입니다.

저는 최근에 이것을 AI 백만양병설이라는 이름으로 제가 이야기하고 있습니다. 그러나 안타깝게도 우리 유치원, 초·중·고등학교에 디지털 교육과 AI 교육을 담당하는 전담 교사가 없습니다. 우리 아이들에게 4차 산업혁명 시대를 이끌어 갈 창의력을 심어주고 서로의 차이를 인정하고 포용할 수 있는 그런 인재를 만들어 내기 위해서는 학교마다 적어도 한 명정도 씩의 디지털과 AI를 담당하는 교사가 필요한데 해결해야 될 문제가 있습니다.

학령 인구가 줄어들기 때문에 교육 예산을 줄이고 교사도 줄여야 된다는 논의가 만만치 않게 우리 주변에 존재하고 있습니다. 이것은 정말 단견입니다. 돌아가신 김대중 대통령께서 IMF 국가 부도의 위기 속에서도 교육 예산을 전체 정부 예산의 20%까지 획기적으로 끌어올렸던 것은 위기일 수록 미래를 위해서 교육에 투자하자는 뜻이었을 것이라고 생각합니다.

인구가 줄어든다고 정부가 재정 지출을 줄이지 않습니다. 군 정예화에 따라서 국군 장병 수가 줄어들겠지만 그러니까 국방 예산 줄여야 된다는 이야기를 하는 사람들은 없습니다. 오히려 위기일수록 안정적으로 교육 재정을 확보하고 교사를 줄일 것이 아니라 디지털과 AI를 전담할 수 있는 교사를 학교마다 한 명씩 배치할 수 있는 계획을 가져야 된다고 생각합니다.

교육 재정을 안정적으로 확보하고 우리 아이들을 AI 시대를 이끌어 갈 수 있는 디지털 전사로 교육시킬 수 있는 그런 체제를 만들기 위해서 국회 교육위에서 많은 노력을 해나갈 수 있도록 노력하겠습니다. 여기에 계신 분들도 혹시 '학령 인구가 줄어드니까 교육 예산 줄여야 된다', '교사도 줄여야 된다' 하는 이야기를 주변에 하는 분들이 계시면, '그렇지 않다', '지금 이 위기 상황이야말로 더 많은 교육 투자가 필요하다' 하는 합의를 이끌어 내는 데 관심과 노력을 기울여 주시기를 당부 드리겠습니다.

그리고 오늘 이 미래 콘퍼런스가 그 출발점이 되었으면 좋겠다는 마음으로 다시 한 번 축하 인사를 드리겠습니다. 감사합니다!

——2020 서울경제 미래 콘퍼런스 축사

难句解析与视译处理

句1： 첫 번째는 입시 위주의 경쟁 교육에서 벗어나서, 지식 위주의 교육에서 벗어나서, 4차 산업혁명 시대를 이끌어갈 수 있는 창의적 인재를 길러 내는 일입니다.

译文： 首先是培养能够引领第四次工业革命时代的创意型人才，摆脱以应试型为主导的竞争教育，摆脱以知识为主导的教育。

视译译文

	断　句	译　文
1	첫 번째는	首先是
2	입시 위주의 경쟁 교육에서 벗어나서,	摆脱以应试型为主导的竞争教育，
3	지식 위주의 교육에서 벗어나서,	摆脱以知识为主导的教育，
4	4차 산업혁명 시대를 이끌어갈 수 있는	要能够引领第四次工业革命时代，
5	창의적 인재를 길러 내는 일입니다.	应该培养出这种创意型人才。

句2： 제조, 유통, 금융, 의료, 에너지, 엔터테인먼트, 공공 서비스 등 모든 분야에서 AI와 사물 인터넷, 그리고 빅 데이터란 디지털 도구로 무장한 그런 디지털 혁신 인재를 키워내야 하는 것입니다.

译文： 培养在制造业、零售、金融、医疗、能源、娱乐和公共服务领域，用人工智能、物联网和大数据等数字工具武装起来的数字创新人才。

视译译文

	断　　句	译　　文
1	제조, 유통, 금융, 의료,	在制造业、零售、金融、医疗、
2	에너지, 엔터테인먼트, 공공 서비스 등	能源、娱乐和公共服务等
3	모든 분야에서	所有领域，
4	AI와 사물 인터넷,	人工智能、物联网
5	그리고 빅 데이터란	和大数据，
6	디지털 도구로 무장한	利用这些数字工具武装起来，
7	그런 디지털 혁신 인재를 키워내야 하는 것입니다.	我们要培养出这样的数字创新人才。

句3: 교육 재정을 안정적으로 확보하고 우리 아이들을 AI 시대를 이끌어 갈 수 있는 디지털 전사로 교육시킬 수 있는 그런 체제를 만들기 위해서 국회 교육위에서 많은 노력을 해 나갈 수 있도록 노력하겠습니다.

译文: 国会教育委员会将努力确保教育经费稳定，并创建一个机制，把我们的孩子教育成能够领导人工智能时代的数字战士。

视译译文

	断　　句	译　　文
1	교육 재정을 안정적으로 확보하고	努力确保教育经费稳定，
2	우리 아이들을 AI 시대를 이끌어 갈 수 있는	让我们的孩子能够领导人工智能时代，
3	디지털 전사로 교육시킬 수 있는	把他们培养成数字战士，
4	그런 체제를 만들기 위해서	为了创建出这种机制，
5	국회 교육위에서 많은 노력을 해 나갈 수 있도록 노력하겠습니다.	国会教育委员会将不断地努力下去。

四、自主练习

自主练习1

韩　　文	中文释义
옥스퍼드대(Oxford大)	牛津大学
스탠퍼드대(Stanford大)	斯坦福大学
미네르바 스쿨(Minerva School)	密涅瓦大学
실리콘 밸리(Silicon Valley)	硅谷
사내 교육(社內敎育)	公司内部培训
총론적(總論的)	总论、概论、总体上
스펙(spec)	资格证

네, 반갑습니다. 서울신문 김영만입니다. 2017년 서울 미래 콘퍼런스를 찾아 주신 내외 귀빈 여러분, 환영합니다. 특히 먼 길에 와 주신 대니얼 서스킨드(Daniel Susskind) 옥스퍼드대 교수님, 짐 플러머(Jim Plummer) 스탠퍼드대 교수님, 켄 로스(Kenn Ross) 미네르바 스쿨 아시아 디렉터님, 에이미 라우즈(Amy Rouse) 실리콘 밸리 사내 교육 컨설턴트님, 감사합니다. 특히 바쁘신 가운데 자리를 함께 해주신 김상곤 교육 부총리님, 성낙인 서울대 총장님을 비롯한 대학 총장님들께도 감사를 드립니다.

서울신문은 작년 이맘때 '4차 산업혁명과 한국의 미래'를 주제로 서울 미래 콘퍼런스를 주최한 바 있습니다. 도도히 흐르는 4차 산업혁명의 물결 속에서 과학 기술 혁신과 인간 사회 패러다임 변화를 총론적으로 짚어본 행사였습니다. 이번 콘퍼런스에서는 보다 구체적이고 본격적인 주제를 다루려고 합니다. 바로 4차 산업혁명 시대의 일자리와 교육입니다.

인공지능 시대의 최대 화두는 역시 일자리 감소 문제가 될 것이 틀림없습니다. 다보스 포럼 등 세계 유수의 연구 기관에서 일자리 대란을 경고하고 있습니다. 한국 고용정보원에서는 2025년까지 전체 일자리의 70%가 위협 받을 것이라고 합니다. 전문가들은 인간과 인공 지능이 협력해 공존하는 방안을 찾아야 한다고 강조하고 있습니다. 여기서 가장 중요한 요소가 교육 혁신일 것입니다. 기존의 스펙 형 교육이 창조 형 교육으로 탈바꿈해야 한다는 뜻입니다.

이번에 저희가 연사와 토론자로 모신 분들은 4차 산업혁명 시대의 교육 혁신 첨병 역할을 하는 전문가들입니다. 생각을 디자인하는 인재를 키우는 것으로 유명한 스탠퍼드대의 디 스쿨, 하버드대보다 더 들어가기 어려운 미네르바 스쿨, 실리콘 밸리 기업들의 인재 교육 개발 등을 이끈 분들입니다. 이 분들이 생생한 경험담을 들려주고 혁신 방안을 제시해 주실 것입니다.

——서울 미래 콘퍼런스 개회사

自主练习2

韩　　文	中文释义
내몰다	驱赶、驱逐
점검하다(點檢--)	检查、清点

2017 서울 미래 콘퍼런스에 참석해 주신 국내외 석학과 전문가 여러분, 반갑습니다. 소중한 자리를 마련해 주신 서울신문 김영만 사장님을 비롯한 임직원 여러분께 감사드립니다. 주제 발표 내 주시는 대니얼 서스킨드 옥스퍼드대학 교수님, 짐 플러머 스탠퍼드대학 교수님, 이민화 창조경제연구회 이사장님, 그리고 함께 해주신 김상곤 교육 부총리님, 성낙인 서울대 총장님, 전호환 부산대 총장님께도 감사드립니다.

세상은 끊임없이 변화합니다. 특히 4차 산업혁명은 인류의 생활과 국가 사회의 운동 방식에 미증유의 변화를 가져올 것으로 예측됩니다. 기술 발달과 세계화, 고령화, 기후 변화, 물과 에너지의 부족 등에 어떻게 대처할 것인지는 아무리 빨리 준비해도 결코 빠르지 않습니다. 이번 콘퍼런스는 4차 산업혁명 시대의 일자리와 교육이라는 매우 절박한 주제로 열립니다.

18세기의 1차 산업 혁명은 농업 노동자들을 실업자로 내몰지 않고 공업 노동자로 흡수했습니다. 그렇다면 4차 산업혁명은 로봇이나 인공지능에 빼앗길 일자리보다 더 많은 일자리를 어떻게 창출할 것이며 교육은 어떤 역할을 할 것인가? 이런 문제들에 대한 혜안이 서울 미래 콘퍼런스에서 제시되길 바랍니다.

정부도 대통령 직속 4차 산업혁명 위원회를 중심으로 그런 문제들을 점검하고 준비하겠습니다. 서울 미래 콘퍼런스에서 나올 지혜들이 정부 정책 수립에도 큰 도움이 될 것으로 기대합니다. 감사합니다.

——2017 서울경제 미래 콘퍼런스 축사

第十二课

跨文化分析

口译主题｜公共外交

段落视译｜公共外交的定义和种类

实战练习｜공공외교법 발효 기념 심포지엄 환영사

自主练习｜공공외교법 발효 기념 심포지엄 축사

一、技巧讲解

语言是文化的载体，语言的不同意味着交流中存在文化差异。口译涉及的文化知识丰富，经常遇到诸如文化意象差异、思维认知差异、思维模式不同和文化积淀差异等跨文化交际障碍，还存在词汇缺失、错译、漏译、译不出等口译技术性难题。话语或文字背后的信息，包括语境、背景知识、文化因素、比喻意义、俚俗行话等等超语言信息的难度丝毫不亚于话语或文字本身的内涵。

不同语言在表达上有的直接，有的委婉而含蓄。每个国家和地区的文化符号、文化象征、文化寓意千差万别，具有不同的文化信仰和文化禁忌。例如，“乌鸦”在韩国被认为是“孝顺”的象征，而在中国却被视为不祥之兆。若不清楚这种差异，不但无法达到交流的目的，反而有可能造成误解。

口译中有些内容专业性不强，看起来似乎并不难译，但是在这些日常会话里往往蕴含着深厚的文化内涵，如果译员专注语言口译而忽略文化差异，就会阻碍交流的顺利进行。这时就要求译员能准确地口译出双方对话的文化内涵，避免造成文化差异，在直截了当、语气严肃、相对委婉等文化差异中进行话语转换、思维转换和文化寓意转换，还要能呈现跨文化交际涉及的非肢体性语言，以及宴请接待、招待贵宾的文化礼仪、民俗礼仪等。

由于口译对译员现场反应时间的要求非常苛刻，加上许多跨文化因素只能由听者意会，所以口译中超语言信息的处理对于许多译员来说，既是出彩的地方，也是困难之处。如何在忠实源语、通顺迅捷的基础上使译文更为得体传神，如何恰如其分地表达源语话者隐含在字里行间的真实想法和意图等文字之外的信息，都需要译员瞬间转换完成，因此这部分的译语质量最能体现出译员的实力。

下面仅以惯用语、表达习惯、感情色彩、特色词汇等为例来分析韩中口译中常见的几种跨文化表现。

1 惯用语

韩语的惯用语指两个以上的单词搭配使用的一种习惯表达方式，一般而言，其含义不同于字面，常有引申之义。例如“가뭄에 단비”字面意思是“久旱逢甘雨”，隐含的意思是“期盼已久的事情终于实现”。“이빨 빠진 호랑이”按字面做“掉了牙的老虎”解，隐含的意思是“失势无能的人”。狭义的惯用语只包括非句子形态的固定词组，广义的惯用语也包括以短句形态使用的俗语、成语和谚语等。

惯用语主要表达的是隐含的意思，口译时要注意摆脱字面的影响和约束。

例1：　심플한 과정인 것 같지만 굉장히 **손이 많이 가는** 작업들입니다.

译文：　这个过程看似简单，其实**很费功夫**。

视译译文

	断　句	译　文
1	심플한 과정인 것 같지만	这个过程看似简单，
2	굉장히 **손이 많이 가는** 작업들입니다.	其实**很费功夫**。

"손이 가다"指"费力气、费功夫"，这里不能按字面翻译。

例2：　중국이 **기준금리 인하 카드까지 만지작거리는 것은** 무역마찰의 충격이 경기 전반으로 확대될 수 있다는 우려때문이다.

译文：　中国之所以**正在考虑下调基准利率**，是因为担心贸易冲突可能会影响整体经济形势。

视译译文

	断　句	译　文
1	중국이	中国
2	**기준금리 인하 카드까지 만지작거리는 것은**	**之所以考虑下调基准利率，**
3	무역마찰의 충격이	是因为担心贸易冲突
4	경기 전반으로 확대될 수 있다는 우려때문이다.	会影响整体经济形势。

"카드를 만지작거리다"原指"把玩纸牌"，形容玩纸牌的时候考虑是否要出牌的样子，隐含的意思是考虑采取某种措施或做出某种决策。在例句中，结合上下文，此处可以理解为"考虑下调基准利率"。

例3：　제1세션 전에 발표된 '한중일 협력 백서'에서도 볼 수 있듯이 한중일 3국은 동북아라는 **한 배를 탄 이웃으로서** 근대화, 세계화, 정보화의 역사적 흐름 속에서 그 어느 때보다 상호 밀접한 교류 관계를 유지하고 있습니다.

译文：　从第一场会议之前发布的《中日韩合作白皮书》中可以看出，中日韩是东北亚**同舟共济**的邻国，在现代化、全球化和信息化的历史潮流中，交往空前密切。

视译译文

	断　句	译　文
1	제1세션 전에 발표된	第一场会议之前发布了
2	'한중일 협력 백서'에서도	《中日韩合作白皮书》，
3	볼 수 있듯이	从中可以看出，
4	한중일 3국은	中日韩

（续表）

	断　　句	译　　文
5	동북아라는 **한 배를 탄 이웃으로서**	是东北亚**同舟共济**的邻国，
6	근대화, 세계화, 정보화의	在现代化、全球化和信息化的
7	역사적 흐름 속에서	历史潮流中，
8	그 어느 때보다	比任何时候
9	상호 밀접한 교류 관계를 유지하고 있습니다.	交往都要密切。

“한 배를 타다”原指“坐一条船”，形容命运连在一起、休戚与共，可以借“船”这一喻体译为“同舟共济”。

例4： 이러한 대화의 토대 위에서 우리는 오랫동안 양국 관계의 **발목을 잡았던** 일본군 위안부 피해자 문제를 해결하기 위한 협상을 작년 12월 한일 양국 외상 회담에서 타결하였습니다.

译文： 基于这样的对话，为解决长期**困扰**两国关系的慰安妇问题，我们在去年12月韩日外长会谈上达成了协议。

视译译文

	断　　句	译　　文
1	이러한 대화의 토대 위에서	基于这样的对话，
2	우리는 오랫동안 양국 관계의 **발목을 잡았던**	我们就长期**困扰**两国关系的
3	일본군 위안부 피해자 문제를	慰安妇问题，
4	해결하기 위한 협상을	协商寻求解决方案，
5	작년 12월	去年 12 月
6	한일 양국 외상 회담에서	在韩日外长会谈上
7	타결하였습니다.	达成了协议。

2 表达习惯

韩语有一些表达习惯和汉语不同，例如，主持人介绍之后，演讲嘉宾会说“방금 소개받은 ……입니다.”直译过来就是“我是主持人介绍的……。”而在中国，演讲嘉宾，尤其是重量级嘉宾，通常直接说“我是……”，而不说“我是主持人介绍的……”。遇到这种情况时，只需直接译“我是……”即可。

韩语还有一种比较常见的表达方式就是喜欢在称呼别人时前面加上“우리”，以表达和被称呼的人关系亲密。例如“우리 시장님”“우리 총장님”“우리 교수님”，这种情况在翻译成汉语时也不必保留“我们”，只需翻译出被称呼的人即可。

例5：<u>저희집의 아이들 엄마도</u> 지금 전업 주부입니다만 늘상 여기서 여기저기서 받아보는 뉴스 때문에 굉장히 스트레스 받습니다.

译文：<u>我太太</u>是全职主妇，每天收到各种推送的新闻，不胜其扰。

视译译文

	断句	译文
1	<u>저희집의 아이들 엄마도</u>	<u>我太太</u>
2	지금 전업 주부입니다만	是全职主妇，
3	늘상 여기서 여기저기서 받아보는 뉴스 때문에	每天收到各种推送的新闻，
4	굉장히 스트레스 받습니다.	不胜其扰。

例句中的称呼"저희집의 아이들 엄마"直译是"我们家孩子们的妈妈"，这是韩国人的一种称呼习惯，如果直译会显得冗长而拗口。口译时可以处理得简洁一些，直接译为"我太太"，体现出和话者的关系即可。

例6：여러분, 반바지 차림으로 출근하는 쿨비즈운동을 벌이고 있는데 사진 속 이 사람 누구까요? <u>바로 서울 시장인 접니다.</u>

译文：各位，现在流行 "清凉商务着装"运动，穿短裤上班，照片上的人<u>就是我</u>。

视译译文

	断句	译文
1	여러분,	各位，
2	반바지 차림으로 출근하는	穿着短裤上班，
3	쿨비즈운동을 벌이고 있는데	这是响应"清凉商务着装"运动，
4	사진 속 이 사람 누구까요?	照片上的人是谁呢？
5	<u>바로 서울 시장인 접니다.</u>	<u>就是我</u>。

例句中的演讲人是在向观众展示自己的照片并介绍情况，最后一句体现出了演讲人的身份是"首尔市长"。如果直接翻译成"就是首尔市长我"，中国听众听起来会感觉演讲人过于强调自己的身份。在听众已经知晓演讲人身份的情况下，可以直接翻译成"就是我"。

同样，汉语也有一些表达习惯在译成韩语时不宜直接按照字面直译，尤其是一些具有负面信息的提示。例如高速公路旁出现的提示语"前方路障，硬闯扎胎"，只需提示"천천히"即可。"会议即将开始，请不要在场内随意走动"也只需提示"회의가 곧 시작됩니다. 빨리 착석해주시기 바랍니다."即可。

例7：两国领导人**愉快地**回忆起中法两国友好交往历史，并指出，法国是第一个同新中国正式建交的西方大国，也是最早同中国建立战略伙伴关系和开展战略对话、最早同中国开展民用核能合作的国家。

译文：두 정상은 양국 관계의 역사를 되돌아보면서 프랑스는 신중국과 공식 외교 관계를 수립한 첫 서방 대국이자 가장 먼저 중국과 전략적 동반자 관계를 맺고 전략적 대화를 한 나라이며, 중국과 민간 원자력 협력을 시작한 최초의 나라이기도 하다고 했다.

视译译文

	断　句	译　文
1	两国领导人**愉快地**回忆起	두 정상은
2	中法两国友好交往历史，	양국 관계의 역사를 되돌아보면서
3	并指出，法国是第一个	프랑스는
4	同新中国正式建交的	신중국과 공식 외교 관계를 수립한
5	西方大国，	첫 서방 대국이자
6	也是最早同中国建立战略伙伴关系	가장 먼저 중국과 전략적 동반자 관계를 맺고
7	和开展战略对话、	전략적 대화를 한 나라이며,
8	最早同中国开展民用核能合作的	중국과 민간 원자력 협력을 시작한 최초의
9	国家。	나라이기도 하다고 했다.

"愉快地回忆起"是汉语在报道高层领导谈话时常用的表达方式，意在烘托友好气氛。但译成韩语时加上"愉快地"不一定符合表达习惯，因此译者在此处省略了"愉快地"这个概念。

例8：不管是智能科技给人们未来带来的收益，还是将来我们有可能面临的风险，这些都是非常有意义的话题，所以我们在这个时候一起探讨是**非常好的**。

译文：인공지능 기술이 인류의 미래에 가져올 효용이든 앞으로 우리가 직면하게 될 위험이든, 모두 매우 의미 있는 화두이기에 여기서 함께 논의하는 것은 매우 **시의적절하다고** 생각합니다.

视译译文

	断　句	译　文
1	不管是智能科技	인공지능 기술이
2	给人们未来带来的收益，	인류의 미래에 가져올 효용이든
3	还是将来我们	앞으로 우리가
4	有可能面临的风险，	직면하게 될 위험이든,
5	这些都是非常有意义的话题，	모두 매우 의미 있는 화두이기에
6	所以我们在这个时候一起探讨	여기서 함께 논의하는 것은
7	是**非常好的**。	매우 **시의적절하다고** 생각합니다.

例句中“是非常好的”直译成“매우 좋다”并不符合韩语的表达习惯。可以根据上下文改成韩语中常用的表达方式“시의적절하다”。同样，韩语和汉语一些祝福的话语和演讲结尾常用的套语也不尽相同，例如中国喜欢用“祝大家身体健康！万事如意！”，韩语则常用“여러분의 건강과 건승을 기원합니다！”。中国人的新年祝福语是“新年快乐！”，韩国则是“새해 복 많이 받으세요!”，因此需要摆脱字面，根据语境来选择译语的常用表达方式。

3 感情色彩

有些词或熟语在两种语言中字形相似，感情色彩却完全不同，如果处理不好就会导致逻辑不通，口译时需格外注意。

例9：그래서 그 하나하나의 문제에 대해서 우리가 **대증적으로** 대응을 해서 보호가 안 된다고 해서 보호를 늘리고 거래가 안된다고 해서 은행 융자를 내주고 하는 식의 대응을 많이 해봤지만 별 효과를 못 보고 있습니다.

译文：所以我们对这些问题一一采用了**治标的**方法，保护力度不够就加强保护，交易不活跃就提供银行贷款，但效果仍不明显。

视译译文

	断　　句	译　　文
1	그래서 그 하나하나의 문제에 대해서	所以对这些问题
2	우리가 **대중적으로** 대응을 해서	我们采用了**治标的**方法，
3	보호가 안된다고 해서	保护力度不够
4	보호를 늘리고	就加强保护，
5	거래가 안된다고 해서	交易不活跃
6	은행 융자를 내주고	就提供银行贷款，
7	하는 식의 대응을 많이 해봤지만	采取了很多措施，
8	별 효과를 못 보고 있습니다.	但效果仍不明显。

“대증적”对应的汉字是“对症的”，一般被看作褒义词“对症下药”，实际在韩语中它却是一个贬义词，词典释义为“근본적이지 않고 겉으로 드러나는 현상에만 조치를 취하는 것”，形容“治标不治本”。

例10：지금 우리 경제는 **백척간두의 위기에** 놓여 있습니다. 경제 침체가 장기화되면서 기업은 투자와 고용을 꺼리고 각종 구조 조정과 일자리 부족으로 국민들은 내일의 희망을 잃어가고 있습니다.

译文：目前我们的经济**岌岌可危**，经济长期低迷，企业不愿意投资和招聘，各种结构调整和就业岗位不足，人们对未来日渐失去希望。

视译译文

	断　　句	译　　文
1	지금 우리 경제는	目前我们的经济
2	**백척간두의** 위기에 놓여 있습니다.	**岌岌可危**，
3	경제 침체가 장기화되면서	经济长期低迷，
4	기업은 투자와 고용을 꺼리고	企业不愿意投资和招聘，
5	각종 구조 조정과	各种结构调整
6	일자리 부족으로	和就业岗位不足，
7	국민들은 내일의 희망을 잃어가고 있습니다.	人们对未来日渐失去希望。

“백척간두”对应的汉字是“百尺竿头”，在汉语中是褒义词，但在韩语中却是贬义词。例句中用来修饰“危机”，形容十分危急，因此译为“岌岌可危”。

例11：이러한 정부의 노력에도 불구하고 일각에선 **‘소 잃고 외양간 고치기’**식의 대책이라는 비판이 쏟아지고 있다. 사고 발생 당시 후속 조치에 대한 공약 실천 여부도 도마 위에 오른 상황이다.

译文： 尽管政府做了这样的努力，还是有人大肆批评这都是“**马后炮**”，事故发生当时政府承诺的后续措施能否落到实处也成为人们关注的焦点。

视译译文

	断　　句	译　　文
1	이러한 정부의 노력에도 불구하고	尽管政府做了这些努力，
2	일각에선	还是有人认为，
3	**‘소 잃고 외양간 고치기’**식의 대책이라는	这些对策都是**“马后炮”**，
4	비판이 쏟아지고 있다.	大肆批评。
5	사고 발생 당시	事故发生当时
6	후속 조치에 대한 공약 실천 여부도	政府承诺的后续措施能否落到实处
7	도마 위에 오른 상황이다.	也成为人们关注的焦点。

“소 잃고 외양간 고치기”指“丢了羊补羊圈”，字面上似乎对应“亡羊补牢”，但汉语强调的是“为时不晚”，而韩语强调的是“为时已晚”。此处可以根据上下文译为“马后炮”，形容根本没有实际效果。

例12： 실제 주요 포털에서 ‘층간 소음 복수’를 입력하면 층간 소음 해결 고무망치, 위층 복수 천장 치기 망치, 층간 소음 우퍼 스피커 등 갖가지 상품이 검색된다. 이처럼 심각한 사회적 문제로 대두된 층간 소음 이웃 분쟁이 **점입가경** 양상을 보이며 실효성 있는 조정 기구 설치 등 대안이 시급하다는 지적이다.

译文： 实际上，只要在主要门户网站输入“层间噪音反击”，就会出现五花八门的相关产品，比如橡胶锤、天花板敲打锤、低音扬声器等。有人指出，邻里间的噪音纠纷已经成为一个严重的社会问题，大有**愈演愈烈**之势，亟须成立具有实效性的协调机构等解决方案。

视译译文

	断　　句	译　　文
1	실제 주요 포털에서	实际上，在主要门户网站
2	‘층간 소음 복수’를 입력하면	只要输入“层间噪音反击”，
3	층간 소음 해결 고무망치,	就会出现橡胶锤、
4	위층 복수 천장 치기 망치,	天花板敲打锤、
5	층간 소음 우퍼 스피커 등	低音扬声器等
6	갖가지 상품이 검색된다.	五花八门的相关产品。
7	이처럼 심각한 사회적 문제로 대두된	这已经成为一个严重的社会问题，

（续表）

	断 句	译 文
8	층간 소음 이웃 분쟁이	邻里间的噪音纠纷
9	**점입가경** 양상을 보이며	大有**愈演愈烈**之势，
10	실효성 있는 조정 기구 설치 등	需要成立具有实效性的协调机构等，
11	대안이 시급하다는 지적이다.	亟须制定解决方案。

"점입가경"对应的汉字是"渐入佳境"，汉语比喻境况逐渐好转或风景、情趣等逐渐深入而达到美妙的境地，韩语中本义为"风景越来越优美"，但更多用来形容事情越来越糟糕或局面失控。此处形容层间噪音问题越来越严重，因此可以根据上下文翻译成"愈演愈烈"。

4 特色词汇

有一些词属于韩国独有的特色词汇，属于"文化专有项"或"文化负载词"。文化专有项（Culture-Specific Items or CSI）的概念率先由西班牙翻译家、翻译理论家哈维·佛朗哥·艾克西拉（Javier Franco Aixelá）提出。文化专有项是指某一民族专有的文化表达式，具有该民族鲜明独特文化内涵，并代表着人类各个民族显现出异彩纷呈的区别于其他民族的形态，由文化的特殊部分组成。

韩语中的文化负载词常见于多个领域，下面仅以口译中经常出现的一些词为例加以说明。

例13：지난 11월 17일 우리 서울시장님께서 예테보리의 지속 가능 대상을 수상을 했었는데 시장님이 워낙 바쁘셔서 **행정1부시장님**이 대리로 가셔서 수상을 했었습니다.

译文：首尔市长获"哥德堡可持续发展大奖"，他因公务繁忙，11月17日由首尔市**行政第一副市长**前往代替领奖。

视译译文

	断 句	译 文
1	지난 11월 17일	11月17日，
2	우리 서울시장님께서	首尔市长
3	예테보리의 지속 가능 대상을 수상을 했었는데	获"哥德堡可持续发展大奖"，
4	시장님이 워낙 바쁘셔서	由于他公务繁忙，
5	**행정1부시장님**이	由首尔市**行政第一副市长**
6	대리로 가셔서 수상을 했었습니다.	前往代替领奖。

"행정1부시장님"是首尔市副市长之一，首尔市设有"行政第一副市长""行政第二副市长""政务副市长"等，分管不同的工作。韩国各城市可以根据情况设立多名副市

长，例如，釜山设有“经济副市长”，光州设有“文化经济副市长”等，此时可直译。

例14：이낙연 **더불어민주당 대표**와 김태년 **원내대표**가 23일 서울 여의도 국회에서 열린 최고위원회의에서 대화하고 있다.

译文：23日在首尔汝矣岛国会举行的最高委员会议上，共同民主党**党首**李洛渊正同**党鞭**金泰年交谈。

视译译文

	断　句	译　文
1	이낙연 **더불어민주당 대표**와	共同民主党**党首**李洛渊
2	김태년 **원내대표**가	同**党鞭**金泰年
3	23일 서울 여의도 국회에서 열린	23日在首尔汝矣岛国会举行的
4	최고위원회의에서	最高委员会议上
5	대화하고 있다.	进行交谈。

韩国的政党制度受到美国影响，政党“대표”指“党首”“领袖”或“领导人”，负责政党的整体工作。“원내대표”汉字对应“院内代表”，“院内”实指“国会”，院内代表主要负责国会内的政党领导工作，译为“党鞭”。

例15：그는 “사업가는 깨끗함을 추구하기보다 성과에 치중한다”며 “**MB시절** 대한민국은 안정되고 글로벌 금융위기도 가장 먼저 탈출해 번영을 이뤘던 시기라고 생각한다”고 주장했다.

译文：他主张，企业家更注重的是成果，而非廉洁，并认为**李明博总统任期内**韩国是稳定的，并率先摆脱全球金融危机，实现了经济繁荣。

视译译文

	断　句	译　文
1	그는	他主张，
2	“사업가는 깨끗함을 추구하기보다	企业家更注重的不是廉洁，
3	성과에 치중한다”며	而是成果，
4	“**MB시절**	并认为**李明博总统任期内**
5	대한민국은 안정되고	韩国是稳定的，
6	글로벌 금융위기도 가장 먼저 탈출해	并率先摆脱全球金融危机，
7	번영을 이뤘던 시기라고 생각한다”고 주장했다.	实现了经济繁荣。

韩国有以总统名字的字母缩写指代总统的习惯，如“MB”指李明博，“DJ”指金大中，“YS”指金泳三等。

例16：그는 직장을 옮기면서 올해 4월부터 시작한 **청와대 출입기자** 생활도 끝이 났다. 지난 7개월 여의 시간 동안 두 번의 남북회담, 한 번의 북미회담, 두 번의 대통령 순방을 함께 했다.

译文：他换了工作，始于今年4月的**驻青瓦台记者**生涯也随之结束。在过去七个多月的时间里，他参加了两次朝韩会谈和一次美朝会谈的采访工作，并两度随总统出访。

视译译文

	断　句	译　文
1	그는 직장을 옮기면서	他换了工作，
2	올해 4월부터 시작한	始于今年4月的
3	**청와대 출입기자** 생활도	**驻青瓦台记者**生涯
4	끝이 났다.	也随之结束。
5	지난 7개월 여의 시간 동안	在过去七个多月的时间里，
6	두 번의 남북회담,	他参加了两次朝韩会谈
7	한 번의 북미회담,	和一次美朝会谈的采访工作，
8	두 번의 대통령 순방을 함께 했다.	并两度随总统出访。

"청와대 출입기자"指专门负责采访青瓦台相关新闻的记者，和美国的"驻白宫记者"类似，可译为"驻青瓦台记者"。同样，还有"국회 출입 기자""대법원 출입 기자"等，指专门负责采访国会、大法院新闻的记者。

以上仅以几种常见的例子简单分析了跨文化因素在韩中口译中造成的障碍。总之，口译具有现时、现场、限时性的特点，它不仅要求译员具有很强的记忆力、广博的知识、良好的心理素质，更需要熟悉不同的文化背景，了解不同的文化积淀和思维方式的差异。只有这样，译语才能表达得恰如其分，真正在双方交流交际中发挥"桥梁"和"协调者"的作用。

二、段落视译

| 公共外交的定义和种类 |

韩　文	中文释义
소프트 파워(soft power)	软实力
비 하드 파워(non-hard power)	非硬实力
사회적 책임 활동(CSR)	社会责任活动

20세기 중반 이후 세계화가 진행되면서 공공 외교는 이미 각 국가 외교의 핵심 분야의 하나로 자리잡아 가고 있습니다. 국가의 외교 정책을 단순한 홍보나 선전 양식을 넘어서서 국제 사회에 설파함으로써 이에 대한 이해 제고와 더불어 지지를 구하는 것이 공공 외교입니다.

공공 외교는 '소프트 파워 및 다른 비 하드 파워 자산을 사용하여 열린 소통 과정을 통해 외국민의 마음을 얻음으로써 궁극적으로 국익을 증진시키는 비 전통적 외교 행위'라고 정의할 수 있습니다.

공공 외교의 양식은 어떠한 비 하드 파워 자산을 활용하는가에 따라 다음과 같이 여러 유형이 있습니다. 예를 들면, 첫째, 역사적 발전 경험을 통해서 축적된 아이디어, 정보, 정책, 제도, 가치, 과학 기술 등 지식 재산을 활용하는 지식 외교가 있습니다. 둘째, 문화 자산을 활용하는 문화 외교가 있고, 셋째, 신문 방송 SNS 등 미디어(media) 자산을 활용하는 미디어 외교. 넷째, 기업 브랜드, 현지에서의 사회적 책임 활동(CSR)을 활용하는 기업 외교가 있겠습니다. 이외에도 스포츠 외교, 관광 외교 등을 예로 들 수 있을 것입니다.

20世纪中叶以来，随着全球化的进程，公共外交已成为各国外交的一个重要领域。它超越了单纯做宣传的方式，而是通过向国际社会宣示本国的外交政策，以期增进理解并寻求支持。

公共外交可以定义为"利用软实力和其他非硬实力资产，通过开放的沟通过程赢得外国人的心，最终增进国家利益的非传统外交行为"。

根据所利用的非硬实力资产的不同，公共外交有多种类型：例如，第一种是利用知识财富的知识外交，包括通过历史发展经验积累的理念、信息、政策、制度、价值观、科学技术等；第二种是利用文化资产的文化外交；第三种是利用报纸、广播、SNS等媒体资产的媒体外交；第四种是利用企业品牌和当地社会责任活动（CSR）的企业外交。此外，还包括体育外交、旅游外交等。

视译译文

	断　句	译　文
1	20세기 중반 이후	20世纪中叶以来，
2	세계화가 진행되면서	随着全球化的进程，
3	공공 외교는	公共外交
4	이미 각 국가 외교의 핵심 분야의 하나로 자리잡아 가고 있습니다.	已成为各国外交的一个重要领域。

（续表）

	断　句	译　文
5	국가의 외교 정책을	对于本国的外交政策，
6	단순한 홍보나 선전 양식을 넘어서서	它超越了单纯做宣传的方式，
7	국제 사회에 설파함으로써	更是通过向国际社会进行宣传，
8	이에 대한 이해 제고와 더불어	增进政策理解，
9	지지를 구하는 것이 공공 외교입니다.	并寻求支持。
10	공공 외교는	公共外交
11	‘소프트 파워 및 다른 비 하드 파워 자산을 사용하여	利用软实力和其他非硬实力资产，
12	열린 소통 과정을 통해	通过开放的沟通过程，
13	외국민의 마음을 얻음으로써	赢得外国人的心，
14	궁극적으로 국익을 증진시키는	最终增进国家利益，
15	비 전통적 외교 행위’라고	是一种非传统外交行为，
16	정의할 수 있습니다.	可以这样定义。
17	공공 외교의 양식은	公共外交的形式
18	어떠한 비 하드 파워 자산을 활용하는가에 따라	根据所利用的非硬实力资产的不同，
19	다음과 같이 여러 유형이 있습니다.	有以下多种类型：
20	예를 들면,	例如，
21	첫째, 역사적 발전 경험을 통해서	第一，通过历史发展经验
22	축적된 아이디어, 정보, 정책,	积累的理念、信息、政策、
23	제도, 가치, 과학 기술 등	制度、价值观、科学和技术等
24	지식 재산을 활용하는	利用这些知识财富的
25	지식 외교가 있습니다.	知识外交，
26	둘째, 문화 자산을 활용하는	第二是利用文化资产的
27	문화 외교가 있고,	文化外交；
28	셋째, 신문 방송 SNS 등 미디어(media) 자산을 활용하는	第三种是利用报纸、广播、SNS 等媒体资产的
29	미디어 외교.	媒体外交；
30	넷째, 기업 브랜드,	第四种是利用企业品牌
31	현지에서의 사회적 책임 활동(CSR)을 활용하는	和当地社会责任活动 (CSR) 的
32	기업 외교가 있겠습니다.	企业外交。
33	이외에도	此外，
34	스포츠 외교,	还包括体育外交、
35	관광 외교 등을 예로 들 수 있을 것입니다.	旅游外交等。

三、实战练习

韩　文	中文释义
불볕 더위	骄阳似火、极其炎热
발효(發效)	生效
정통적(正統的)	正统的
우위(優位)	优势
입지(立地)	位置、地位、基础
선구자	先驱者
개척자	开拓者
ODA (Official Development Assistance, 공적 개발 원조)	官方开发援助，指发达国家政府为发展中国家提供的用于经济发展和提高人民生活的赠予水平 25% 以上的赠款或贷款。
프레임워크(framework)	框架
역설적(逆說的)	矛盾的

유례 없는 불볕 더위가 기승을 부리는 휴가철임에도 불구하고 오늘 국회 외교통일위원회와 국립외교원이 공공 외교법 발효를 기념하여 개최하는 공공 외교 심포지엄에 이렇게 참석해 주셔서 대단히 감사합니다.

21세기는 공공 외교의 시대라고 해도 과언이 아닐 것입니다. 지난 세기부터 존재해왔던 공공 외교는 금세기 들어 학문의 한 분야로서, 또한 외교적 실천이라는 차원에서 전혀 새로운 양상으로 급부상하고 있습니다.

강대국이나 중소국을 막론하고 이 분야에 막대한 자원을 투입하면서 경쟁이 심화되고 있는 사실은 바로 공공 외교의 새로운 양상과 추세를 그대로 반영한다고 생각합니다.

아직 때이른 감은 없지 않지만 금세기 공공 외교의 부상의 결과를 두 가지로 요약할 수 있을 것 같습니다.

첫째는 이미 정부 차원의 국가 간 상호 관계를 의미하는 정통적 외교와 공공 외교 간의 구분이 사실상 의미가 더이상 없어졌다는 생각을 갖습니다.

지난 20여 년간 공공 외교는 정통 외교와 빠르게 통합해 갔고, 이제는 공공 외교가 각국가 외교의 아주 중요한 부분으로서 자리잡고 있는 것입니다. 불과 5,6년 전까지만 해도 외교관들과 전문가들 사이에서 정통 외교가 무엇인지, 공공 외교가 무엇인지 개념 간의 차이를 둘러싸고 여러 가지 의견이 있었습니다만, 이제는 이런 차이가 구분과 의미가 없을 정도로 공공 외교가 정통 외교의 아주 불가분한 한 부분으로서 자리잡아 가고 있습니다.

이 결과로서 공공 외교 분야에서 국가간 경쟁이 가속되고 있고, 심지어 일부 국가들에서는 공공 외교를 전략적 하드파워 경쟁에서 우위를 점하기 위한 수단으로까지 인식하는 데까지 이르고 있습니다.

두 번째, 공공 외교가 국제 정치와 국제 관계를 이해하는 새로운 인식의 틀로서 자리잡아 가고 있다는 사실입니다.

기존의 국제 관계에 대한 인식이 민족 국가를 중심으로 이루어졌다면 이제 공공 외교의 부상과 더불어, 비 국가 행위자들이 국제 사회의 중요한 행위자로 등장하고 있고, 소프트 파워를 비롯한 비 하드 파워 자산이 국제 관계의 중요한 수단으로 사용되기에 이르고 있습니다.

이는 곧 영토와 주권, 그리고 하드 파워를 중심으로 이루어졌던 정통적 국가 간 관계와 세계 정치에 대한 획기적 인식의 변화를 촉구하고 있는 것이 아닌가 생각됩니다. 국제관계에 대한 새로운 인식과 외교의 변화, 세계정치의 변화를 초래하는 공공 외교는 한국과 같은 중견국에 있어서는 기회의 영역이라고 생각합니다. 하드 파워가 중심 수단이 되는 강대국과 경쟁의 영역에서는 중소국이 설 자리가 별로 없습니다. 그리고 굉장히 제한적일 수밖에 없습니다.

그러나 소프트 파워를 비롯한 비 하드 파워 자산을 매개로 하는 상대적인 저비용 국제 관계 하에서는 중소국의 외교적 입지가 대폭 확장될 수 있다고 생각합니다. 특히 한국처럼 소프트 파워의 잠재력이 큰 국가에서는 더욱 그러하다고 생각합니다. 이러한 맥락에서 오늘날 한국의 공공 외교는 도약의 시기를 맞고 있습니다.

지난 20여 년간 한류가 한국 공공 외교의 선구자, 개척자의 역할을 해왔다면, ODA의 프레임워크에서 시행되는 경제 개발 경험 교환 사업, 인적 교류, 지식 교류를 통해서 한국 공공 외교의 역량과 자산을 축적해 왔습니다. 이제 내일 정식으로 발효되는 공공 외교법은 이와 같은 축적된 자산과 역량에 법적, 제도적 기반이 됨으로써 한국의 공공 외교가 도약을 모색하는 중요한 계기가 될 것입니다.

한국 공공 외교의 비상을 위한 선결 과제는 역설적으로 들리시겠지만, '어떻게 공공 외교를 넘어설까'입니다. 공공 외교는 어떠한 비 하드파워 자산을 사용하느냐에 따라서는 지식 외교, 정책 공공 외교, 문화 외교, 미디어 외교, 기업 외교 등과 같은 구체적인 각론 분야로 구성되어 있습니다.

한국 공공 외교의 도약은 이론적 면과 실천적 면에서 공히 공공 외교 일반론을 넘어서 이러한 각론 분야의 심화가 이루어질 때 비로소 가능하다고 생각합니다. 공공 외교 각론 분야에서의 심화가 서로 일관성 있게 연결될 때, 비로소 우리는 한국형 공공 외교를 창출해 낼 수 있을 것으로 생각합니다. 오늘 심포지엄은 바로 이러한 의미에서 한국 공공 외교의 도약과 한국형 공공 외교의 방향성을 모색하는 자리로 마련되었습니다.

한국형 공공 외교는 정부, 외교관이나 학자들만의 힘으로 만들어질 수는 없습니다. 공공 외교의 주체는 바로 국민 여러분이기 때문입니다. 모쪼록 오늘 심포지엄이 한국 공공 외교 도약을 위한 중요한 모멘텀이 되기를 기대합니다. 오늘 이 자리에는 학계, 언론계, 그리고 국회의 여러 관계자들이 공공 외교를 둘러싸고 열띤 토론을 벌이게 될 것입니다. 여기서 만들어진 콘텐츠가 공공 외교의 여러 가지 부분을 채워줄 수 있는 아주 중요한 자산이 될 것으로 기대하고 있습니다.

다시 한 번 이러한 중요한 소중한 자리를 마련하는 데 모든 뒷받침을 아끼지 않으셨던 우리 심재권 위원장님께 다시 한 번 감사의 말씀을 드리고요, 이종우 수석님을 비롯한 국회 외교통일위원회의 여러 관계자님께도 다시 한 번 감사의 말씀을 드립니다. 감사합니다.

——공공 외교법 발효 기념 심포지엄 개회사

难句解析与视译处理

句1: 이는 곧 영토와 주권, 그리고 하드 파워를 중심으로 이루어졌던 정통적 국가 간 관계와 세계 정치에 대한 획기적 인식의 변화를 촉구하고 있는 것이 아닌가 생각됩니다.

译文: 这就要求对于以领土、主权以及硬实力为中心形成的正统国家关系和世界政治的认识发生根本性的改变。

视译译文

	断　　句	译　　文
1	이는 곧	这意味着,
2	영토와 주권, 그리고 하드 파워를 중심으로 이루어졌던	以领土、主权以及硬实力为中心形成的
3	정통적 국가 간 관계와 세계 정치에 대한	正统国家关系和世界政治,
4	획기적 인식의 변화를	相关认识需要发生根本性的改变。
5	촉구하고 있는 것이 아닌가 생각됩니다.	（省略）

句2: 국제관계에 대한 새로운 인식과 외교의 변화, 세계정치의 변화를 초래하는 공공 외교는 한국과 같은 중견국에 있어서는 기회의 영역이라고 생각합니다.

译文： 公共外交要求我们重新认识国际关系，并在外交和世界政治方面带来变化，我想这一领域对于韩国这样的中等强国是一个机会。

视译译文

	断　句	译　文
1	국제관계에 대한 새로운 인식과	重新认识国际关系，
2	외교의 변화, 세계정치의 변화를	在外交和世界政治方面带来变化，
3	초래하는 공공 외교는	因此公共外交
4	한국과 같은 중견국에 있어서는	对于韩国这样的中等强国
5	기회의 영역이라고 생각합니다.	是一个机会领域。

句3： 그러나 소프트 파워를 비롯한 비 하드파워 자산을 매개로 하는 상대적인 저비용 국제 관계 하에서는 중소국의 외교적 입지가 대폭 확장될 수 있다고 생각합니다.

译文： 但在要求具备软实力等非硬实力资产、费用相对较低的国际关系中，中小国家是可以大幅度地拓展外交舞台的。

视译译文

	断　句	译　文
1	그러나 소프트 파워를 비롯한	但包括软实力在内，
2	비 하드 파워 자산을 매개로 하는	以非硬实力资产为媒介，
3	상대적인 저비용 국제 관계 하에서는	这种国际关系费用相对较低，
4	중소국의 외교적 입지가	中小国家的外交舞台
5	대폭 확장될 수 있다고 생각합니다.	可以得到大幅度拓展。

四、自主练习

韩　文	中文释义
심포지엄(symposium)	研讨会、座谈会
억누르다	抑制、压抑、按捺、欺压
지자체(地自體)	地方政府
복락(福樂)	幸福安乐
정체성(正體性)	本质、本性、特性、本质特点、本来面目
선순환(善循環)	良性循环
가다듬다	振作、抖擞、打起、提起、整理、收拾

반갑습니다. 이렇게 귀한 분들께서 국회를 방문해 주셔서 진심으로 환영하고 오늘 특별한 이런 행사에서 제가 격려의 말씀을 드리게 되어서 매우 영광스럽게 생각합니다.

먼저 공공 외교법 발효를 하루 앞두고 열리는 오늘 심포지엄 개최에 진심으로 축하드립니다. 아울러 오늘 이 행사를 준비하기 위해서 애써 주신 심재권 외통위원장님, 윤병세 외교부 장관님, 윤덕민 국립외교원장을 비롯한 관계자 여러분의 노고에 대해서 깊이 감사드립니다.

21세기를 소프트파워 시대라고 합니다. 군사력과 경제력 같은 하드파워가 아니라 한 사회의 문화적 힘이 국가 경쟁력을 좌우하는 시대입니다. 백범 김구 선생께서는 <나의 소원>이라고 하는 책에서 오직 한없이 가지고 싶은 것은 문화의 힘이라고 설파한 바 있습니다. 선생의 말대로 문화는 상대를 억누르는 것이 아니라 모두를 행복하게 해주는 것이기 때문입니다.

외교, 또한 기본적으로 상대와 공존하면서 자신의 영향력을 극대화하는 것이라고 생각을 합니다. 백범 선생의 말씀대로 문화가 모두를 행복하게 하듯이 외교도 상대와 내가 모두 윈윈할 수 있는 길을 찾는다고 하는 점에서 같은 맥락에 있다고 하겠습니다.

모든 문화의 핵심은 사람이고 공공 외교의 핵심도 사람입니다. 전통 외교는 정부가 주체가 되는 것이지만 공공 외교는 정부뿐만 아니라 국회와 지자체, 특히 민간분야의 교류가 중요시되고 있는 그런 영역이라고 생각합니다. 매우 복합적인 외교 활동이지만 결국 핵심은 사람입니다.

한 국가가 다른 국가의 마음을 얻는 것이 외교라면 다양한 형태의 교류를 통해서 상대국가 국민의 마음을 얻을 수 있는 것은 결국 사람이 하는 일이라고 하는 점을 잊지 않아야 할 것입니다.

백범 선생의 얘기를 하나 더 하겠습니다. 선생께서는 자주독립 이후에 우리가 꼭 해야 할 임무가 있다고 하셨습니다. 인류의 진정한 평화와 복락을 위한 사상을 낳자는 것이었습니다. 인류 공생의 사상을 낳자고 하신 김구 선생의 말씀이야말로 대한민국 공공 외교가 앞으로 해야 할 일을 잘 보여주고 있다고 생각합니다.

그것은 바로 우리 스스로의 부강과 번영뿐 아니라 인류를 위한 사랑과 평화에도 기여할 수 있는 새로운 가치를 발굴하고 제시하는 일입니다. 우리의 정체성이 담긴 사상을 공공 외교에 담아 세계에도 기여하고 그로 인해 대한민국이 더 매력 있는 국가가 되고 더 발전하는 선순환을 만들어 가자고 하는 것입니다.

그런 점에서 이 심포지엄은 우리가 세계에 내놓을 수 있는 대한민국 공공 외교의 핵심 가치를 모색해 나가는 중요한 자리가 될 것입니다. 한국형 공공 외교의 목표와 수단을 전략적으로 가다듬고 우리가 알리고자 하는 핵심가치를 체계적으로 정책에 반영하기 위해서는 여러분 모두의 지혜가 필요합니다. 특히 장기적 관점에서 일관되게 공공 외교를 추진할 수 있도록 우리 국민의 이해와 신뢰를 증진하기 위한 노력도 더욱 강화해 나가야 할 것입니다.

우리 공공 외교 발전에 대한 각계의 관심과 기대가 큰 이때 새로운 공공 외교의 도약을 위한 첫걸음으로 기록될 이번 공공 외교 심포지엄의 개최를 다시 한번 축하드리면서 이번 공공 외교법 발효를 통해서 우리 공공 외교가 한 차원 더 도약할 수 있는 계기가 되기를 진심으로 기대합니다. 국회도 함께 하겠습니다. 감사합니다.

——공공 외교법 발효 기념 심포지엄 격려사

第十三课

隐喻的处理

口译主题｜知识产权

段落视译｜中国成国际专利申请最大来源国

实战练习｜디자인 포럼 인터뷰

自主练习｜제6회 국제 지적 재산권 및 산업 보안 콘퍼런스 환영사

一、技巧讲解

隐喻是最重要的修辞手法之一，它指出了两个事物的相似处，但不使用喻词，有的甚至省略本体。隐喻是一种以乙事物的名义描述甲事物的修辞手法，通常比较含蓄，相比之下，明喻中的比较则相对明确。可以说，隐喻是同明喻相比较而存在的，没有明喻，就无所谓隐喻。

如何实现隐喻的转换是文学翻译研究领域的重要问题之一，但是在非文学口译中，隐喻也很常见，如“교통마비（交通瘫痪）”“인구절벽（人口世代断崖）”“물밑접촉（秘密接触）”“캥거루 족（啃老族）”等。隐喻往往是口译中一个较大的阻碍因素，不但影响流畅度，甚至可能严重影响译语质量，因此翻译时需要格外注意。

过去人们往往以是否再现了隐喻的修辞功能为标准来评判翻译水平，译者采取哪种翻译策略，一般是从语义和形式两方面进行考量。较早关注到隐喻翻译问题的纽马克，他提出了隐喻的五种翻译方法：直译、将隐喻改为明喻、用对等隐喻替代源语中的隐喻、保留隐喻意象并将其相似性在译语中直白化、解释性翻译。他对隐喻翻译策略的论述都是基于语言形式与语义对等的观念。他还以隐喻翻译为例阐述了以文本为中心的翻译补偿思想。从纽马克关于隐喻翻译策略和补偿策略的论述来看，他主要是基于隐喻的修辞观探讨隐喻翻译问题。

20世纪80年代，乔治·莱考夫和马克·约翰逊在《我们赖以生存的隐喻》一书中提出隐喻的认知性质，认为隐喻是一种思维方式，这一观点使得隐喻研究从修辞取向过渡到认知取向。莱考夫将隐喻区分为隐喻表达和概念隐喻，前者是后者的具体化表现，认为隐喻是一个概念域向另一个概念域的系统映射。之后Mark Turner & Gills Fauconnier将莱考夫等人的双域模式图解为“多空间模式”，认为翻译时源语空间1和译语空间2共同投射进交织空间，而最终译语的产出依赖于译者在源语思想内容和译语语表形式的制约下的主观选择，是两个空间在第三概念域的整合。也就是说，若两种语言中存在相同的概念隐喻，此时第三概念域会产生对等的语言表达，反之则产生不同的表达，这种译者对两种语言投射进交织空间的重合度的主观判断便是确定隐喻翻译策略的认知基础。

概念隐喻认为，隐喻是以民族文化认知体验为基础形成的，因此隐喻翻译活动受到隐喻赖以发生的社会、民族文化、文学传统等因素潜在的影响，译语也是一定文化语境、文学语境、上下文语境等条件下的产物。

总之，隐喻的翻译活动绝不是单一的语言符号转换，它实际上是一个关涉语言与思维、文化与文学、心理与生理等多维的认知活动。译语的产生内在地关涉译者的认知能力、文化价值取向、审美取向等。译者只有充分解读作品中的隐喻，才能更全面地理解作者的意图，在此基础上，运用自身的概念隐喻系统知识，发挥熟谙译语和源语文化及语言的优势，尽可能再现源语中的隐喻。

口译中的明喻视情况而定，通常在译语听众可以接受的情况下保留直译。如果直译不通顺，可采用解释的方法，一个重要的原则就是“去喻体，留寓意”，翻译出隐含意义，重在传达出源语的寓意。相比之下，隐喻的处理方式略显复杂。由于口译具有即时性，需要在短时间内迅速将源语的隐喻所传达的信息传达出去，因此达意为先。韩中口译对隐喻的处理方法主要可以概括为四种：直译、置换、解释、隐喻化。其中前三者是对源语中隐喻的处理，最后一种则是非隐喻表达在译语中体现为隐喻。

1 直译

韩中两种语言若喻体相同，可直接翻译，这种情况处理起来相对容易。

例1： 그동안 우리 나라에서는 제도적 **장벽** 때문에 에너지 효율 기술이나 에너지 절약 전문 기업이 세상에서 살아남기 어려웠습니다.

译文： 由于此前韩国存在制度**壁垒**，能效技术和专业的节能型企业很难生存下去。

视译译文

	断　　句	译　　文
1	그동안 우리 나라에서는	此前韩国
2	제도적 **장벽** 때문에	存在制度**壁垒**，
3	에너지 효율 기술이나 에너지 절약 전문 기업이	能效技术和专业的节能型企业
4	세상에서 살아남기 어려웠습니다.	很难生存下去。

例2： 다만, 중국에서 신산업을 만들어내는 과정에서 기술적 **병목**이 발생할 수 있고 대표적으로 전기차 배터리같은 게 그런 거죠. 그런 쪽에서 뭔가 **병목**을 찾아내는 그런 전략이 여전히 유효하다고 생각을 합니다.

译文： 只是中国在培育新产业的过程中可能会出现技术**瓶颈**，典型的例子就是电动汽车电池。我认为从这方面寻找**瓶颈**的战略仍然有效。

视译译文

	断　句	译　文
1	다만, 중국에서	只是中国
2	신산업을 만들어내는 과정에서	在培育新产业的过程中
3	기술적 **병목**이 발생할 수 있고	可能会出现技术**瓶颈**,
4	대표적으로 전기차 배터리같은 게 그런 거죠.	典型的例子就是电动汽车电池。
5	그런 쪽에서 뭔가 **병목**을 찾아내는	从这方面寻找**瓶颈**,
6	그런 전략이 여전히 유효하다고 생각을 합니다.	我认为这种战略仍然有效。

例3：올해초 출범한 신용정보원의 정보 인프라를 활용하고, 개인 신용 정보의 비식별 지침 마련 등 제도 개선을 통해서 빅데이터에 기초한 다양한 서비스가 우리 금융 투자 업계에 **꽃피우도록** 여건을 마련하겠습니다.

译文：政府将利用今年年初组建的信用情报院的信息系统，制定个人信用信息去识别化方针，通过完善这些制度，为基于大数据的多样性服务在韩国金融投资业界**开花结果**创造条件。

视译译文

	断　句	译　文
1	올해초 출범한 신용정보원의	信用情报院今年年初成立,
2	정보 인프라를 활용하고,	政府将利用其信息系统,
3	개인 신용 정보의 비식별 지침 마련 등	制定个人信用信息去识别化方针,
4	제도 개선을 통해서	通过完善这些制度,
5	빅데이터에 기초한	使基于大数据的
6	다양한 서비스가	多种服务
7	우리 금융 투자 업계에 **꽃피우도록**	在韩国金融投资业界**开花结果**,
8	여건을 마련하겠습니다.	政府将为此创造条件。

在以上几个例句中，中韩双语的喻体基本一致，“장벽”“병목”“꽃피우다”均可以直接翻译成汉语的“壁垒”“瓶颈”“开花结果”。

2 置换

如果译语中有和源语意思相同喻体不同的隐喻，可以直接置换喻体。例如，“총성 없는 전쟁”的喻体是“총성（枪声）”，汉语则用“没有硝烟的战争”来形容这种情况。“增长必须是实实在在和没有水分的增长”中的喻体是“水分”，同样语境下韩语常用的喻体

是“거품（泡沫）”，因此可以译为“경제 성장은 거품이 없고 실질적이어야 하다”。

例4: 加快发展现代农业，打造保障国家粮食安全的**“压舱石”**。加大生态资源保护力度，**筑牢**祖国北疆**生态安全屏障**。

译文: 국가 식량 안보의 **균형추** 역할을 할 수 있도록 현대 농업 발전을 가속화한다. 생태 자원 보호에 더욱 힘써 중국 북부지역에 강력한 **생태 안전망**을 구축할 것이다.

视译译文

	断　句	译　文
1	加快发展现代农业，	현대 농업 발전을 가속화하여
2	打造保障国家粮食安全的**“压舱石”**。	국가 식량 안보의 **균형추** 역할을 할 수 있도록 한다.
3	加大生态资源保护力度，	생태 자원 보호에 더욱 힘써
4	**筑牢**祖国北疆**生态安全屏障**。	중국 북부지역에 강력한 **생태 안전망**을 구축할 것이다.

例句中的喻体“压舱石”，韩语置换为“균형추（均衡錘）”。即“平衡锤、铅锤”，主要用来保持平衡。“生态安全屏障”可以置换为韩文中更常用的“생태 안전망”。

例5: 미래차, 바이오헬스, 시스템 반도체로 우리의 주력 산업을 업그레이드해 가고 규제보다는 기술 혁신을 통해 탄소중립으로의 전환이 우리 경제의 새로운 **성장판**이 되도록 하겠습니다.

译文: 我们将培育新一代汽车、生物医药、功能芯片行业来带动韩国支柱产业升级，与其放宽限制，不如通过技术创新实现碳中和，从而**打通**韩国经济**任督二脉**。

视译译文

	断　句	译　文
1	미래차, 바이오헬스,	我们将培育新一代汽车、生物医药、
2	시스템 반도체로	功能芯片行业
3	우리의 주력 산업을 업그레이드해 가고	带动韩国支柱产业升级，
4	규제보다는	与其放宽限制，
5	기술 혁신을 통해	不如通过技术创新
6	탄소중립으로의 전환이	实现碳中和，
7	우리 경제의 새로운 **성장판이 되도록** 하겠습니다.	从而**打通**韩国经济**任督二脉**。

例句中的喻体是“성장판（成長板）”，即“生长板”，原指骨头两头的分裂组织，帮助骨头生长。源语中用来形容经济，意指“带动经济发展、实现经济腾飞”。相同语境下，汉语可以置换为“打通任督二脉”或“成为新增长点”。

例6： 우리 금융시장이 예금과 대출 위주의 은행 산업에 대한 과도한 의존을 벗어나서 은행과 자본 시장이라는 **두 개의 바퀴를** 가진 균형 있는 시장으로 진화해 나가야 한다.

译文： 我们的金融市场应该逐步实现均衡发展，银行业和资本市场**齐头并进**，而不是过度依赖以存贷为主的银行业。

视译译文

	断　　句	译　　文
1	우리 금융시장이	我们的金融市场
2	예금과 대출 위주의 은행 산업에 대한	对于以存贷业务为主的银行业
3	과도한 의존을 벗어나서	不应该过度依赖，
4	은행과 자본 시장이라는	银行业与资本市场
5	**두 개의 바퀴를 가진**	**应该齐头并进**，
6	균형 있는 시장으로 진화해 나가야 한다.	逐步实现均衡发展。

“두 개의 바퀴（两个轮子）”用来形容事物均衡发展，这里是指银行业和资本市场应该同时发展，不能只发展一个，可以译为“齐头并进”或“并驾齐驱”。

3 解释

如果译语中没有和源语匹配的隐喻，可考虑译出隐含意义。

例1： 아인슈타인은 원자력의 발견을 인류 역사상 불의 발견 이래 가장 혁명적인 사건이라고 했습니다. 하지만 세상은 **야누스의 얼굴을** 한 원자력의 가공할 파괴력에 대한 공포를 먼저 경험해야 했습니다.

译文： 爱因斯坦曾说过：“随着核能的出现，我们这一代人为世界带来了人类发现火以来最革命性的力量。”但是核能具有**两面性**，人们最先感受到的是它那可怕的破坏力。

视译译文

	断　　句	译　　文
1	아인슈타인은 원자력의 발견을	爱因斯坦认为，核能的发现
2	인류 역사상	是人类历史上
3	불의 발견 이래	发现火以来
4	가장 혁명적인 사건이라고 했습니다.	最具革命性的事件。
5	하지만 세상은	然而，

（续表）

	断　句	译　文
6	**야누스의 얼굴을** 한 원자력의	核能具有**两面性**，
7	가공할 파괴력에 대한 공포를	它那可怕的破坏力
8	먼저 경험해야 했습니다.	是人们最先感受到的。

“야누스의 얼굴（雅努斯的脸）”指两张面孔，雅努斯是罗马人的门神，具有前后两个面孔或四方四个面孔，形容事物的两面性或双重性，此处可考虑采用意译方式。

例8： 잘 아시는 대로 최근에 뉴노멀이라는 얘기가 많이 나오고 있습니다. 앨 에리언이란 학자가 얘기를 했는데요. 저성장이나 저소득, 그 다음에 저 수익률이 하나의 트렌드가 될 수 밖에 없다는 애기를 하고 있습니다. 그 부분은 저희가 **장밋빛으로만** 콘텐츠를 볼 수 없다는 얘기가 되겠죠.

译文： 众所周知，最近“新常态”是一个热议话题。学者埃里安指出，低增长、低收入以及低收益率必然会成为一种趋势。也就是说，我们对文创产业不能**过于乐观**。

视译译文

	断　句	译　文
1	잘 아시는 대로	众所周知，
2	최근에 뉴노멀이라는 얘기가	最近“新常态”
3	많이 나오고 있습니다.	是一个热议话题。
4	앨 에리언이란 학자가 얘기를 했는데요.	学者埃里安指出，
5	저성장이나 저소득,	低增长、低收入
6	그 다음에 저 수익률	以及低收益率
7	하나의 트렌드가 될 수 밖에 없다는	必然会成为一种趋势。
8	이애기를 하고 있습니다.	（省略）
9	그 부분은 저희가	也就是说，我们
10	**장밋빛으로만** 콘텐츠를 볼 수 없다는 얘기가 되겠죠.	对文创产业不能**过于乐观**。

“장밋빛”指“玫瑰色”，隐喻美好的未来，此处可以结合上下文语境译为“乐观”。

例9： 한 교수는 “시사고발 프로그램은 시대 정신을 상징하며 한국의 민주화를 선도해왔지만 지금은 죽어가고 있는 안타까운 상황”이라며 “내부적으로 통제하고 **재갈을 물리다** 보니 사명감을 갖고 만드는 언론인들을 좌절하게 만들고 있다”고 말했다.

译文： 一位教授说：“时事评说节目象征着时代精神，一直推动着韩国的民主化进程，如今却是死路一条，令人惋惜。”他还表示：“由于内部控制**禁止发声**，令负有使命感做节目的媒体人倍感受挫。

视译译文

	断　句	译　文
1	한 교수는	一位教授表示，
2	“시사고발 프로그램은	时事评说节目
3	시대 정신을 상징하며	象征着时代精神，
4	한국의 민주화를 선도해왔지만	一直推动着韩国的民主化进程，
5	지금은 죽어가고 있는	如今却是死路一条，
6	안타까운 상황”이라며	令人惋惜。
7	“내부적으로 통제하고	他还表示，由于内部控制
8	**재갈을 물리다** 보니	**禁止发声**，
9	사명감을 갖고 만드는 언론인들을	令负有使命感做节目的媒体人
10	좌절하게 만들고 있다”고 말했다.	倍感受挫。

4 隐喻化

有些时候，尽管源语没有出现隐喻，但译语如果使用隐喻可以更加形象地表达源语的意思，那么也可以以隐喻的形式加以表现，这种情况称为非隐喻的隐喻化手法。

例10：지난 2018년 한국 대법원이 일본 기업으로 하여금 강제 징용 피해자들에게 배상을 하라고 판결한 데 대해, 일본은 1965년 한일청구권협정 위반이라고 강하게 반발했다. 이후 2019년 7월 한국으로의 자국산 일부 품목의 수출을 어렵게 하는 규제를 단행하면서 양국 관계는 **최악으로 치달았다**.

译文：2018年韩国大法院裁决日本企业向强行征用的劳工做出赔偿，遭到日本强烈反对，认为此举违反了1965年的《日韩请求权协定》。之后，日本于2019年7月断然限制本国部分产品对韩出口，两国关系**跌至冰点**。

视译译文

	断　句	译　文
1	지난 2018년	2018 年
2	한국 대법원이	韩国大法院做出裁决，
3	일본 기업으로 하여금	要求日本企业
4	강제 징용 피해자들에게 배상을 하라고	向强行征用的劳工做出赔偿，
5	판결한 데 대해, 일본은	日本认为此举

（续表）

	断　句	译　文
6	1965년 한일청구권협정 위반이라고	违反了1965年的《日韩请求权协定》，
7	강하게 반발했다.	表示强烈反对。
8	이후 2019년 7월	2019年7月
9	한국으로의 자국산 일부 품목의 수출을 어렵게 하는	对于本国部分产品对韩出口，
10	규제를 단행하면서	日本采取了限制措施，
11	양국 관계는 **최악으로 치달았다.**	两国关系**跌至冰点**。

源语中形容两国关系交恶达到顶点，汉语中通常用“跌至冰点”或“跌至谷底”来形容。源语中没有出现隐喻，译语中若以隐喻的形式来表述，显得更加优美流畅。

例11： 최근 중국 다수 도시에서 공유 자전거의 숫자와 운영 지역에 제한을 두고, 방치된 공유 자전거를 폐기하며 관련 기업에 **처벌을 내리는** 등 공유 자전거 **시장 정리에 나섰다.**

译文： 最近中国多个城市开始对共享单车“**下狠手**”，进行总量与区域限制，清理废弃闲置单车，对相关企业**开罚单**。

视译译文

	断　句	译　文
1	최근 중국 다수 도시에서	最近中国多个城市
2	공유 자전거의 숫자와 운영 지역에	对共享自行车的总量与区域
3	제한을 두고,	进行限制，
4	방치된 공유 자전거를 폐기하며	清理废弃闲置自行车，
5	관련 기업에 **처벌을 내리는** 등	对相关企业**开罚单**，
6	공유 자전거 **시장 정리에 나섰다.**	开始对共享单车“**下狠手**”。

这是一个回译的例句，单从源语来看，“시장 정리”也可以译为“整顿市场”，“처벌을 내리다”也可以译为“处罚”。还原之后可以看出，“下狠手”“开罚单”等隐喻的表达更为生动形象。

以上考察了隐喻的四种处理方式，如果一个句子出现多处隐喻，则无须拘泥于某一种译法，可以根据情况综合运用，灵活处理。

例12： AI 시대는 우리에게 **빛과 그림자**를 동시에 드리우고 있는 것이죠. 인공지능의 미래가 인류의 친구 **'아톰'**이 될 것이지, 아니면 인류를 멸망으로 몰고 갈 **'터미네이터'**가 될 것이지는 우리가 어떻게 대응하는가에 달려 있습니다.

译文： 人工智能时代是把**双刃剑**，未来人工智能究竟是人类的朋友**阿童木**，还是使人类走向末日的**终结者**，这取决于我们如何应对。

视译译文

	断 句	译 文
1	AI 시대는	人工智能时代
2	우리에게	对我们来说
3	**빛과 그림자**를 동시에 드리우고 있는 것이죠.	**是把双刃剑**，
4	인공지능의 미래가	未来人工智能
5	인류의 친구 '**아톰**'이 될 것이지,	会成为人类的朋友**阿童木**，
6	아니면 인류를 멸망으로 몰고 갈	还是会使人类走向灭亡，
7	'**터미네이터**'가 될 것이지는	成为**终结者**
8	우리가 어떻게 대응하는가에 달려 있습니다.	这取决于我们如何应对。

源语出现了三处比喻，第一处是隐喻，后两处是明喻。"빛과 그림자"是"光与影"，指"明与暗"，比喻人工智能"利弊共存"，是一把"双刃剑"，此处可以采用置换的方法。后面两处明喻可以保留喻体，也可以去掉喻体，只留寓意。"阿童木"是日本科幻动画片《阿童木》的主人公，"终结者"则是科幻电影《终结者》的主角，由于是用来形容人工智能的两面性，而且做了充分的说明，"阿童木"前面有修饰语"人类的朋友"，"终结者"前面的修饰语是"使人类走向灭亡"，这两个喻体也被中国听众所熟知，因此可以保留喻体。

汉语中的隐喻在翻译成韩语时，同样需要综合运用多种方法灵活处理。

例13： 共享单车是个**烧钱**的项目，监管趋严，资本开始**冷静**。**失去供血能力的小玩家**面临**出局**，余下的**注意力会被聚焦在头部**。

译文： 공유자전거는 **막대한 자금 투입이 필요한** 사업이므로 규제가 엄격해지자 투자 **열기가 식기 시작했다. 자금 줄이 끊긴 작은 규모의 업체들이 도산 위기에 처하게** 되고 나머지 **투자는 선두 업체에 몰리게 될 것입니다.**

视译译文

	断 句	译 文
1	共享单车	공유자전거는
2	是个**烧钱**的项目，	**막대한 자금 투입이 필요한** 사업이므로
3	监管趋严，	규제가 엄격해지자
4	资本开始**冷静**。	투자 **열기가 식기 시작했다.**

（续表）

	断　　句	译　　文
5	**失去供血能力的小玩家**	**자금 줄이 끊긴 작은 규모의 업체들이**
6	面临**出局，**	**도산 위기에 처하게** 되고
7	余下的**注意力**	나머지 **투자는**
8	**会被聚焦在头部。**	**선두 업체에 몰리게 될 것입니다.**

例句中出现了多处隐喻，“烧钱”“冷静”“失去供血能力”“玩家”“出局”“注意力”“头部”，翻译时需要准确把握其隐含的意义。“烧钱”形容共享单车需要大量投资，“冷静”指“投资热消退”。“失去供血能力”指“资金链断裂”，“玩家”不能翻译成游戏玩家“게이머”，“小玩家”是指“小公司”，“出局”指“破产”。“注意力”指“投资”或“资金”，“聚焦在头部”指“资金涌向大企业或龙头企业”。只有破解隐喻背后蕴含的真实含义，才能使译语表达得准确无误。

二、段落视译

| 中国成国际专利申请最大来源国 |

韩　　文	中文释义
세계지적재산권기구	世界知识产权组织
제치다	超过
국제특허	国际专利
출원국	申请国
사무총장	总干事、秘书长
마드리드 국제출원	马德里国际商标申请（根据《商标国际注册马德里协定》的规定，在马德里联盟成员国间所进行的商标注册。）
헤이그 협정	《海牙协定》（《工业品外观设计国际保存海牙协定》的简称，巴黎公约成员国缔结的专门协定之一。）

최근 세계지적재산권기구(WIPO)가 발표한 보고서에 따르면, 중국이 처음으로 미국을 제치고 세계 1위의 국제특허 출원국 자리에 올랐다.

통계에 따르면, 2019년 중국의 PCT 출원량은 연간 10.6% 증가한 5만 8990건으로 가장 많았다. 프란시스 거리(Francis Gurry) WIPO 사무총장은 중국이 국제특허 출원량에서 세계 1위로 빠르게 도약했는데, 아시아에서 출원한 특허가 이미 전체 특허의 절반 이상을 차지했다고 전했다.

마드리드 국제출원에서는 중국이 6339건을 출원하며 미국과 독일에 이어 3위에 올랐다. 특히 화웨이가 131건의 출원 건수로 기업별 순위에서 3위를 차지했는데, 이는 중국기업으로는 처음으로 전 세계 5위권에 포함된 것으로 눈길을 끌었다.

또, 중국은 아직 디자인 분야 국제 출원인 헤이그 협정의 회원은 아니지만, 중국의 출원 건수가 전년 동기 대비 70% 이상 증가한 238건에 달하며 중국은 헤이그 국제출원 상위 10권에도 이름을 올리게 되었다.

世界知识产权组织（WIPO）最近发布报告称，中国首次超越美国，成为通过WIPO提交国际专利申请的最大来源国。

统计显示，2019年，中国通过体系提交了58,990件申请，年增长率为10.6%，成为该体系的最大用户。WIPO总干事弗朗西斯·高锐表示，中国PCT申请量迅速跃升至世界首位，亚洲申请人提交的申请现已占总申请量的一半以上。

在马德里国际商标申请方面，中国以6,339件排在美国和德国之后，跃居世界第三。尤其是华为以131件申请位列公司申请人第三名，这是中国企业首次跻身全球前五，引人注目。

此外，虽然中国目前尚不是外观设计领域国际申请海牙体系成员，但来自中国用户的申请已达238件，同比增长超过70%，中国已经跻身海牙体系前十之列。

视译译文

	断　句	译　文
1	최근 세계지적재산권기구(WIPO)가	最近世界知识产权组织（WIPO）
2	발표한 보고서에 따르면,	发布报告称，
3	중국이 처음으로 미국을 제치고	中国首次超越美国，
4	세계 1위의 국제특허 출원국 자리에 올랐다.	成为通过 WIPO 提交国际专利申请的最大来源国。
5	통계에 따르면,	统计显示，
6	2019년 중국의 PCT 출원량은	2019 年，中国的 PCT 申请量
7	연간 10.6% 증가한	年增长率为 10.6%，
8	5만 8,990건으로	达 58,990 件，
9	가장 많았다.	成为该体系的最大用户。
10	프란시스 거리(Francis Gurry) WIPO 사무총장은	WIPO 总干事弗朗西斯·高锐表示，
11	중국이 국제특허 출원량에서	中国的 PCT 申请量
12	세계 1위로 빠르게 도약했는데,	迅速跃升至世界首位，
13	아시아에서 출원한 특허가	亚洲申请人提交的申请
14	이미 전체 특허의 절반 이상을 차지했다고 전했다.	现已占总申请量的一半以上。
15	마드리드 국제출원에서는	在马德里国际商标申请方面，

（续表）

	断　句	译　文
16	중국이 6,339건을 출원하며	中国以6,339件
17	미국과 독일에 이어	排在美国和德国之后，
18	3위에 올랐다.	跃居世界第三。
19	특히 화웨이가	尤其是华为
20	131건의 출원 건수로	以131件申请
21	기업별 순위에서	在公司申请人中
22	3위를 차지했는데,	位列第三名，
23	이는 중국기업으로는	这是中国企业
24	처음으로 전 세계 5위권에 포함된 것으로	首次跻身全球前五，
25	눈길을 끌었다.	引人瞩目。
26	또, 중국은	此外，中国
27	아직 디자인 분야 국제 출원인	目前尚不是外观设计领域国际申请
28	헤이그 협정의 회원은 아니지만,	海牙体系成员，
29	중국의 출원 건수가	但来自中国用户的申请
30	전년 동기 대비 70% 이상 증가한	同比增长超过70%，
31	238건에 달하며	已达238件，
32	중국은 헤이그 국제출원	中国在海牙体系中
33	상위 10권에도 이름을 올리게 되었다.	已经跻身前十之列。

三、实战练习

韩　文	中文释义
상표 디자인	商标和外观设计
실용 신안	实用新型
영업 비밀	商业秘密
반도체 배치 설계	半导体布图设计
권리화	权利化、获得专利权
간소화하다	简化
도면	图纸
등록되다	登录、注册、授权
심사관	审查员

안녕하세요? 저는 특허청 상표디자인국장을 맡고 있는 박성준입니다. 네, 특허청은 지식재산권 특허 특허, 상표 디자인, 실용 신안 지식 재산권을 창출하고 보호하고 활용할

수 있도록 지원해주는 기관입니다. 많은 분들이 특허청이라고 해서 특허만 하는 걸로 알고 계시지만 특허 이 외에도 상표 디자인, 영업 비밀, 반도체 배치 설계, 지리적 표시 등 여러 가지 종류의 지식 재산이 있습니다. 그래서 이런 지식 재산에 대한 정책을 수립을 하고 또 심사를 통해서 권리를 설정해주고 또 이런 것들을 활용할 수 있도록 지원해 주는 일을 하고 있습니다.

그리고 제가 맡고 있는 상표디자인국은 그 중에서도 상표와 디자인에 대한 심사, 그리고 이와 관련된 법과 관련 규정, 심사 가이드라인, 이런 것들을 수립을 하고 또 심사를 통해서 우수한 지재권이 만들어질 수 있도록 이런 품질을 관리하고 있는 그런 업무를 주도하고 있습니다.

오늘 이 행사는 한국, 중국, 일본의 디자인 정책을 담당하는 분들이 모여서 디자인 보호의 현안과 앞으로의 발전 방향에 대해서 논의하는 기회가 되고 있습니다. 디자인이 최근에 많은 국제 분쟁을 통해서 그 중요성이 부각이 되고 있습니다. 그리고 우리 나라에는 많은 우수한 디자이너들이 있고 디자인 경쟁력을 가지고 있습니다. 이러한 우수한 디자인 경쟁력을 실질적으로 활용하기 위해서는 이걸 적극적으로 권리화하는 그런 노력이 필요한 것 같습니다.

특히 요즘과 같은 국제화 사회에서는 한국에서만의 권리화가 아니라 다른 나라에서의 권리화가 무엇보다도 중요하고 그걸 위해서는 복잡한 여러 가지 행정적인 절차나 이런 것들을 간소화하고 비용을 저렴하게 하는 노력이 필요한 것 같습니다.

이번 한중일 포럼은 그런 의미에서 주변국들하고 제도적인 통일화를 꾀하고 그런 불편한 부분을 해소하실 수 있는 그런 좋은 계기가 될 것 같아서 국내 많은 디자이너분들에게도 많은 시사점이 되지 않을까 생각합니다.

이번 디자인보호법 개정의 가장 큰 부분의 하나라고 한다면 진정한 창작자의 권리를 보호한다는 의미가 있습니다. 과거에는 남들과 조금은 유사한 디자인을 조금 개량해서 권리화한 것을 용인해주는 면이 있었다고 한다면 앞으로 그런 창작성 부분에 대한 심사 기준을 강화해서 좀 더 창조적인 디자인들이 권리화될 수 있도록 하는 부분이 있습니다.

그리고 두 번째로는 디자이너분들이 디자인 출원을 한 이후에 진정한 창작성의 문제가 아니라 여러 가지 도면이라든지 이런 출원 절차상의 하자로 인해서 등록받지 못한 이런 부분을 최소화하기 위해서 심사관들이 여러 가지를 직권으로 스스로 정정할 수 있도록 하는 제도를 마련했습니다. 그런 부분에서 디자이너들의 편리한 점들이 많이 늘어났다고 할 수 있고요.

마지막으로는 무엇보다도 디자인에 관한 국제 출원 제도를 도입했다는 겁니다. 디자인에 관한 국제 출원 제도는 헤이그조약이라는 것이 있는데 이 조약에 가입을 하면은 한 번에 출원으로 전세계에는 수십 개의 회원국에 동시 출원한 것과 같은 효과가 주어집니다. 그리고 또 장점은 현재의 시스템에 기존의 제도에서는 디자인 출원을 하려면 여러 나라의 각각의 나라마다 그 나라 형식에 맞춰서 그 나라의 대리인을 지정을 해서 그 나라 언어로 출원을 해야 됩니다.

하지만 이 헤이그제도에 의하면은 한 개의 언어로 한 가지 절차와 요건에 따라서 그리고 각 나라마다의 대리인을 지정하지 않고도 출원해서 등록을 할 수가 있습니다. 그래서 비용적인 면에서 훨씬 유리하고 또 사후적인 관리도 세계지적재산권기구 한 곳을 통해서 할 수 있기 때문에 굉장히 편리한 점이 있습니다.

그동안 우리나라의 중소기업이라든지 개인 디자이너들이 훌륭한 디자인을 가지고 있으면서도 불구하고 이런 것들을 해외에서도 적극적으로 권리화할 수 있는 비용이라든지 시간이라든지 이런 부분이 어려움이 있어서 권리를 확보 못하고 그런 우수한 창작의 성과물들을 수확하지 못하는 그런 부분이 있었는데 이번에 헤이그제도 도입을 통해서 국내 디자이너들이 우수한 창작물들이 해외에서 적극적으로 권리화될 수 있는 그런 전환점이 되지 않을까 기대하고 있습니다.

네, 우리나라의 굉장히 우수한 디자이너들이 많이 있다고 알고 있습니다. 세계적인 상을 휩쓸고 있는 디자이너도 많이 있고 매년 디자인학과를 졸업하고 있는 학생들도 굉장히 많다고 들었습니다. 그런데 이런 분들이 그런 디자인 창작 능력을 상업화하고 또 경제적인 수익으로 전화시키는 부분에 대해서 아직 의문이 많이 남아 있습니다. 그렇지 못한 이유 중의 하나가 창작의 성과물을 적극적인 권리화하는 노력이 그동안 좀 부족하지 않았나 하는 생각이 듭니다.

저희 특허청에서는 그런 분들이 권리화하는 부분에 불편한 점들을 대폭 축소하고 비용적인 부분도 덜어드릴 수 있도록 노력하고 있습니다. 그래서 창작의 성과물들을 적극적으로 권리화하십시오. 그리고 그 권리 위에 더 많은 성과물들을 앞으로도 만들어낼 수 있지 않을까 생각을 합니다.

——디자인 포럼 인터뷰

▶▶ 难句解析与视译处理

句1: 이번 한중일 포럼은 그런 의미에서 주변국들하고 제도적인 통일화를 꾀하고 그런 불편한 부분을 해소하실 수 있는 그런 좋은 계기가 될 것 같아서 국내 많은 디자이너분들에게도 많은 시사점이 되지 않을까 생각합니다.

译文： 从这个意义上来说，本次中日韩论坛也许是一个很好的开端，可以与周边国家谋求制度上的统一，扫除那些不便之处。所以我想，这对国内的很多设计师也会有很多启发吧。

视译译文

	断　句	译　文
1	이번 한중일 포럼은	从这个意义上来说，
2	그런 의미에서	本次中日韩论坛
3	주변국들하고 제도적인 통일화를 꾀하고	可以与周边国家谋求制度上的统一，
4	그런 불편한 부분을 해소하실 수 있는	扫除那些不便之处。
5	그런 좋은 계기가 될 것 같아서	可以成为一个很好的开端，
6	국내 많은 디자이너분들에게도	所以这对国内的很多设计师
7	많은 시사점이 되지 않을까 생각합니다.	也会有很多启发吧。

句2： 과거에는 남들과 조금은 유사한 디자인을 조금 개량해서 권리화한 것을 용인해주는 면이 있었다고 한다면 앞으로 그런 창작성 부분에 대한 심사 기준을 강화해서 좀 더 창조적인 디자인들이 권리화될 수 있도록 하는 부분이 있습니다.

译文： 如果说过去对相似的设计稍做改动就允许授权，那么限制加上了这一对部分：今后将提高作品创作部分的审查标准，使更具创造性的设计可以获得专利。

视译译文

	断　句	译　文
1	과거에는	过去
2	남들과 조금은 유사한 디자인을	对相似的设计
3	조금 개량해서 권리화한 것을	稍做改动
4	용인해주는 면이 있었다고 한다면	就允许授权，
5	앞으로 그런 창작성 부분에 대한	今后作品的创作部分
6	심사 기준을 강화해서	审查标准将提高，
7	좀 더 창조적인 디자인들이 권리화될 수 있도록	使更具创造性的设计可以获得专利，
	하는 부분이 있습니다.	加上了这一部分内容。

句3： 그동안 우리나라의 중소기업이라든지 개인 디자이너들이 훌륭한 디자인을 가지고 있으면서도 불구하고 이런 것들을 해외에서도 적극적으로 권리화할 수 있는 비용이라든지 시간이라든지 이런 부분이 어려움이 있어서 권리를 확보 못하고 그런 우수한 창작의 성과물들을 수확하지 못하는 그런 부분이 있었는데 이번에

헤이그제도 도입을 통해서 국내 디자이너들이 우수한 창작물들이 해외에서 적극적으로 권리화될 수 있는 그런 전환점이 되지 않을까 기대하고 있습니다.

译文： 此前尽管我国的中小企业和个人设计师的设计都很优秀，但由于在海外积极申请授权无论在费用还是时间方面都有难度，因此曾有过这种情况：无法获得专利，优秀的创作成果得不到回报。希望这次引进《海牙协定》，能成为国内设计师的优秀作品在国外积极申请授权的转折点。

视译译文

	断　句	译　文
1	그동안 우리나라의 중소기업이라든지	此前尽管我国的中小企业
2	개인 디자이너들이 훌륭한 디자인을 가지고 있으면서도 불구하고	和个人设计师的设计都很优秀，
3	이런 것들을 해외에서도 적극적으로 권리화할 수 있는	但由于在海外积极申请授权
4	비용이라든지 시간이라든지 이런 부분이 어려움이 있어서	无论在费用还是时间方面都有难度，
5	권리를 확보 못하고	因此无法获得专利，
6	그런 우수한 창작의 성과물들을 수확하지 못하는 그런 부분이 있었는데	优秀的创作成果得不到回报。
7	이번에 헤이그제도 도입을 통해서	这次引进《海牙协定》，
8	국내 디자이너들이 우수한 창작물들이	国内设计师的优秀作品
9	해외에서 적극적으로 권리화될 수 있는	可以在国外积极申请授权，
10	그런 전환점이 되지 않을까 기대하고 있습니다.	希望这成为一个转折点。

四、自主练习

韩　文	中文释义
짚어보다	评估、分析
도용 당하다	被盗用
요건(要件)	要件、必要条件
희한하다(稀罕--)	稀罕、稀奇、奇异、罕见
신규성(新規性)	新颖性
진보성(進步性)	创造性
탈권리화	去权利化

（续表）

韩　文	中文释义
손 안 대고 코 풀기	不劳而获
프리라이딩(free-riding)	搭便车、投机取巧
동시다발(同時多發)	同时多发

안녕하십니까? 최동규 특허청장입니다. 오늘 이 중요한 콘퍼런스에 바쁘신 가운데도 참석해 주신 정갑윤 의원님, 원혜영 의원님, 그리고 정부 부처, 또 국제 기업 여러분, 반갑습니다. 그리고 또 여기에 와 주신 여러 청중께도 다시 한번 참석에 감사를 드립니다.

저는 세미나나 콘퍼런스를 할 때 꼭 조금은 그 강의 내용 외에 있는 얘기를 조금씩 드립니다. 그래서 다들 싫어하시는데 싫더라도 한 몇 분만 제가 시간을 좀 빼고자 합니다. 뭐 자세한 얘기는 오늘 하루종일 여러분 훌륭하신 강사님들한테 듣겠지만 저는 전체적으로 한번 어디까지 와 있는지 한번 짚어보도록 하겠습니다.

여러분 빅데이터 아마 다 잘 아시겠지만 그게 특허하고 무슨 관련이 있을까 그런 생각을 하실 겁니다. 뭐 인공 지능이나 기타 3D 프린팅 이런 것들 금방, 이게 바로 신기술의 대표고, 특허하고 직결된다 이렇게 생각들 하시겠지만 저는 조금 생각이 다릅니다. 이 빅데이터의 등장이야말로 아마 우리가 지금까지 가지고 있던 지식 재산 체제 자체를 바꿀 만한 큰 덩어리라고 생각을 합니다.

지금 빅데이터를 통해서 뭐를 하고 있는가 하면 이 세상의 모든 사람은 어디서 누가 무엇을 발명했는지를 압니다. 반대로 또 그 발명이 언제 어디서 어떻게 또 어느 나라 특허청에서 등록이 되고 있는지 또한 압니다. 또 뿐만 아니라 내가 가지고 있는 새로운 기술이 누구 누구에게서 도용 당하고 있는지, 얼마나 도용 당하고 있는지도 빅데이터에서 알 수 있고, 또 그런 것들을 알 수 있게 해주는 프로그램들 또한 굉장히 빨리 발전을 해 나가고 있습니다.

거기에 따라서 관련돼 있는 자료들을 찾아주고 또 거기에 인공 지능이 가미된다면 결론까지 지어지는 그런 세상이 오고 있는 겁니다. 여기에 따라서 특허가 가지고 있는 모순은 점점 더 심해집니다. 특허에 최대의 모순은 우리가 새로운 기술이 정말로 새로운 것인지를 심사를 할 때는 전세계에 이와 비슷한 기술이 있는지를 보게 되는 반면에 특허권의 효력은 그것을 출원한 나라에 국한되는, 요건은 세계인데 권리는 국내라는 희한한 체제로 돼 있는 겁니다.

이렇게 된 이유는 세계가 넓고, 또 이 데이터의 확보가 어렵기 때문에 각 국가에서 해야지만 효율적으로 보호로 된다, 이런 기조 하에 불가피하게 그렇게 한 것이었습니다. 그럼 지금 어떻게 됐어요? 아까 제가 말씀을 드렸다시피 모든 사람이 다 압니다.

이럴 때 과연 이렇게 지금 우리 하던 것처럼 신규성과 진보성의 요건은 월드와이드고 세계 어느 나라에 누가 만들어서도 이미 있는 거다, 이렇게 얘기하면서 특허는 그 나라에 한정된다, 이게 깨질 때가 다가온 것이 아닌가 하는 그런 생각입니다.

그래서 아마 둘 중의 하나로 갈 것으로 생각이 됩니다. 국경이 없는 세계 특허 허가 스타일로 가든지, 아니면 저작권처럼 동맹을 구성해서 그 안에는 상호주의로, '상대국의 특허 권리 우리도 보호한다' 이쪽으로 가든지 하는 그런 식의 국가 간의 협상에 의한 그런 움직임이 하나가 있고요.

또 하나가 이제 탈권리화입니다. 특허권으로 그렇게 국가에 한정되는 권리를 만들지 말고 원래 우리 지식재산권의 모습, 남의 거를 손도 안 대고 코푸는 거는 나쁜 짓이기 때문에 변상해라 하는 남의 것을 프리라이더하는 행위를 규제하는 것으로 내 권리에 대한 침해로 보상을 받는 게 아니라 프리라이딩에 대한 대가를 치르게 하는 그쪽으로 간다고 할 수 있습니다.

뭐 다들 잘 아시겠지만 그 영업 비밀이 바로 탈권리화의 대표적인 겁니다. 권리를 가지고 하는 게 아니고 그것을 베낀 사람을 처벌하는 쪽으로 가야죠.

상표도 똑같습니다. 유명 상표가 상표권이 있어서가 아니라 남이 가지고 있는 상표를 베끼는 거는 프리라이딩하는 거다, 좋지 않다, 부정한 방법으로 경쟁을 한다 이렇게 가죠. 잘 보시면 우리가 부득이하게 권리와 섞였던 여러 제도들이 원래 모습, 행위를 규제하는 건, 그쪽으로 가고 있다는 것을 잘 아실 수 있을 겁니다.

오늘 강의하실 대부분의 내용들은 거기에 관련이 된 것입니다. 오늘 우리가 어디로 갈 것인가, 세상이 좁은 게 아니라 동시다발로 되는 이 시점에 있어서 어떻게 해야지만이 우리 스스로의 기술을 지키고 또 기술 발전에 이 모든 것들이 이바지할 수 있게 하는가 하는 것들을 논의하는 자리인만큼 다소 어렵고 딱딱한 주제가 되겠습니다만 잘 들어보시면 앞으로 우리 지식재산 제도가 어떻게 갈지에 대한 아이디어와 또 이 분야에 종사하시는 분들의 업무에 도움이 될 것으로 믿어 의심치 않습니다. 말씀이 너무 길어서 정말로 죄송하고요. 오늘 좋은 하루 되시길 바랍니다. 감사합니다!

——제6회 국제 지적 재산권 및 산업 보안 콘퍼런스 환영사

第十四课

预测

口译主题 | 金融科技

段落视译 | 区块链技术

实战练习 | 코인을 탄생시킨 기술, 블록 체인 생태계의 시작

自主练习 | 글로벌 핀테크 심포지엄 축사

一、技巧讲解

与其他的口译形式不同，视译和同声传译是一种集阅读/听、分析、短时记忆及译语表达于一体的口译过程。从源语到译语的转换过程中，译员必须一心多用才能完成信息处理各个环节的工作，必须将阅读/听、分析、记忆和表达协调起来才能保证译语的质量。在这个过程中，译员难免会因为脑力超负荷而遇到各种问题。因此，译员必须采取相应的策略减轻脑力负担，提高信息处理能力，预测就是其中一个重要的技巧。

所谓预测就是指译员预先推测出可能出现的源语信息片段并在其出现之前将其译成目的语。如果结合上下文，利用已出现的语言单位及上下文逻辑关系进行预测，逐步把握并译出整个句子的意思，就可以减轻短时记忆的负荷。

预测主要可以分为两大类，即言内预测和言外预测，也叫作语言预测和非语言预测。其中言内预测是最基本的技能，占很大的比重。

1 言内预测

每一种语言都有特定的规则，韩汉两种语言有很大的差异性，译员应注意能够提示预测的语言规律，如短语搭配、句子之间表示逻辑关系的连接词、格助词等，下面分别从这三个方面加以阐述。

（1）固定搭配

固定搭配指某些具有特定意义指向的单词或固定用法，固定搭配因其具有规律性为视译和同传提供了难得的预测机会。在韩中口译中，尤其是那些可以预测出否定表达趋势的固定搭配往往指出了下文的意思走向，因此需要特别注意。在视译和同传过程中，如果能够注意这些常用短语搭配关系，既可以减轻压力，又可以提高同传质量。试举几例：

例1： ‘세월호는 핵 잠수함과 부딪혔던 것 같다.’ 사실 그런 사건들은 입증하기도 힘든 사건들입니다. **어느 누구도** 사건 현장에 접근해서 해저 속으로 들어가서 확인해볼 수도 없는 일들이었습니다.

译文： 有人推测世越号可能撞上了核潜艇，但是这种事件很难得到证实，**谁**都无法到现场去海底确认。

视译译文

	断 句	译 文
1	'세월호는 핵 잠수함과 부딪혔던 것 같다.'	有人推测世越号可能撞上了核潜艇,
2	사실 그런 사건들은	但是这种事件
3	입증하기도 힘든 사건들입니다.	很难得到证实,
4	**어느 누구도** 사건 현장에 접근해서	**谁**都无法到现场
5	해저 속으로 들어가서	去海底
6	확인해볼 수도 없는 일들이었습니다.	确认。

"어느 누구도"后面通常接否定形，尽管本句的否定形到句末才出现，但是在听到"어느 누구도"这个提示点后，随即可以预测到后面是一个否定形，这就可以译出"谁都无法……"。

例2： 그런데 디지털 세상에서 소비자의 심리와 취향과 감각이 바뀌었고, **더 이상 같은 방식으로는** 소비자의 마음을 열거나 신뢰를 얻거나 만족 경험을 주지 못하는 상황이 됐습니다.

译文： 而在数字化时代，消费者的心理、喜好和感觉都发生了变化，**用同一种方式**已经无法获得消费者的青睐和信任，使他们满意。

视译译文

	断 句	译 文
1	그런데 디지털 세상에서	而在数字化时代,
2	소비자의 심리와 취향과	消费者的心理、喜好
3	감각이 바뀌었고,	和感觉都发生了变化,
4	**더 이상 같은 방식으로는**	**用同一种方式**
5	소비자의 마음을 열거나	已经无法获得消费者的青睐
6	신뢰를 얻거나	和信任,
7	만족 경험을 주지 못하는 상황이 됐습니다.	使他们满意。

"더 이상"后面同样接否定形，而且是对将来时态的否认，因此听到这个固定词组就可以把否定意思翻译出来，而不必等到一个长句子说完。此处可根据上下文译为"用同一种方式已经无法……"。

例3： **지금은 고용 없는 성장이기 때문에** 성장이 **된다고 해서** 실업 문제가 해결이 되거나 일자리가 많이 생기거나 또는 출산이 올라가거나 한다고 하는 것이 쉽지가 않을 거 같습니다.

译文： 如今是无就业增长，因此**就算经济增长了**，恐怕也很难说失业问题就解决了，工作岗位就多起来了，生育率就上去了。

	断　句	译　文
1	**지금은 고용 없는 성장이기 때문에**	如今是无就业增长，
2	성장이 **된다고 해서**	因此**就算经济增长了**，
3	실업 문제가 해결이 되거나	也很难解决失业问题，
4	일자리가 많이 생기거나	促进就业
5	또는 출산이 올라가거나 한다고 하는 것이	或提高生育率。
6	쉽지가 않을 거 같습니다.	（省略）

“ㄴ/는다고 해서”是对某种规律的描述，后面通常搭配否定形，表示“即便/就算……也无法/不会”。因此虽然紧随其后出现的“실업문제, 일자리, 출산”三个相关短语暂时是以肯定形式出现的，但是可以根据上下文直接翻译成否定的意思“即便……也很难”。

常见的否定固定搭配还有“하나도”“만으로는”“아무리 ……ㄴ/는다 하더라도”“ㄴ/는 반면에”“-지 않으면”等，遇到这些搭配通常可以直接根据上下文预测出否定意思。还有一些副词也可以起到提示作用，如“결코”“전혀”后面通常是否定的内容，“과연”后面经常表示怀疑，这些都可以成为预测点。

（2）连接词

连接词是串接句子的逻辑桥梁，是整个语段、语篇的结构框架。一般可以分为以下几类：表示转折关系的有“그런데, 그러나, 그렇지만, 하지만”等；表示递进关系的有“이어서, 또한”等；表示并列关系的有“그리고, 그러면서”等；表示因果关系的有“그래서, 그러므로, 그렇기 때문에”等。

借助连接词可以对句子以及段落之间进行较为准确的预测，如当听到“반면에”时，就可以根据签名听到的信息的对立面对下文进行预测；当听到“다른 한편으로”时，可以预测到下文和刚刚听过的部分构成并列关系，与上文在结构或语义上相同或相似。

例4： 그래서 일찍이 미국 버클리 대학의 고 로버트 스칼라피노 교수는 동아시아에서는 자연적인 경제 구역의 확산으로 경제적인 상호이해에 바탕을 둔 새로운 형태의 통합적인 국가 관계가 형성될 것으로 예측한 바 있습니다. **하지만 유감스럽게도** 한중일 3국 간의 협력관계는 우리의 기대를 충족시켜주고 있지는 못하고 있습니다.

译文： 美国伯克利大学已故罗伯特·斯卡拉皮诺教授早先曾预测，随着东亚“自然的经济领土”不断扩张，将会形成基于经济互利的新的一体化国家关系。**但遗憾的**

是，中日韩三国间的合作关系尚未达到我们的预期。

视译译文

	断　句	译　文
1	그래서 일찍이 미국 버클리 대학의	美国伯克利大学
2	고 로버트 스칼라피노 교수는	已故罗伯特·斯卡拉皮诺教授表示，
3	동아시아에서는	在东亚，
4	자연적인 경제 구역의 확산으로	随着“自然的经济领土”不断扩张，
5	경제적인 상호이해에 바탕을 둔	基于经济利益，
6	새로운 형태의 통합적인 국가 관계가 형성될 것으로	将会形成新的一体化国家关系，
7	예측한 바 있습니다.	他曾这样预测过。
8	**하지만 유감스럽게도**	**但遗憾的是，**
9	한중일 3국 간의 협력관계는	中日韩三国间的合作关系
10	우리의 기대를 충족시켜주고 있지는 못하고 있습니다.	尚未达到我们的预期。

前面的内容提到了有人预测会怎样，此时出现了表示转折的连词“하지만”，说明实际情况与预测不符，因此可以预测出后面的内容“三国之间并没有形成这种关系”。尽管否定出现在句末，但顺着这个思路预测，可以顺利翻译出来。

例5：역내의 다양한 환경 협력은 개별적으로 소규모적으로 추진되는 데서 오는 한계를 극복해야 하는 과제를 안고 있습니다. **그래서 저는** 삼국 정상들을 중심으로 한 동북아 환경 공동체 구성이 필요하다고 보고 있습니다.

译文：区域内的多种环保合作需要克服小规模单独推进的局限，**所以我认为**，需要构建以三国领导人为主体的东北亚环境共同体。

视译译文

	断　句	译　文
1	역내의 다양한 환경 협력은	区域内的多种环境合作
2	개별적으로 소규모적으로 추진되는 데서	小规模单独运行
3	오는 한계를 극복해야 하는	需要克服这种方式的局限性，
4	과제를 안고 있습니다.	（省略）
5	**그래서 저는**	**所以我认为，**
6	삼국 정상들을 중심으로 한	应该以三国领导人为主体，
7	동북아 환경 공동체 구성이 필요하다고 보고 있습니다.	构建东北亚环境共同体。

例句前半部分提出了目前合作的问题，连接词“그래서”表示因果关系，由此可以推

测出后半句应该是针对问题的解决方案。后半部分出现“저는”这个主语，紧接着又转为名词词组“삼국 정상들”，与主语并非并列关系，因此可以预判出“저는”后面出现的是“我”的观点或见解。

例6： 고령화의 진전은 자본 시장에게도 새로운 기회를 안겨주고 있습니다. **따라서** 국내 투자 업계는 생애 자산 관리의 수요에 효과적으로 대응할 수 있는 다양한 연금형 투자상품을 개발**해야 할** 것입니다.

译文： 老龄化进程也给资本市场带来了新机遇，**因此**国内投资行业也需要开发多种能够有效满足终身资产管理需求的养老金类投资产品。

视译译文

	断　　句	译　　文
1	고령화의 진전은	老龄化进程
2	자본 시장에게도 새로운 기회를 안겨주고 있습니다.	也给资本市场带来了新机遇，
3	**따라서** 국내 투자 업계는	**因此**国内投资行业
4	생애 자산 관리의 수요에 효과적으로 대응할 수 있는	应该有效地满足终身资产管理需求，
5	다양한 연금 형 투자상품을 개발**해야 할** 것입니다.	开发多种养老金类投资产品。

前半句提出老龄化给资本市场带来机遇，“따라서”表示因果关系，因此后面肯定会将应该如何利用这种机遇，可以预测出句尾会是“应该……”，此时可以直接把这种语气翻译出来。

（3）格助词

有些情况下，格助词可以起到重要的提示作用，只要注意观察，即可避免误译。

例7： 불행하게도 지금 한중일 3국 관계는 협력과 **통합보다는** 갈등과 대립의 관계로 흔히들 얘기되고 있습니다. 경제적 상호의존성의 증가와 인적, 문화적 교류의 확대**에도 불구하고** 3국 관계가 국경을 넘어서는 **협력보다는** 지정학적 대립에서 벗어나지 못하고 있습니다.

译文： 不幸的是，目前中日韩三国关系往往被称为是一种冲突和对抗，**而不是**合作与融合的关系。**尽管**三国经济方面相互依存在加深，人文交流在扩大，**但**三国的关系依然处于地缘政治对抗状态，**并没有**实现跨界合作。

视译译文

	断　　句	译　　文
1	불행하게도	不幸的是，
2	지금 한중일 3국 관계는	目前中日韩三国关系
3	**협력과 통합보다는**	**不是**合作与融合，
4	갈등과 대립의 관계로 흔히들 얘기되고 있습니다.	往往被称是冲突和对立关系。
5	경제적 상호의존성의 증가와	三国经济方面相互依存在加深，
6	인적, 문화적 교류의 확대**에도 불구하고**	人文交流在扩大，
7	3국 관계가 국경을 넘어서는 **협력보다는**	**但**三国的关系**并没有**实现跨界合作，
8	지정학적 대립에서 벗어나지 못하고 있습니다.	依然处于地缘政治对抗状态。

本句的预测点在格助词“-보다는”，虽然这个格助词主要表示比较，但并非只能翻译成“和……相比”，而是可以根据上下文语境直接译成否定形。根据搭配的具体单词，可以翻译成“不是……而是”或“没有……依然”。

例8：　많은 의사들이 암은 전이되기 전에 빠르게 발견하고 치료돼야 하기 때문에 시간이 매우 중요한 질병이라고 말한다.

译文：很多医生都表示，癌症应在它转移之前早发现早治疗，是一种抢时间的疾病。

视译译文

	断　　句	译　　文
1	많은 의사들이	很多医生都表示，
2	암은 전이되기 전에	癌症要趁它转移之前
3	빠르게 발견하고 치료돼야 하기 때문에	早发现早治疗，
4	시간이 매우 중요한 질병이라고 말한다.	是一种抢时间的疾病。

例句中一个重要的提示点是格助词“은”，因为出现这个助词说明它是主句或从句的大主语，后面紧接着出现的内容都是围绕着“암”展开的，因此不能将其误译为“医生在治疗癌症时”。“가/이”和“는/은”同时出现，通常前一个做主句的主语，表示主张或观点，后一个则是主张或观点具体内容的主语。

例9：　인도 우버는 사건 이후 **앱에** 이용자가 위험하다고 느끼는 상황에 누를 수 있는 SOS 버튼과 차량의 송신할 수 있는 위치 공유 기능을 추가했다.

译文：事件发生后，优步印度公司在App上增加了新功能，用户在危急情况下可以使用紧急求救按钮和共享车辆位置。

视译译文

	断　句	译　文
1	인도 우버는	优步印度公司
2	사건 이후	在事件发生后
3	앱에	升级了 App，
4	이용자가 위험하다고 느끼는 상황에	用户在危急情况下
5	누를 수 있는 SOS 버튼과	可以使用紧急求救按钮
6	차량의 위치정보를 송신할 수 있는	共享车辆位置，
7	위치 공유 기능을 추가했다.	增加了这些新功能。

例句中的重要预测点是格助词“-에”，结合上下语境，前面讲述移动出行软件优步出现了危机乘客安全的事件，紧接着出现了“앱에”，说明应该是优步方面对App进行了改善或升级。预测出这一点之后，就可以补译出动词，在译出具体的功能之后，句末以复指形式“这些”与前面相照应，即可保障译语的衔接流畅。

总之，每一种语言本身词和词的搭配与组合有着内在的规律，句子和句子之间有着一定的关系，不同概念之间有着一定的承接。所以，在每一语篇中的一个个句子、段落、概念并不是孤立的，而是由某种特定的逻辑关系连接起来的有机整体。这就要求译员要有扎实的语言功底和良好的语感，在口语过程中把握住句子的结构框架、上下文的逻辑关系以及发言的大体脉络和走向，这样才能很好地进行预测，做出正确的判断和推理。所以语言预测能力的强弱，很大程度上取决于译员外语语言功底，同时译员还需要留心语言的细微之处并加以总结。

2 言外预测

言外预测更多地取决于译员的知识结构、信息储备等综合素养。言外预测的理论基础是图式理论(Theory of Schema)。所谓图式，也就是大脑语义记忆中关于事件一般性顺序的结构，有助于理解整个语篇的连贯性。

例如，段落中的中心句就可以作为段落的图式，借助该中心句就能对整个段落的内容进行预测。因此，译员在同声传译过程中需要快速分析句子之间的关系，找到中心句，并根据已知信息迅速推测出之后的信息走向。有时候也可以根据句型的排列规律预测后面的内容。

例10：**김영삼 정부 때는** 우리가 문화나 콘텐츠의 중요성을 인식을 하고, **김대중 정부 때**

는 법과 제도를 만들고, 그리고 노무현 정부 때는 지원 기간, 장려 등 법안의 기반을 갖추고, 이명박 정부 때는 예산을 증액하는 등 노력을 해왔습니다.

译文： 政府一直都在努力，**金泳三执政时期**，我们认识到了文化和内容的重要性；**金大中执政时期**制定了法律和制度；**卢武铉执政时期**奠定了扶持期限、奖励等法案基础；**李明博执政时期**则增加了预算。

视译译文

	断句	译文
1	**김영삼 정부 때는**	**金泳三执政时期，**
2	우리가 문화나 콘텐츠의 중요성을 인식을 하고,	我们认识到了文化和内容的重要性；
3	**김대중 정부 때는**	**金大中执政时期，**
4	법과 제도를 만들고,	制定了法律和制度；
5	그리고 **노무현 정부 때는**	**卢武铉执政时期，**
6	지원 기간, 장려 등 법안의 기반을 갖추고,	奠定了扶持期限、奖励等法案基础；
7	**이명박 정부 때는**	**李明博执政时期，**
8	예산을 증액하는 등	则增加了预算，
9	노력을 해왔습니다.	政府一直都在努力。

例句中列举了不同时期政府的做法，可以根据韩国历届总统在任的时间顺序，对下文做出预测。此时韩国历任总统的背景知识可以起到预测作用，听到金泳三、金大中，后面就不难推测是卢武铉和李明博。

例11： 브렉시트 강경파들은 또한 EU와 엇박자를 내는 헝가리 등 개별 회원국을 공략해 브렉시트 연장 반대를 끌어내는 구상도 검토 중이다.

译文： 脱欧强硬派还正在打算拉拢和欧盟有分歧的匈牙利等个别成员国，说服其反对推迟延长脱欧时间。

视译译文

	断句	译文
1	브렉시트 강경파들은 또한	脱欧强硬派还打算
2	EU와 엇박자를 내는 헝가리 등	针对和欧盟有分歧的匈牙利等
3	개별 회원국을 공략해	个别成员国做工作，
4	브렉시트 연장 반대를 끌어내는	说服其反对推迟延长脱欧时间。
5	구상도 검토 중이다.	（省略）

韩语中的动词一般都出现在最后，因此动词预测往往是个难点，背景知识有助于动词

预测。此句动词的预测需要了解英国脱欧的背景知识，英国强硬派打算尽快脱欧，欧盟不希望英国无协议脱欧，匈牙利与欧盟意见不一，因此英国打算说服或拉拢匈牙利。了解到这一相关背景，就有可能预测出动词是“拉拢”或“说服”。

例12： Trust SQL의 핵심 기술을 기반으로 하는 텐센트의 경우, 선도적인 엔터프라이즈급 블록 체인 기본 서비스 플랫폼을 구축했다.

译文： 腾讯基于Trust SQL核心技术，打造了领先的企业级区块链底层服务平台。

视译译文

	断　句	译　文
1	Trust SQL의 핵심 기술을 기반으로 하는	基于 Trust SQL 核心技术，
2	텐센트의 경우,	腾讯
3	선도적인 엔터프라이즈 급 블록 체인 기본 서비스 플랫폼을 구축했다.	打造了领先的企业级区块链底层服务平台。

准确的断句是保证顺句驱动准确性的第一步，断句错误可能会导致误译。如果听到第一句就翻译成“Trust SQL是腾讯的核心技术”，可能会由于预测错误导致后面逻辑不通或一时衔接不上。此句的翻译需要了解背景知识，Trust SQL是腾讯区块链数据库，腾讯基于这一技术打造了企业级区块链底层服务平台。不过，即便前面翻译错了，也可以通过适当的衔接手段进行弥补。前面的译语可以这样补救：“腾讯（补充主语）基于该（复指）技术开发了企业级区块链服务平台。”

例13： 조선 시대 명의 허준을 다룬 드라마가 공전의 인기를 끌어 한때 최고조에 달했던 한의대 지원 열기도 식었다.

译文： 以朝鲜时代名医许浚为题材的电视剧大受欢迎，致使报考韩医大学的人数一度激增，如今已逐渐降温。

视译译文

	断　句	译　文
1	조선 시대 명의 허준을 다룬 드라마가	以朝鲜时代名医许浚为题材的电视剧
2	공전의 인기를 끌어	大受欢迎，
3	한때 최고조에 달했던 한의대 지원 열기도	致使报考韩医大学的人数一度激增，
4	식었다.	如今已逐渐降温。

顺句驱动不意味着完全保留源语顺序，在划分的意群内部仍然需要进行微调，同时需要视情况适当补译主语，使表达更为清晰。该句的翻译需要了解许浚和韩医之间的关系。

例14: 강도 높게 표출된 미국의 불만은 한국 정부가 일본과의 갈등을 이유로 한·미·일 삼각 협력의 틀을 흔들 수 있다는 메시지를 준 데 따른 결과다.

译文: 美国之所以强烈不满，是因为韩国政府以与日本有矛盾为由，发出了可能动摇韩美日三方合作框架的信号。

视译译文

	断　句	译　文
1	강도 높게 표출된 미국의 불만은	美国之所以表现出强烈不满，
2	한국 정부가	是因为韩国政府表示，
3	일본과의 갈등을 이유로	和日本有矛盾，
4	한·미·일 삼각 협력의 틀을 흔들 수 있다는	这有可能动摇韩美日三方合作框架，
5	메시지를 준 데 따른 결과다.	发出了这种信号。

该句的翻译需要了解日韩贸易战的背景以及韩美日三方的合作关系，理清错综复杂的日韩关系。朴槿惠政府与日本就慰安妇问题匆匆达成协议，而文在寅政府推翻了这一协议，韩国大法院裁决日本企业向二战时期强制征用的朝鲜劳工做出赔偿。日方极其不满，采取报复，限制日本核心原材料出口韩国。例句描述的正是韩国打算采取反制措施却引发了美国不满的微妙处境，只有了解这些背景，才能预测出动词并准确地翻译出来。

会议主题是整个会议发言的中心内容，也是一个能够为视译和同声传译提供预测的中心话题。丰富的知识储备、完备的知识结构无疑可以帮助译员更快更准地抓住讲话主旨，从而形成图式，便于预测。要做到这一点除了译员平时的积累，会议之前的准备也是非常重要的。

译员应该在会议之前向会议主办方索要相关的资料或上网查找一些与会议主题、发言人情况、会议所涉及的专业术语、会议背景的相关信息。也可以说，这些是译员在自己的大脑中事先储备的与会议主题相关的模糊图式，做视译，尤其是同声传译时，译员能够根据这个模糊图式把握住发言人的意图和发言方向，把握上下文的逻辑关系，更好地预测发言人可能讲什么，从而提高同声传译的效率和质量。即便预测出错，也不必慌张，可以根据上下文适当地及时纠错，或者通过适当的衔接手段灵活地加以补救，千万不能将错就错生编硬造，那样可能会导致逻辑方向完全错误，造成不可挽回的结果。

综上所述，只要译员有深厚的语言功底和敏锐的语感，在同传中就能够基本把握住句子的结构框架、上下文的逻辑关系以及发言的大体脉络和走向，就能够更好地进行预测，推断出发言人接下去可能涉及的内容，从而帮助译员节省一些用在听和分析上的时间，把更多的时间用在记忆和翻译上。从这个角度看，可以说预测在视译和同传中都是必要的。

二、段落视译

| 区块链技术 |

韩　　文	中文释义
블록 체인(block chain)	区块链
분산 원장(分散元帳)	分布式账本
암호 화폐(暗號貨幣)	加密货币
비트코인(Bitcoin)	比特币
분산 합의 알고리즘(分散合意algorism)	分布式共识算法
가상 통화(假想通貨)	虚拟货币
채굴업체(採掘業體)	“挖矿”企业
소모하다(消耗--)	消耗
투기 열풍(投機熱風)	投机之风
조장하다(助長--)	助长
하이테크 산업(high-tech產業)	高科技产业
자원 의존형	资源依赖型
모건 스탠리(Morgan Stanley)	摩根士丹利（一家全球领先的国际性金融服务公司）
테라와트시(terawatt-hours)	万亿瓦时
육박하다(肉薄--)	接近
아르헨티나(Argentina)	阿根廷

블록 체인은 기술적 의미로는 블록이란 곳에 데이터를 담아 체인처럼 연결해 저장하는 기술로 저장된 데이터를 모든 사용자에게 분산해 저장하는 분산 원장 기술의 의미를 가지고 있고 사회적 의미로는 네트워크 참여자가 정보와 가치의 이동에 대해 공동으로 기록, 검증, 실행함으로써 중앙 관리자 없이도 신뢰 확보를 가능하게 하는 기반 기술이다.

블록 체인 기술은 계속적으로 발전해 우리에게 널리 알려진 암호 화폐인 비트 코인의 기반 기술이었던 블록 체인 1세대 기술인 분산 원장 공유 기술을 거쳐 미리 지정한 조건에 따라 계약이 자동으로 이뤄지도록 구조화된 스마트 계약을 시스템에 채택하며 2세대 블록 체인의 기술이 등장했다. 최근에는 1, 2세대 블록 체인의 문제점이라고 여겨져 왔던 다양한 분산 합의 알고리즘들의 한계점과 불안정성, 낮은 거래 처리 성능을 극복한 3세대 블록 체인을 개발하려고 노력하고 있다.

최근 블록 체인 기술을 이용하여 일부 가상 통화를 생산하는 소위 채굴 업체가 대량의 자원을 소모하고 가상 통화 투기 열풍을 조장하고 있다. 가상 통화 채굴업은 하이테크 산업으로 보이나 실제는 전형적인 '자원 의존형' 산업이다. 모건스탠리가 2018년 초 내놓은 통계에 따르면 비트코인 비용의 3분의 1 가량은 전기료로 2018년 비트코인과 기타 가상 통화 채굴 전력 수요는 120~140TWh(테라와트시, 1TWh =1조Wh)에 육박한 것으로 나타났다. 전세계 전기차의 2025년 예상 전력 소모량, 2015년 기준 아르헨티나의 1년 전력 사용량도 125TWh를 넘지 않았다.

从技术的意义上说，区块链是一种将数据以链状方式存储在块中的技术，它具有分布式账本技术含义，将存储的数据在所有用户中进行分布式存储。从社会的意义上说，区块链是一种基础技术，使网络参与者共同记录、验证、执行信息与价值移动，从而在没有系统管理员的情况下仍可保障其可靠性。

区块链技术在不断发展，第一代区块链技术采用分布式账本共享技术，是众所周知的加密货币比特币的基础技术。现在已经有了第二代区块链技术，它采用结构化智能合约系统，根据预设条件自动执行。由于前两代区块链的多种分布式共识算法具有局限性且不够稳定，交易处理性能低，最近人们正在尝试开发第三代区块链来解决这些问题。

最近也出现了一些利用区块链技术生产“虚拟货币”的所谓“挖矿”企业，不仅消耗大量的资源，而且助长了“虚拟货币”投机之风。虚拟货币“挖矿”看似高科技，实际上是典型的资源依赖型产业。摩根士丹利曾在2018年初给出数据，挖比特币成本约有三分之一来自电费，2018年比特币乃至其他虚拟货币的挖矿用电需求已经接近120—140万亿瓦时。预计2025年全球电动车的耗电量，以及2015年阿根廷一年的用电量也超不过125万亿瓦时。

视译译文

	断　句	译　文
1	블록 체인 기술은 계속적으로 발전해	区块链技术不断发展，
2	우리에게 널리 알려진	众所周知的
3	암호화폐인 비트코인의 기반기술이었던	加密货币比特币的基础技术
4	블록 체인 1세대 기술인	也就是第一代区块链技术
5	분산원장 공유기술을 거쳐	采用的是分布式账本共享技术。此后，
6	미리 지정한 조건에 따라	根据预设条件
7	계약이 자동으로 이뤄지도록	使合约自动执行，
8	구조화된 스마트 계약을 시스템에 채택하며	并采用结构化智能合约系统，
9	2세대 블록 체인의 기술이 등장했다.	第二代区块链技术应运而生。

（续表）

	断　句	译　文
10	최근에는 1, 2세대 블록 체인의 문제점이라고 여겨져 왔던	前两代区块链的问题在于，
11	다양한 분산 합의 알고리즘들의 한계점과 불안정성,	多种分布式共识算法具有局限性且不够稳定，
12	낮은 거래 처리 성능을	交易处理性能低，
13	극복한 3세대 블록 체인을 개발하려고 노력하고 있다.	最近人们正在尝试开发第三代区块链来解决上述问题。
14	최근 블록 체인 기술을 이용하여	目前存在一些利用区块链技术
15	일부 가상 통화를 생산하는	生产"虚拟货币"的
16	소위 채굴 업체가	所谓"挖矿"企业，
17	대량의 자원을 소모하고	在消耗大量资源的同时，
18	가상 통화 투기 열풍을 조장하고 있다.	也助长了"虚拟货币"投资炒作之风。
19	가상 통화 채굴업은	虚拟货币"挖矿"
20	하이테크 산업으로 보이나	看似颇具科技感，
21	실제는 전형적인 '자원 의존형' 산업이다.	实际上是典型的资源依赖型产业。
22	모건스탠리가 2018년 초 내놓은 통계에 따르면	摩根士丹利曾在 2018 年初给出数据，
23	비트코인 비용의 3분의 1 가량은 전기료로	挖比特币成本大约三分之一来自电费，
24	2018년 비트코인과 기타 가상 통화	2018 年比特币乃至其他数字货币
25	채굴 전력 수요는	的挖矿用电需求
26	120~140TWh에 육박한 것으로 나타났다.	达到 120—140 万亿瓦时。
27	전 세계 전기차의 2025년 예상 전력 소모량,	预计 2025 年全球电动车的能源消耗量
28	2015년 기준	以及 2015 年
29	아르헨티나의 1년 전력 사용량도	阿根廷全国一年的用电量
30	125TWh를 넘지 않았다.	也才不过 125 万亿瓦时。

三、实战练习

韩　文	中文释义
암호 화폐(暗號貨幣)	加密货币
기본 기술	底层技术
다중 인증	多重验证
거래 내역(去來內譯)	交易明细
암호화하다(暗號化--)	加密

（续表）

韩　　文	中文释义
과반수(過半數)	半数以上
해킹하다	黑客入侵
공인중개사(公認仲介士)	注册中介公司
암호키(暗號key)	密钥
직접민주주의(直接民主主義)	直接民主

뜨거운 관심과 치솟는 가격, 암호 화폐로 각광을 받고 있는 비트 코인, 그리고 이런 비트 코인을 탄생시킨 기술 블록 체인. 2016년 다보스포럼에서는 4차 산업혁명을 이끌 기술로 블록 체인을 선정했습니다. 대체 어떤 기술이길래 이렇게 큰 기대를 모은 걸까요?

비트 코인은 거래 내용을 여러 이용자의 컴퓨터에 분산해 저장합니다. 그리고 하나의 정해진 기관, 즉 중앙 은행 없이 10분마다 한 번씩 거래 내용을 공유하지요. 블록 체인은 바로 이때 사용되는 기술입니다.

쉽게 말해 블록 체인도 웹처럼 인터넷으로 연결되지만, 굳이 다른 점이라면 인터넷은 정보의 바다고, 블록 체인은 가치의 바다라는 점입니다. 그리고 이런 가치 있는 정보를 넣은 블록을 연결하는 것이 블록 체인의 기본 기술입니다.

단순히 정보를 연결할 뿐인데, 대체 어떤 면이 신기술인 것일까요? 블록 체인의 블록에는 사람이나 컴퓨터의 다중 인증을 받은 정보만 넣을 수 있기 때문에 신뢰할 수 있는 정보만 블록에 쌓이게 됩니다. 이것이 바로 블록 체인이 가지고 있는 혁신적인 가치입니다.

지금까지의 금융 거래는 중앙은행 같은 중앙 관리 시스템에 거래 내역을 정확하게 기록하여 제3자인 은행과 같은 기관이 이를 안전하게 보관하고 인증합니다. 하지만 블록 체인 기술을 이용하면 제3자를 통하지 않고도 인증과 거래를 투명하게 할 수 있습니다.

블록 체인은 거래 데이터를 블록에 담아 암호화하여 사용자 모두가 함께 저장하고 거래가 필요한 경우에 이 내용을 서로 비교해서 똑같은 경우의 것만 인정합니다. 거래가 성립되려면 과반수 이상이 인정해야 하기 때문에 누군가가 이 내용을 조작하려고 한다면 절반 이상을 모두 바꿔 놓아야 합니다. 하지만 전세계 사용자 과반수를 해킹하는 것은 사실상 불가능합니다. 때문에 이같은 완벽한 보안성과 거래 내용이 공개되는 투명성이 블록 체인의 가장 큰 특징으로 꼽힙니다.

금융 거래를 할 때 우리는 은행이나 증권사를 찾아가서 돈을 보내거나 받아야 합니다. 은행이나 증권사 같은 신뢰할 수 있는 기관이 필요한 이유지요. 그러나 블록 체인 시스템은 모두가 인증하는 시스템이므로 제3의 기관이 필요 없습니다. 때문에 시스템을 유지하는 비용이 크게 줄어듭니다. 부동산 거래를 할 때도 공인중개사, 은행, 대출, 보증인이 필요 없습니다. 바로 인증이 되는 시스템에서는 직접 거래가 가능하게 됩니다.

투표는 어떨까요? 투표하자마나 모든 것이 인증되어 결과가 바로 나옵니다. 투표관리자도 필요 없고 투표 용지를 셀 필요도 없습니다. 때문에 투표 문화도 바뀝니다. 투표에 참여하는 개인은 암호 키를 받은 후에 인터넷으로 투표하면 끝입니다. 빠르고 안전하고 정확하게 진행될 뿐 아니라 투표 비용 또한 낮아지기 때문에 직접민주주의가 가능해지지요.

해운과 항만 업계도 확인해 볼까요? 블록 체인을 이용해 정보를 유기적으로 교환하면 화물이나 선박 현황을 실시간으로 추적할 수 있게 되어 원하는 정보를 바로바로 얻을 수 있게 됩니다.

초연결, 초지능, 대융합의 시대, 제조, 물류, 에너지에 사물 인터넷을 접목시켜 스스로 보안과 공정을 통제하는 4차 산업혁명. 이런 4차 산업혁명을 이끌어갈 기술로 주목받는 블록 체인. 완벽에 가까운 보안과 인공지능 기술이 만나 새롭게 태어날 블록 체인 생태계는 우리의 삶을 얼마나 바꿔 놓을까요?

——코인을 탄생시킨 기술, 블록 체인 생태계의 시작

难句解析与视译处理

句1: 뜨거운 관심과 치솟는 가격, 암호 화폐로 각광을 받고 있는 비트코인, 그리고 이런 비트 코인을 탄생시킨 기술 블록 체인.

译文: 比特币引发密切关注、价格不断飙升，是一种备受瞩目的加密货币，催生比特币的正是区块链技术。

视译译文

	断　　句	译　　文
1	뜨거운 관심과	引发密切关注，
2	치솟는 가격,	价格不断飙升，
3	암호 화폐로 각광을 받고 있는 비트 코인,	比特币是一种备受瞩目的加密货币，
4	그리고 이런 비트 코인을 탄생시킨 기술 블록 체인.	催生比特币的正是区块链技术。

句2: 2016년 다보스포럼에서는 4차 산업혁명을 이끌 기술로 블록 체인을 선정했습니다. 대체 어떤 기술이길래 이렇게 큰 기대를 모은 걸까요?

译文: 2016年达沃斯论坛上，区块链技术被评为引领第四次工业革命的技术。区块链技术究竟是什么？人们对它竟然如此期待。

视译译文

	断　句	译　文
1	2016년 다보스포럼에서는	2016年达沃斯论坛上，
2	4차 산업혁명을 이끌 기술로	作为引领第四次工业革命的技术，
3	블록 체인을 선정했습니다.	区块链技术成功入选。
4	대체 어떤 기술이길래	区块链技术究竟是什么？
5	이렇게 큰 기대를 모은 걸까요?	人们对它竟然如此期待。

句3： 해운과 항만 업계도 확인해 볼까요? 블록 체인을 이용해 정보를 유기적으로 교환하면 화물이나 선박 현황을 실시간으로 추적할 수 있게 되어 원하는 정보를 바로 바로 얻을 수 있게 됩니다.

译文： 再来看一下海运和港口业的情况，如果利用区块链有机地交换信息，那么就可以实时追踪货物和船舶现状，随时获得需要的信息。

视译译文

	断　句	译　文
1	해운과 항만 업계도 확인해 볼까요?	再来看一下海运和港口业的情况，
2	블록 체인을 이용해	如果利用区块链
3	정보를 유기적으로 교환하면	有机地交换信息，
4	화물이나 선박 현황을	那么货物和船舶现状，
5	실시간으로 추적할 수 있게 되어	就可以实时进行追踪，
6	원하는 정보를 바로바로 얻을 수 있게 됩니다.	随时获得需要的信息。

句4： 초연결, 초지능, 대융합의 시대, 제조, 물류, 에너지에 사물 인터넷을 접목시켜 스스로 보안과 공정을 통제하는 4차 산업혁명. 이런 4차 산업혁명을 이끌어갈 기술로 주목받는 블록 체인.

译文： 在超连接、超智能，大融合时代，第四次工业革命将制造、物流、能源与物联网相结合，自我掌控安全和公正，区块链作为引领第四次工业革命的技术而备受瞩目。

视译译文

	断　句	译　文
1	초연결, 초지능, 대융합의 시대,	在超连接、超智能、大融合时代,
2	제조, 물류, 에너지에	制造、物流、能源
3	사물 인터넷을 접목시켜	与物联网相结合,
4	스스로 보안과 공정을 통제하는	自我掌控安全和公正,
5	4차 산업혁명.	这就是第四次工业革命。
6	이런 4차 산업혁명을 이끌어갈 기술로	作为引领第四次工业革命的技术
7	주목받는 블록 체인.	区块链备受瞩目。

四、自主练习

韩　文	中文释义
핀테크(fintech)	金融科技
결제 보안 인증	支付安全认证
크라우드 펀딩(crowd funding)	众筹
온라인 보험	电子保险
파괴적 혁신(破壞的革新)	颠覆性创新
예대 업무	存贷业务
탈중개화(脫仲介化)	去中介化
지급 준비 제도	准备金制度
접점(接點)	交汇点
로드맵 (road map)	路线图
특화(特化)	特殊化、专业化
그림자 금융	影子银行

참석자 여러분,

정부는 핀테크라는 그 시대의 큰 흐름에 따라가야 우리 금융의 미래를 지킬 수 있다 하는 그런 신념을 가지고 있습니다. 그래서 네 단계로 로드맵을 만들어서 지금 핀테크 산업의 활성화를 추진 중에 있습니다.

첫 번째 단계는 핀테크 업자의 등록 조건을 완화하고, 그리고 금융회사의 핀테크 산업 출자를 활성화하고, 해서 핀테크 산업의 기본적인 진입 장벽을 낮추는 것입니다. 그게 첫 번째 일인데, 아마 이제 어느 정도 이 부분의 일은 마무리가 됐습니다.

둘째는 핀테크 지원 센터를 운영을 하고 그리고 정책금융기관에서 핀테크 기업에 대해서 자금 지원을 하고, 해서 핀테크 기업, 그리고 금융회사, 정부가 서로 소통하는 이런 핀테크 생태계를 구축하는 그런 일입니다.

이것 역시 올해 들어서 지원센터가 활발히 지금 오늘도 정유신 여기 센터장께서 행사에 같이 참석을 하십니다만은, 지원센터를 중심으로 해서 생태계의 기반이 완성됐다고는 할 수 없지만은 많은 발전을 이루었습니다.

세 번째는 결제 보안 인증 등에 대한 핀테크의 규제의 패러다임을 사전적인 규제에서 사후적인 규제로 바꾸는 것입니다. 이 또한 규제 작업은 역시 저희 금융위원회에서 담당을 해야 하는 그런 일인데, 많은 과제들을 지금 하나씩 하나씩 처결해 가고 있습니다.

마지막으로는 인터넷 전문은행, 빅데이터, 크라우드 펀딩, 그 다음 온라인 보험 등 국민들에게 실생활에서 체감할 수 있는 새로운 핀테크 서비스를 제공하는 것입니다. 이 일은 앞으로 우리가 더 많은 노력을 해서 달성해야 할 과제들입니다. 앞으로 이런 점에 우리 연구원의 좋은 조언을 들어가면서 정부에서 더 많은 일을 해나가도록 하겠습니다.

핀테크는 피할 수 없는 그러한 시대의 흐름이지만, 감독 당국의 입장에서 보면은, 기존의 금융업의 패러다임을 갖다가 완전히 바꾸어야 되는, 즉 파괴적으로 혁신해야 되는 그런 점에서의 새로운 도전이라고 생각합니다.

먼저 은행의 전통적인 예대 업무와는 달리 크라우드 펀딩과 같이 소매영역에서도 지금 자금의 수요자 공급자를 갖다가 연결시켜 줌으로써 자금 중개 방식이 근본적으로 바뀌고 있습니다. 이러한 금융의 탈중개화로 인해서 예금보험제도, 그 다음 지급준비제도, 그리고 전통적인 각종 금융의 규제를 어떻게 바꾸어야 되느냐 하는 그런 과제가 저희 정부 당국에 맡겨져 있습니다.

두 번째로는 전통적인 은행업에서 인제 고객의 접점은 전국적으로 연결돼 있는 지점이었습니다. 은행의 많은 지점이었는데, 우리 나라의 지점이 한 6,000개 정도 되니까 모든 금융회사의 지점이. 이것이 접점이었다면은 이제는 온라인, 모바일 등으로 그 접점이 변화되고 있는 것입니다.

그래서 이 온라인을 통한 이런 저비용의 고객 접점이 등장이 되니까, 금융업은 기존에 있었던 규모의 경제, 이런 것이 중요한 것이 아니라, 아이디어가 보다 중요한 이런 경쟁적인 산업으로 바뀌었습니다.

그래서 진입장벽이 높았던 그 동안 규제산업으로서, 혹은 독점 산업으로서의 전제로 실치되는 기존의 금융규제의 틀을 다 바꾸어야 되는 그러한 변화된 경쟁 여건을 마련해야 하는 그런 과제가 또한 정부에 주어져 있습니다.

세 번째로 기존의 은행들은 송금이나 결제, 이런 다양한 금융업을 영역으로 하고 있습니다만은 최근에 출현하는 핀테크 기업들의 특성이 무엇이냐 하면은 다양한 금융서비스 중에서 한 두 개를 아주 특화를 하면서 거기에 집중하는 이런 금융서비스의 분화 현상이 나타나고 있습니다.

그래서 하나의 은행이 1년에 모든 금융서비스를 제공하던 그런 방식에서 이제 하던 규제를 동일하게 핀테크 기업에 대해서 동일한 규제를 할 수가 없다는 점입니다. 이것 또한 정부에게 주어진 그런 과제입니다.

이런 과제들을 해결해 나가는 일이 결국 정부의 규제 패러다임을 바꿔서 핀테크 산업을 육성시켜 나가는 그런 하나의 터전을 만드는 일이 아닐까 싶습니다.

그런데 이것이 그렇게 쉽지 않습니다. 이러한 정책적 과제를 잘 풀어나가려면은 핀테크 산업의 기존 규제의 틀밖에서 새로운 형태로 나타나는 그런 그림자 금융화하는 것을 막아야 합니다. 즉 전적으로 규제의 틀 안에 담아야 한다는 것이지요. 그래서 그 안에서 같이 움직일 수 있게 해야 한다는 것이지요.

또한 더욱이 어려운 점은 핀테크 발전이 전세계적으로 이제 막 형성되는 과정이기 때문에 우리가 따라 배울 수 있는 그런 확립적인 제도가 존재하지 않는다는 점입니다. 그래서 더욱이 우리가 모방자의 입장에서 벗어나서 시장에 앞서 주도하는 그런 창조적인 그런 전략이 필요한 시점이라고 생각합니다.

이러한 과제가 많이 있지만, 정부로서도 결코 멈추지 않고, 핀테크 산업을 위한 지원과 규제의 틀을 바꾸는 데 최선을 다해 나가겠습니다.

빌 케이츠가 이미 20년 전에 '은행업은 앞으로도 필요하겠지만, 지금 형태의 은행은 필요하지 않을 것이다'라고 20년 전에 이미 이야기했다고 합니다. 다소 시간이 걸렸지만, 이미 그런 현상이 이제 우리 금융계에 나타나고 있는, 그리고 현실화되고 있는 그런 모습을 우리가 느낄 수가 있습니다.

이러한 중요한 변화 시기에 우리 나라 핀테크 산업을 활성화시키고, 그리고 적합한 제도를 갖추어 나가는데 우리 글로벌 핀테크 연구원이 큰 역할을 해주시리라 믿습니다.

오늘 이 자리가 글로벌 핀테크 연구원이 출범하는 아주 의미있는 날인 동시에 우리 핀테크 산업에 새로운 기운을 불어넣는 그런 의미 있는 날이 되기를 바랍니다. 여러분, 감사합니다.

——글로벌 핀테크 심포지엄 축사

附录 1 实战练习参考译文

第一课 视译概论

由于保持社交距离和自我隔离等原因，人们尽量减少外出，在家里度过的时间越来越多，中国也和其他国家一样，“宅经济”商品受到关注。“宅经济”是home和economy两个词的组合，指在家中进行消费活动的一种经济现象。因新冠肺炎疫情而受居家办公、推迟开学、减少外出就餐等因素影响，消费方式也在发生变化，中国消费者正在根据各自的消费水平选择不同的消费品类。

净化居住环境的家电消费增加

随着人们对健康和卫生关注度的提升，营造清洁室内居住环境的家电正在受到消费者的青睐。由于办公空间定期通风和杀菌消毒变得重要，调节室内温度、湿度和空气条件的家电需求在不断增加。

越来越多的消费者通过在线平台购买卫生保洁家电，包括清扫地板并消毒灭菌的蒸汽吸尘器，清除室内卫生死角的无线真空吸尘器，消除粉尘并改善空气质量的空气净化器，以及具有消除室内有害细菌和通风功能的紫外线消毒器。

天猫发布的数据显示，消费者更喜欢购买国外知名品牌，空气净化器中，性价比高的小米占据搜索榜首，而销售综合家电的飞利浦大部分产品都受到欢迎。

家庭烹饪厨电及烹饪设备消费增加

ECdataway数据威显示，2月份厨电产品中，厨师机/和面机、电动打蛋器、空气炸锅、电烤箱的销售额同比均出现多倍增长。事实上，与去年同期相比，天猫的销量均有所增加：厨师机/和面机和电动打蛋器分别增长了847%、642%，空气炸锅和电烤箱的销量分别增长了325%和209%。

据分析，在此期间，许多消费者减少了外出就餐，大多居家用餐，因此厨电产品消费有所增加，卫生和保洁家电对中国品牌偏好度相对高于进口品牌。

家庭方便餐(HMR)和半成品消费增加

大城市的单身家庭对家庭方便餐的需求越来越大，不外出就餐时，可以居家自己轻松烹饪。大型零售商和食品加工业不仅对原有冷冻食品，而且对速食半成品越来越关注，食品行业竞争日趋激烈，正在推出形形色色的家庭方便餐。

中国电商阿里巴巴表示，2019年国内方便食品市场规模为4,500亿元，其中冷冻食品（1,500亿元）和方便面（1,100亿元）占很大比重。若按年均增速6%计算，预计 2025 年可达到 6,300 亿元。

最近家庭方便餐半成品比例不断上升，活跃在网络上的网红通过“抖音”等中国短视频平台向消费者推介在家制作和食用家庭方便餐的方法，受到消费者好评。

网红直播平台流行产品

中国经济媒体《财经头条》发布称，2019年粉丝规模在10万人以上的网络红人数较去年增长51%，粉丝规模超过100万人的网红增长23%。网红通过个人运营的直播频道与潜在客户粉丝和观众交流，同时推广和销售特色产品，被用作网络营销工具。

疫情导致户外活动减少，观看网红等流量明星节目在线购物的消费者数量持续增加。网红营销被用于美妆、服装和食品等所有商品，因为它将网红直播频道与电商平台对接起来，既能推销产品，又能购物。

第二课　快速阅读

“2017智慧国土博览会”汇集了主导第四次工业革命时代的空间信息技术，祝贺博览会开幕！

感谢各位百忙之中出席本次活动。还要感谢一直以来为发展空间信息技术不遗余力的产学研相关人士和国内外来宾。

智慧国土博览会自2008年首次举办以来，至今一直与空间信息产业的发展同步。博览会通俗易懂、亲切生动地告诉国人，深奥而枯燥的空间信息如何应用于现实生活和未来新兴产业，并引起人们对其重要性和价值的共鸣。还给我们提供了一窥空间信息产业发展方向和未来的机会，也为巩固与外国高级官员和专家在空间信息领域的合作体系，观察最新技术动向奠定了基础。

智慧国土博览会今年迎来了举办十周年，它将提供一个宝贵的机会，让我们得以回顾过去十年的空间信息产业，并为今后十年乃至百年做准备。

各位来宾、观众朋友们，空间信息和我们的生活息息相关，非常亲近，而又使我们感到温暖。如今它已经成为我们生活中不可或缺的基础设施。

无论何时何地，只要在智能手机上输入目的地，它就会告诉你最近的公交车站或地铁站的位置，告诉你预计到达时间。导航会根据路况指引最快速的出行路线，并提供加油站、停车场等附加信息。午餐时间它还能介绍附近的美食餐厅，在旅行地帮忙寻找一泊的住处。这一切都因空间信息而成为可能。

空间信息应用于各种领域，善于融合，堪称“囊括世界上所有信息的载体”。而且越是融合，其价值越大，具有无限的发展潜力。空间信息正在与多个领域结合，比如查找地理位置和路线等提高生活便利度，游戏、电影等文化产业，无人机和自动驾驶汽车等新兴产业等等。如今，几乎没有一个领域不使用空间信息。正如去年的《精灵宝可梦GO》热潮中所看到的，空间信息是第四次工业革命的核心基础设施，其价值超乎我们的想象。

今年的“智慧国土博览会”尝试在“第四次工业革命的向导——空间信息（驾驭未来）”的主题下与各阶层进行沟通交流。儿童是我们的未来，为了易于走近他们，使他们对空间信息更感兴趣，博览会安排了体验型展览。今年还将首次举办“智能儿童安全地图”征集展活动，并筹备了“综合利用空间信息优秀案例大赛”，帮助年轻人从创意走向创业。此外，还将通过商务会议和参观生产企业等积极支持国内企业到海外发展。

我们国土交通部希望通过国民能够切身感受到的政策，走近国民、惠及国民。我们将继续为无人机和自动驾驶汽车等新兴产业的发展提供高质量空间信息。

此外，还将扩大开放空间信息，方便全民使用。我相信，如果能自由利用空间信息，加上富有创意的创新思路，那么拉动我国经济增长、使生活更加便利安全的未来新业种也将随之诞生。希望空间信息成为亲民、便民、惠民的基础设施，给青年带来希望，使国民更加幸福。

再次感谢出席本次活动的国内外来宾，祝各位过得愉快，有所收获。谢谢大家！

第三课　信息提取

一个将使我们提前进入自动驾驶时代的实验城市K-City业已诞生。

从去年8月开工到今天，国土交通部和交通安全工团的各位有关人士付出了辛勤的劳动。

我向应对汽车工业难关并致力于未来汽车研发的汽车行业有关人士表示祝贺。

世界上首屈一指的汽车制造商和ICT公司已经在未来汽车领域展开角逐。特别是在第四次工业革命时代，为了融合和发展核心技术，争夺自动驾驶汽车的主导权展开激烈的竞争。

大韩民国也对此进行了挑战，与欧美相比，我们起步虽然有些晚，但我相信，凭借我们的实力和热情，会很快缩小这一差距。

我们的汽车工业起步虽晚，但很快就迎头赶上。20世纪50年代，我们这个只能组装美军吉普车零件和生产油桶的国家仅仅在半个世纪内就跻身于世界五大汽车生产国行列。

我坚信这样的奇迹在未来汽车上会再次出现，让企业、研发人员和我们政府今天一起下定决心一起为此而努力。

当前，我们的汽车工业正处于转型期的过渡阶段，经受着痛苦。我们期待汽车业及与此有关的企业更快地洞察市场和竞争对手的动向，展望未来，更加迅速地做出反应和准备。政府将最大限度地扶持汽车工业。

政府很清楚汽车行业现在所遇到的困难，考虑到这一点，将在本月内提出“汽车振兴方案”和“制造业创新战略”。希望大家将此理解为这是全面扶持的开始，是为了帮助汽车行业克服当前的困难，并获得新的竞争力。

与此同时，政府还在努力为未来汽车的准备工作提供支持。在国会的共同努力下，已经研究决定，仅明年未来汽车的相关预算就将超过1万亿韩元。

政府正在率先取消或放宽阻碍未来汽车开发的规制，还将降低相关部门之间的门槛，加快规制改革的步伐。我们将尽快为未来汽车建设智能化道路、高精地图等基础设施。

与其他国家既有的实验城市相比，K-City的环境更加多样化。我们还建成了世界最早的5G通信网。K-City今后将变得越来越高端，与即将入住华城的第四次工业革命产业园产生协同效应。我相信这种环境有助于我们开发出更好的自动驾驶汽车。

大转折时期需要大挑战，K-City将考验我们的挑战。希望各位研发人员与企业家在K-City共同合作，提升能力，迎接更大的挑战。仅靠个别公司单打独斗无法保持增长，只有产学研打破壁垒，凝聚力量，才能共谋新的增长。

安全比技术更重要，最近我们痛切地认识到安全的重要性，我希望韩国的未来汽车是世界上行驶最安全的。

我们过去在汽车工业取得了成功，同样，我们在未来汽车方面也必须成功，相信我们一定会成功。让我们铭记祖先遇到的挑战和取得的成功，他们在朝鲜战争的废墟上开始制造汽车，使韩国成为世界汽车强国，让我们铭记祖先洒下的汗水和泪水。

谢谢大家！

第四课　顺句驱动

实战练习1

刚才各位看到的开场视频中的音乐是人工智能作曲，人工智能已经深入到我们的生活中。

今年第五届电视朝鲜全球领袖论坛提出的议题是“奇点时代，人类将何去何从？”。人工智能超越人类智能总和的时代被称为奇点时代。

宇宙空间黑洞强大的引力波吸收了光，但人类却看不到，因此科学家将其命名为“奇点”。对人类来说，它是一个未知的点。看这阵势，从阿尔法狗冲击开始的人工智能革命即将创造出人类迄今为止没有经历过的新时代。未来学家雷·库兹韦尔曾预测：“最晚到2045年，人工智能将超过人类智力的总和。”

谷歌已经从2001年开始在人工智能领域投入了相当于33万亿韩元的资金，日本软银总裁孙正义宣布，为了应对奇点时代的到来，将投资1,000亿美元，相当于112万亿韩元。无论你愿不愿意，人类奇点时代的到来比我们想象的要快得多。

世界顶级科学家斯蒂芬·霍金博士和特斯拉的埃隆·马斯克曾发出警告说，人工智能的发明可能成为人类历史上最大的灾难。不过也许有一天他们会明白，就像工业革命时期捣毁机器的卢德运动一样，对人工智能的恐惧只不过是杞人忧天。工业革命将欧洲边缘国家英国提升到世界中心，同样，只有理解并引领奇点新潮的国家才能屹立于世界之林。这是一个变化的时代，只有具备果敢的勇气和挑战意识的人才能赢得未来。

我相信，在这第五届TV朝鲜全球领导论坛上，世界著名学者和全球企业家将会提出韩国在技术大爆炸时代的生存之道。谢谢大家！

实战练习2

我是大韩商工会会长朴容晚，衷心祝贺“时事IN”人工智能会议顺利召开。很高兴这次活动能在我们的会议中心举行，我向冒着酷暑前来参会的各位表示欢迎和感谢。

本次会议的主题是“人工智能，追问人类如何抉择”。人工智能的说法已经出现六十多年了，但最近随着第四次工业革命全面展开，其适用对象和范围似乎在进一步拓宽。为了应对人工智能带来的广泛变化，韩国企业也正在做出多样化的创新努力。

尽快掌握机器人和自动驾驶等引导主要产业变化的技术力，并与国内各机构合作共同开发新技术的案例越来越多。在人才聘用和培训等企业内部治理方面，人工智能的作用也呈现出增长趋势。如果说为了促进这种创新活动，我们的企业有什么要求，那就是打破常规，放宽限制，最好能营造一个便于开展新工作的环境。

特别是被称为第四次工业革命鼻祖的大数据，由于各种法律的制约，收集、管理、应用非常困难。作为公共财产应该给予保护，这种做法虽然可以理解，遗憾的是，与其他主要国家相比，似乎只有我们还带着紧箍咒，希望尽快打破韩国社会比比皆是的既得利益和所谓核心监管的壁垒。

今天的会议是分析人工智能相关的关键性争议问题，非常有意义，承蒙国内外专家学者光临，期待讨论取得丰硕成果，希望各位都能有所收获。谢谢大家！

第五课　断句衔接

大家好！我是大韩贸易投资振兴公社（KOTRA）社长。今天天气很冷，衷心感谢各位企业家前来参加第19届进军世界市场战略说明会。祝各位2018戊戌年新年快乐，身体健康，万事如意！

同时，衷心感谢通商交涉本部金铉宗本部长百忙之中前来参加本次活动，感谢韩国国际通商学会崔炳一会长发表主旨演讲。

去年，在出口增长15.8%的基础上，韩国贸易额在三年内恢复到了1万亿美元。另外，今年在世界市场出口国中的排名从第8位升至第6位，世界出口市场份额创下了3.6%的新纪录，意义深远。

在向全世界扩散的贸易保护等不利条件下，韩国恢复了继中国、美国、德国、日本、荷兰之后第6位的出口大国地位，这再次显示了我们国民的底气，真可谓一大快事。借此机会，我作为大韩贸易投资振兴公社（KOTRA）社长，对韩国的出口企业家和政府以及各位的辛勤付出表示衷心的感谢。

稍后大韩贸易投资振兴公社（KOTRA）10位海外地区的本部长将分别介绍各地区的市场条件和战略，据国际货币基金组织等国际机构预测，2018年世界经济将持续3.7%的增长趋势，中国、美国、欧盟等主要国家和地区将继续保持增长势头。东盟和印度继续保持6%左右的增长势头，曾停滞不前的巴西和俄罗斯等国经济呈复苏势头，中南美、非洲地区有开发需求，这些都有望缓解韩国经济当前面临的"G2风险"。

但与中国的贸易问题尚悬而未决，与美国的自贸协定修改进入实质性谈判，由于日本和欧盟自贸协定、美国退出后由日本主导的TPP等，预计日本企业的竞争力将进一步加强。

在这种情况下，我一贯强调，在韩国出口主体的转换和市场品种方式等方面，出口和投资需要通过大刀阔斧的结构改革为创造出优质工作岗位和提高产业竞争力做贡献。在此基础上，我想提出我们今年的进军战略。

第一是忠于基本。韩国要想实现贸易额超过1万亿美元达到2万亿美元的规模，需要超过美国贸易规模的一半，而美国国土面积是韩国的100倍，人口是韩国的6倍。

为此，必须要加强此前支撑韩国出口的电力、汽车及零部件、化学、机械领域的竞争力，否则这一目标不可能实现。同时，将目前停留在30%左右的中小企业和中坚企业的出口比重提高到50%左右，中小、中坚企业的出口参与率也要从目前的3%提高到同德国、英国一样的10%左右的水平。

与此同时，应该使落后的服务领域实现出口产业化，大幅提高对工作岗位和国民福利的波及效果。

第二是我们要提前应对第四次工业革命和数字平台时代。涵盖3D打印、大数据和人工智能等产业的第四次工业革命浪潮席卷整个产业，并波及了生产和流通、消费形态等所有经济领域，正在发生革命性变化。而且，围绕第四次工业革命，美中日德全球四大巨头之间的主导权竞争也日趋激烈。

虽然有人指出目前韩国在这一领域的基础太薄弱，但我们拥有过去20年里从不毛之地跃升为全球IT强国的基因。我相信，如果最近的风创热潮同政府的扶植政策相协调，第四次工业革命的浪潮反而会大大提升韩国产业的竞争力，并提供新的出口增长点。

第三是发展可持续贸易增长模式。到目前为止，单纯销售商品和为了节约生产成本而进军海外市场的“Make in”战略已经奏效。但全球新贸易保护主义在加速，中国以及东南亚新兴国家正在加强扶持本国产业及扩大内需政策，韩国需要重新制订相应的贸易投资战略。

现在需要改变观念，转为“Make with”战略，韩国业和海外合作伙伴应在相辅相成和互惠互利的基础上，共同制造商品，共存共赢。发达国家曾经借助于“分享经济发展经验”和“政府开发援助”等项目推动出口，韩国也应借鉴他们的经验，助力贸易伙伴实现经济发展和收入增长，以夯实创造共享价值的基础，实现共同发展。

各位企业家，过去3年里，我在担任大韩贸易投资振兴公社（KOTRA）总裁时常说，解决韩国问题的答案在国外。今天，大韩贸易投资振兴公社（KOTRA）海外地区的10位本部长将对当地的情况和进军战略进行生动的介绍，希望各位能从中寻找进军海外市场的解决方案。祝各位在戊戌年阖家欢乐，身体健康。谢谢大家！

第六课　词性与语态转换

衷心祝贺2017未来经济论坛今天顺利开幕。前天是冰雪消融、细雨蒙蒙的“雨水”节气。本应是春意盎然的季节，但有道是“春来不似春”，此话耐人寻味，这正是我国经济的写照。

韩国经济深陷低增长泥潭，找不到出路。去年我国经济增长率仅为2.7%，今年的预测增长率更低，只有2.5%。2008年国际金融危机爆发之后，过去十年间总共只有三年经济增长率超过3%。

加之造船海运业率先进行的各种结构调整，使就业市场面临严冬。增长率下滑，失业率攀升，出口低迷，内需停滞，导致我国经济突然进入严冬。我认为，在我国经济这样波动不稳的情况下，今天为了寻求创造就业岗位和搞活民生经济方案而举办的论坛恰逢其时。

各位来宾，统计厅的统计显示，以今年1月份为准，失业人数超过了100万，创下了金融危机以来的最高纪录。尤其是青年失业率，2012年为7.5%，2016年急增至9.8%。将放弃求职者纳入失业者行列，统计出来的青年实际失业率今年1月份为22.5%，实际上五个青年人当中就有一个处于失业状态。

就业质量也在下降。受结构调整的后续影响，就业质量相对较好的制造业就业人数较一年前减少了16万。相反，个体户虽然增加了16.9万人，但分析显示大部分都并非自愿。

问题在于，这种严峻局面很有可能会长期持续下去。最近国际货币基金组织的报告发出了警告，认为韩国很有可能像日本失去的二十年那样，陷入长期萧条。依据在于，最近韩国经济的情况和二十年前的日本相似，包括低生育率和老龄化导致人口减少、增长潜力下降、生产效益增长乏力等。

虽然国内外不确定性都在增加，但留给我们的时间却不多。需要发掘新增长动力，为低迷的韩国经济注入活力。一方面要积极应对第四次工业革命浪潮，同时要让制造业这一传统的支柱产业实现创新。尤其是中小企业承担着88%的雇佣责任，需要通过提高他们的竞争力，并扩大公共机构和民间的就业，从而提振内需经济。

各位来宾，在今天的论坛上，赵庆泰企划财政委员长及经济领域常任委员会的朝野议员共聚一堂，为创造就业岗位和搞活民生经济集思广益。拜托各位利用过去参政活动的经验，为搞活我国经济发表真知灼见。

英国剧作家萧伯纳曾经说过，从来没有抱什么希望的人也永远不会失望。是的，回顾大韩民国的历史，正是一部从绝望中站起来的历史。衷心希望今天的会议成为富有意义的时刻，为韩国经济孕育出新希望。谢谢大家！

第七课　成分与句式转换

大家好！我是总统直属第四次工业革命委员会委员长尹盛老，非常感谢各位出席“第四次工业革命及就业情况会议”。本次会议旨在提高公众对第四次工业革命时代就业情况变化的关注度，由我们和总统直属就业委员会共同主办。

在此，请允许我向工作委员会金容基副委员长以及各位国内外嘉宾，向众多在线参加会议的朋友表示感谢。

第四次工业革命不再是一个陌生的术语。数字技术引发了基于超连接的智能革命，即便不使用这种抽象难懂的术语，我们也可以发现，它已经广泛而全面地渗透到我们的社会中。

互联网银行无须在银行柜台前等待，平台业务就可以大幅降低消费者和供应商之间的交易成本，物联网让生活变得更便利，并提高企业生产管理效率，这些都是很好的例子。

与此同时，预计第四次工业革命将对工作岗位的数量和质量以及工作方式均产生巨大影响。

首先，人工智能、机器人和大数据等新技术领域有望创造新的就业机会。另一方面，这种技术进步将对劳动力市场的弱势群体造成巨大冲击。

随着高附加值工作岗位的增加，其报酬也会增加，但收入再分配则取决于熟练程度、技能、信息等各种差距。因此我认为，“优质工作岗位（体面工作）”的概念也将会有所改变。

与此同时，随着智慧工厂化进程的加速，传统的制造业价值链将会重组，共享经济和按需服务正在扩大。

随着产业结构重塑，预计工作方式将发生重大变化，比如对工作时间和地点的限制将逐渐消失，零工经济发展壮大。

第四次工业革命加速了工作岗位的变化，我们越来越需要对这种变化提前做出积极应对。特别是，我们应该考虑到新冠疫情正在加速无接触和数字化进程，这就要求劳动力市场参与者具有高水平的数字适应能力。

首先是为未来新兴产业对人力需求的增加做好准备，通过新技术培训为第四次工业革命培养人才非常重要。这是因为通过职业培训可以增加国民就业的机会，同时还可以积聚快速适应新时代的能量。

还应建立各种就业社会安全保障机制，以缓解民众在就业形式多样化和经济产业结构调整方面的就业焦虑。我认为有必要加强对弱势工人的保护，并加强对离职人员和失业人员的就业服务。

希望“全民就业制度”“国民就业支持制度”等现有就业安全保障机制的盲点能够在这个层面上得到解决。同时，工业安全和工作环境创新也是一项非常重要的任务。我认为，有必要在作业场所营造一个安全、高效的工作环境，并根据第四次工业革命时代自动化、产业化等工业环境的变化，提前制定出安全管理措施。

在改善超时劳动、改革工资制度等创新工作环境方面的咨询工作也要不断推进下去，我们第四次工业革命委员会也正在进行各种讨论，以应对就业情况这种变化。

去年，关于平台劳动，我们成立了一个从2019年3月至11月为期约9个月的配送从业人员安全保障机制特别工作组，通过这个工作组，我们制定并公布了改善措施。

今年，第四次工业革命委员会社会制度革新委员会内部也有一个就业工作小组，通过这个小组，各个领域的专家正在就“后疫情时代数字化转型与未来的工作”这一主题继续展开讨论。今天的第一场会议将发布此前讨论的结果，提出第三季度对政府的建议。

此外，公共革新小组将继续探讨政府和民营部门在第四次工业革命时代的作用，以及包括就业领域在内，整个经济领域的监管是否有改进之处。

期待各位演讲和讨论嘉宾在今天的会议上就第四次工业革命时代劳动力市场和就业情况的变化，尤其是当前疫情的影响等进行高质量的广泛讨论。

总之，感谢今天所有线上和线下的参会者。谢谢大家！

第八课　反说

大家好！我是产业通商资源部能源资源室室长朱永俊。衷心祝贺第六届东亚新能源创新大会的召开，感谢《东亚日报》和Channel A的有关人士筹备了今天的活动。

政府一直在推动能源的清洁安全转型，包括减少燃煤和核电站，扩大新能源和可再生能源的使用。此外，去年10月总统宣布2050年实现碳中和，随后12月发布了《2050年碳中和推进战略》。在这种情况下，今天开会探索能源领域的商业创新战略非常及时且意义深远。

目前，围绕能源领域的国内外环境正在迅速变化，看来我们需要为通过有效的准备和应对实现能源系统创新和创造新增长引擎提供机会。我想从三个方面加以说明。

首先，为了步入中长期碳中和经济社会，现在就要准备并实施能源领域的创新战略。最近，世界各国正在积极应对气候变化，包括竞相宣布实现碳中和和扩大对低碳领域的投资。

为了朝着碳中和这一新目标前进，除了能源行业本身，工业、建筑和交通运输等所有经济社会领域都要实现去碳化，同时要准备好为由此引发的电气化提供支撑。

为此，目前政府所有部委正在制订2050年实现碳中和的方案，能源部门则正在准备今年年底前制订出能源碳中和创新战略。

其次，在这个充满了气候变化、传染病等不确定因素的时代，我们也应该能够迅速做出反应，做好准备。特别是最近出现了极端气象变化，夏季暴雨长期持续，冬季寒潮创历史纪录。

能源需求更加难以预测，而诸如避免大规模停电等确保电力系统的安全似乎变得越来越重要。最近，油价再次大幅反弹，能源市场发生了剧烈变化。

企业营商环境比以往任何时候都更加不稳定，因此需要对此做好充分准备，政府和企业有必要为构建强韧的系统共同做好准备。

最后，我们需要努力将目前的危机和挑战转化为创造新增长引擎的机遇。从几个市场的前景来看，预计氢市场和可再生能源市场规模将明显扩大。

我相信，如果充分利用这一增长引擎，我们将能够在很长一段时期内创造出新的商机。考虑到我们的产业结构和能源结构，碳中和无疑是一项具有挑战性的任务，这恐怕也是我们经济必然的发展方向。

比尔·盖茨的新书《如何避免气候灾难》(*How to Avoid a Climate Disaster*)最近经常被引用，他的书中有这样一句话："我们需要的能源系统应该让我们喜欢的东西继续，让我们讨厌的东西停止。"

面对"碳中和"这个崭新而大胆的挑战，我希望在今天的会议上，与会的各位企业家和专家能共聚一堂来探讨变革和创新之路。

第九课 增补

大家好！

正如刚才闵代表和郑宇泽委员长所言，今天天气很好，感谢主办方举办这个研讨会，让我们有机会能够再次思考中国经济。

News Pim"中国论坛"今年已经迎来了第三届，非常有意义。

中国最近跃升为世界第二大经济体，其多种利害关系引发全球经济和金融市场很大的不确定性，在这样的背景下，相信通过今天的中国经济论坛，我们能够思考很多问题，并做好相应的准备。

我要感谢News Pim代表闵秉福先生以及各位有关人员提供了今天这个难得的讨论机会，并表示祝贺！

如今人人都耳熟能详的，想必各位也很了解，新常态已经成为中国经济增长的新模式。此前一直保持两位数高增长的中国经济不再一味地追求增长率，而是采取稳中求进的新增长战略，即在稳定中实现可持续发展。

这意味着进行经济和产业结构改革是为了将一直以来出口和投资主导的高增长战略转变为内需和消费主导的稳增长，改变过去制造业和房地产带动的成功模式，使战略性新兴产业和服务业成为新增长动力，带动可持续发展。

新常态并不仅仅局限于此，建设丝绸之路经济带和21世纪海上丝绸之路的“一带一路”倡议、成立亚投行、倡导亚太自由贸易区，中国这些全球新经济构想也可以被视为它在迎接新常态时代雄心勃勃的未来发展战略宣言。

但尽管中国政府采取了各种稳定对策，最近的股市动荡依然成为全球金融市场的风险因素，甚至有人提出了中国经济危机论，认为金融动荡有可能扩大演化为实体经济停滞发展。

实际上，中国各项经济指标释放出疲软信号，包括出口减少，制造业PMI指数下滑等。国际货币基金组织和世界银行等多个经济研究机构甚至做出了悲观的预测，认为中国经济很难再次出现7%的高增长。

但最近中国股市下跌的态势与其说它反映了基本面的变化，不如将其视为股市过热的调整过程。考虑到中国房地产市场的恢复趋势以及中国政府的财政余力等，中国经济硬着陆的可能性不大。

中国经济目前占全球GDP的14%，已经跃升为世界第二大经济体，如今令人真正感受到了市场上流行的那句话：“中国经济一打喷嚏，世界经济就得感冒”。

现在全世界都在关注中国经济能否克服新危机与挑战，成功实现转向新常态的软着陆，我想这对于中国新的未来发展战略是一个很大的考验，也会左右韩国经济的未来。

各位来宾，1992年建交之后，中韩两国的经济合作发展迅猛。去年两国贸易额高达2,354亿美元，中国已经成为韩国最大的出口国，韩国则成了中国第三大贸易伙伴。

可以说，如今两国地理上是近邻，经济上保持着密切联系。因此预测中国经济发展战略的这种变化会给韩国经济带来哪些挑战和机遇并做出应对，将成为把未来的潜在风险降至最低并开拓新市场的重要出发点。

为使处于低增长风险的韩国经济在中国基于新常态的全球新经济构想中抢占先机，韩国政府一直以来都在快速应对，为打造人民币离岸交易中心，我们正致力于基础设施建设，去年11月成立了人民币业务清算行，之后又开设了人民币直接交易市场。

决定加入亚投行也出于同样考量，预计中国政府的战略重点“一带一路”和着重支持基础设施建设的亚投行会带来协同效应，从而打开亚洲地区的建设、通信、交通等大型基础设施建设市场。

为此，政府将筹建和运行一个“Korean Package”，以便和企业、金融机构建立密切的合作机制，开发有潜力的商业模式，制定综合性的资金支持方案。

此外，有必要注意到，中国的进口需求正迅速从中间产品转向化妆品、服装等消费品，为了帮助韩国企业在中国这个拥有14亿人口的消费市场寻找新的商机，我们正在制定方案扶持构建电商渠道，包括在阿里巴巴天猫上线韩国馆等。

我相信，特别是去年11月达成一致的中韩自贸协定将为我们提供抢占中国这个巨大市场的好机会，使其成为我们的第二个内需市场。如果说政府已经通过构建人民币交易基础设施、加入亚投行和达成中韩自贸协定打通了通往新常态时代的中国的新路，那么今后我们的出口、投资企业及金融公司就应当在中国内需市场努力打拼，抢占尚未被旁人占有的机会。

尊敬的各位来宾，据说预测不确定的未来最可靠的方法就是“创造未来”。

中国经济是左右全球市场的压舱石，我相信，只要我们积极主动应对其新变化，未雨绸缪，就能在中国这场大变局过程中找到新的机会。

希望通过今天的研讨会，各位充分发挥聪明才智，探讨我们前进的方向。谢谢大家！

第十课　省略

大家好！衷心祝贺《韩国日报》举办的“2020韩国论坛”召开。我多次参加韩国论坛，2017年和2018年我担任国会议长时就曾参加过，今年是第三次了。感谢《韩国日报》承明镐会长、李永成社长以及其他相关人士提供了这个颇有意义的机会，各位辛苦了！

“韩国论坛”已发展成为谋划韩国未来的代表性的论坛之一。今年韩国论坛打出的主题是“后疫情时代，危机还是机遇？”。这个主题非常及时而紧迫，我对这次论坛充满期待。政府将聆听并分析本次论坛的演讲和讨论。

众所周知，全球正在遭遇疫情肆虐，新冠疫情正在影响卫生、经济社会和国际关系等生活方方面面。专家预测，疫情将引起革命性变化，成为世界史上的转折点。

这种疫情肆虐现象显然是一场危机，自由贸易秩序和国际分工结构受到威胁。这对我们是一个巨大的挑战，因为我们的对外依存度极高。但同时这也是机遇。经过疫情，我们再次证明了我们的底气和力量。我惊异于韩国国民睿智地克服困难的潜力，本着为他人着想的谦让和关爱精神，我们率先垂范，保持社交距离和疫情防控常态化。各级学校的在线教育也引起了全球的关注，我们再次证明，韩国在危机面前没有退缩，而是变得更加团结和强大。

政府将根据我们的这种经验和能力，调动一切可调动的资源和政策，化当前的危机为机遇。

我们将通过“韩国新政”升级经济结构，并创建“可持续增长模式”。通过“全民就业体系”和“国民就业支持体系”来扩大就业安全保障机制。我们还将加强包括加强公共卫生医疗体系等在内的“社会安全保障机制”。

尊敬的国民，国内外各位来宾，面对新的挑战困难重重：不确定性会增加，冲突会层出不穷，这正是需要社会对话和共同治理的原因所在。

我主持的“周四对话”正是出于这一考虑而启动的。每周四举办的“周四对话”是一种旨在将我们社会的冲突和分裂转化为合作和互补的社会对话模式。今后我们仍将继续推动社会对话，“周四对话”中讨论过的议题将在泛政府层面推出具体的实施计划，也恳请在座的专家关注并建言献策。

我所尊敬的金大中总统在金融危机时曾经说过：“让我们克服今天的困难，实现明天的腾飞，成为伟大的历史缔造者。”那时，我们团结一致，成功地战胜了金融危机。

而今我们正处于再次成为历史缔造者的路上，我相信，今天的论坛必将夯实我们这种认识，并找到明天实现腾飞的解决方案。

我期待着聆听浦项科技大学客座教授宋浩根先生、首尔国立大学医学院洪润哲教授和外交部前部长尹永宽先生的特别演讲，以及各位发言和点评嘉宾的真知灼见。谢谢大家！

第十一课　释意

大家好！我是共同民主党人、国会教育委员会委员长柳基弘。首先，祝贺2020首尔未来会议的召开！我还要感谢李宗焕副会长、李在珉副议长和其他所有在座各位，是你们为探索疫后时代教育创新的方向提供了这个有意义的机会。

我们正在经历我们从未遭遇过的新冠疫情时代，这种变化是如此广泛和深远，以至于出现了“灾难革命”的说法。所谓灾难革命这个词似乎有两层含义，一方面是说危机十分严重，另一方面是要求我们在灾难面前逆势而上，做出革命性的改变，化危机为机遇。

我三次当选国会议员，一直只在教育委员会任职，只因为教育是培养引领下一代、引领未来的人才的。我认为，在这场疫情危机中，我们仍要铭记的是培养引领我们后代的人才。

首先是培养能够引领第四次工业革命时代的创意型人才，摆脱以应试型为主导的竞争教育，摆脱以知识为主导的教育。据说通过人工智能的深度学习，只需14分钟就能学会我们从幼儿园到研究生院学到的全部知识。我们的孩子现在需要的不是知识，而是培养成为有创新能力的人才，懂得让人工智能学什么，并如何应用人工智能。我们的教育需要变革。

再谈一点就是，我们需要一个可以培养数字创新人才的机制。培养在制造业、零售、金融、医疗、能源、娱乐和公共服务领域，用人工智能、物联网和大数据等数字工具武装起来的数字创新人才。

我最近在谈论的一个话题叫作“AI百万养兵说”。遗憾的是，我们从幼儿园到小学、初中和高中都没有专门负责数字和人工智能教育的老师。为了给孩子们灌输引领第四次工业革命的时代创意思想，并培养出能够承认并包容彼此差异的人才，每所学校至少有一位老师负责数字和人工智能的教学，不过这里有一个问题需要解决。

随着学龄人口的减少，我们周围有人议论纷纷，认为应该削减教育经费，教师数量也应该减少。这真是鼠目寸光。已故金大中总统在国家陷入破产的金融危机的情况下，仍然将教育经费的预算在政府总预算中的比重大幅提到了20%，我想，这说明越是在危机情况下，越需要投资于未来教育。

政府不会因为人口减少而缩减财政支出。韩国士兵的数量可能随着军队精锐化而减少，但没有人会认为应该减少国防预算。我认为越是危机时期，我们反而越要确保教育经费稳定，教师数量不应该减少，而是应该制订一个计划，在每所学校配备一名教师，专门负责教数字和人工智能课。

国会教育委员会将努力确保教育经费稳定，并创建一个机制，把我们的孩子教育成为能够引领人工智能时代的数字战士。如果在座的各位身边有人说“学龄人口减少了，教育经费的预算也应削减”和“教师数量也应减少”，请大家关注并努力引导他们达成这样的共识：“事情并非如此”，“当今这场危机恰恰说明我们需要更多的教育投资。”

再次表示祝贺，希望今天的未来会议成为一个起点。谢谢大家！

第十二课　跨文化分析

目前正值休假季节，天气又极其炎热，非常感谢各位前来参加今天由国会外交统一委员会和国立外交院共同举办的庆贺《公共外交法》生效的专题研讨会。

21世纪堪称公共外交时代。公共外交在20世纪就已经存在，进入21世纪，作为一个学术领域，在外交实践层面迅速发展成为一种新形态。无论超级大国还是中小国家都对这一领域投入大量资源，同时，竞争在不断加剧，这一事实正如实反映了公共外交的新面貌与新趋势。

也许目前下定论还为时尚早，但公共外交在21世纪崛起的结果可以概括为两方面。

第一，现在去区分意味着政府层面上国家关系的正统外交和公共外交，实际上已经毫无意义。

二十多年来，公共外交和正统外交迅速融合，如今公共外交已经成为各国外交的一个极其重要的组成部分。仅五六年前，围绕着正统外交和公共外交的概念，外交官和专家们还意见纷纭，如今这种区分已毫无意义，公共外交正在成为正统外交不可或缺的一部分。这导致各国在公共外交领域的竞争加剧，有些国家甚至将公共外交视为在战略硬实力竞争中抢占优势的一种手段。

第二，公共外交正在成为理解国际政治和国际关系的一种新的认识框架。

如果说对现有国际关系的认识是以民族国家为中心，那么随着公共外交的崛起，非国家行为者正在成为国际社会的重要行为者，包括软实力在内，非硬实力资产正在被当作国际关系的重要手段加以利用。这就要求对于以领土、主权以及硬实力为中心形成的正统国家关系和世界政治的认识发生根本性的改变。

公共外交要求我们重新认识国际关系，并在外交和世界政治方面带来变化，我想这一领域对于韩国这样的中等强国是一个机会。中小国家在同以硬实力为核心手段的超级大国的竞争领域几乎无立足之地，并受到极大的制约。

但在要求具备软实力等非硬实力资产、费用相对较低的国际关系中，中小国家是可以大幅度地拓展外交舞台的。尤其是像韩国这种软实力潜力较大的国家更是如此，从这个角度说，今天，韩国的公共外交迎来了飞跃的时机。

二十多年来，韩流起到了韩国公共外交先驱者和开拓者的作用，而通过政府开发援助框架下的经济发展经验分享项目、人员与知识交流，韩国积累了公共外交的力量与资产。明天即将正式生效的《公共外交法》将为累积的这些资产与力量构成法律和制度依据，必将成为韩国公共外交寻求飞跃发展的重要契机。

听起来也许有些矛盾，实现韩国公共外交飞跃发展的先决条件是“如何超越公共外交”。根据所采用的非硬实力资产，公共外交可以分为知识外交、政策公共外交、文化外交、媒体外交和企业外交等具体专业领域。

韩国公共外交必须要在理论和实践两方面同时超越公共外交普遍理论，深化各专业领域，才有可能实现飞跃发展。只有公共外交各专业领域不断深化、保持一致，我们才有可能开创韩国型公共外交。从这个意义上说，今天的专题研讨会就是为了探索如何实现韩国公共外交的飞跃发展和谋求韩国型公共外交的方向。韩国型公共外交仅仅依靠政府、外交官和学者的力量是无法实现的，因为国民才是公共外交的主体。

希望今天的会议成为韩国公共外交实现飞跃的重要契机，学界、媒体界以及国会的有关人员将在今天的会议上围绕公共外交展开热烈讨论。希望今天会议的成果成为重要资产，充实公共外交的各个方面。

为了准备今天这个重要的会议，沈载权委员长不遗余力给予了大力支持，再次表示感谢，同时也要再次感谢李钟宇首席等国会外交统一委员会的各位有关人士。

第十三课　隐喻的处理

大家好！我是韩国特许厅商标与外观设计局局长朴晟俊。特许厅是一个为创造、保护和利用专利、商标和外观设计、实用新型知识产权提供支持的机构。很多人以为特许厅只负责专利，其实除了专利以外，还有很多种类的知识产权，比如商标与外观设计、商业机密、半导体布图设计、地理标志等。所以我们的工作就是制定知识产权相关政策，通过审查予以授权，并帮助其能够使用这些权利。

我所在的商标与外观设计局主要负责审查商标与外观设计，制定相关法律法规审查指导方针，并通过审查管控质量，确保形成优质的知识产权。

今天的活动为中日韩外观设计政策负责人提供了一个共聚一堂的机会来探讨设计保护中悬而未决的问题和未来发展方向。最近，外观设计正通过很多国际纠纷凸显其重要性。我国有很多优秀的设计师，在设计方面拥有竞争力。要想真正用好这种优秀的设计竞争力，需要努力帮助他们积极地获得权利。

尤其是在如今这种国际化社会，重要的不是只在韩国，而是在其他国家获得专利，为此，恐怕需要努力简化各种繁杂的行政手续和降低成本。

从这个意义上来说，本次中日韩论坛也许是一个很好的开端，可以与周边国家谋求制度上的统一，扫除那些不便之处。所以我想，这对国内的很多设计师也会有很多启发吧。

要说本次外观设计保护法最大部分的修改之一，就是含有保护真正的创作者权利的意义。如果说过去对相似的设计稍做改动就允许授权，那么限制加上了这一部分：今后将提高作品创作部分的审查标准，使更具创造性的设计可以获得专利。

第二，设计师们提出外观申请之后，有时并非是创作上的问题，而是因为图纸或申请手续上的各种瑕疵而无法获得授权。为了尽量减少这种情况，制定了审查员可以利用职权自行纠偏的制度。可以说这部分增加了很多方便设计师的地方。

最后一点是，引进了外观设计相关的国际申请制度。有一个关于外观设计的国际申请制度，叫作《海牙协定》。如果加入该协定，申请一次就相当于向全世界数十个成员国同时提交了申请。其优点是，想在现有体制下提出外观设计申请，就必须按照各自国家不同的申请方式，指定该国代理人，用该国语言提出申请。

但是，根据这个海牙体系，申请者只需使用一种语言，遵照一个程序和要件，无须在各个国家指定代理人，就能直接申请并获得授权。这样就可以节约一大笔费用，而且还可以通过世界知识产权组织进行事后管理。

此前尽管我国的中小企业和个人设计师的设计都很优秀，但由于在海外积极申请专利无论在费用还是时间方面都有难度，因此曾有过这种情况：无法获得专利，优秀的创作成果得不到回报。希望这次引进《海牙协定》，能成为国内设计师的优秀作品在国外积极申请授权的转折点。

我知道我们国家有很多非常优秀的设计师，听说很多设计师斩获世界级奖项，设计系每年的毕业生也非常多，不过他们在将这种设计创作能力商业化并转化为经济效益方面还存在很多问题。我想原因之一恐怕还是之前为创作成果积极争取申请专利的努力还不够。

我们特许厅正在努力大幅地减少他们申请授权方面的不便之处，并减轻他们的费用负担。所以建议大家都为创作成果积极申请专利，说不定在获得这种权利的基础上，今后还会创造出更多的成果。

第十四课　预测

比特币引发密切关注、价格不断飙升，是一种备受瞩目的加密货币，催生比特币的正是区块链技术。2016年达沃斯论坛上，区块链技术被评为引领第四次工业革命的技术。区块链技术究竟是什么？人们对它竟然如此期待。

比特币将交易内容分散保存在多个用户的电脑中，没有一个固定的机关，也就是不需要中央银行，每十分钟共享一次交易内容。区块链技术就是在这种情况下使用。

简单来说，区块链也像网页一样通过互联网连接，但不同之处在于，互联网是信息的海洋，而区块链是价值的海洋。区块链的底层技术把这些装有有价值的信息的区块连接在一起。

区块链只是把信息连接在一起而已，它的技术究竟新在哪里呢？区块链的区块中，只有获得人和电脑多重验证的信息才能储存其中，因此只有可信的信息才能储存在区块中，这就是区块链的创新价值所在。

到目前为止的金融交易中，需要在中央银行等中央管理系统中准确地记录交易明细，由银行等第三方机构安全地加以保管和验证。但如果利用区块链技术，不必通过第三方也可以透明地进行验证和交易。

区块链是将交易数据存入区块中并加密，所有用户共同存储，如果需要交易，就对这些内容进行比较，只有完全相同的情况下才会给予认可。要想使交易成立，需要获得半数以上的认可，因此如果有人想要修改这些内容，就需要对一半以上的电脑进行修改。但黑客入侵全世界一半的用户实际上是不可能的，因此这种完美的安全功能以及公开交易明细的透明度要算是区块链最大的特征。

进行金融交易时，我们通常会去银行或证券公司汇款或提款。这也是我们需要银行和证券公司等可靠机构的原因。但是，区块链系统由所有人验证，无须第三方机构，因此系统维护费用大大降低。进行房地产交易时，也不需要注册中介公司、银行、贷款和担保人，在即刻认证的系统中可以进行直接交易。

那么投票的情况如何呢？只要一投票，所有的票都会获得验证，结果立刻揭晓。不需要投票管理员，无须人工计票，因此投票文化也将发生变化。参与投票的个人获得秘钥之后，只要利用互联网投票即可。不仅快捷安全准确，而且费用也低，因而可以实现直接民主。

再来看一下海运和港口业的情况，如果利用区块链有机地交换信息，那么就可以实时追踪货物和船舶现状，随时获得需要的信息。

在超连接、超智能、大融合时代，第四次工业革命将制造、物流、能源与物联网相结合，自我掌控安全和公正，区块链作为引领第四次工业革命的技术而备受瞩目，几乎无懈可击的安全与人工智能技术相遇催生出的区块链生态系统将会给我们的生活带来多大的变化啊！

附录 2 自主练习参考译文

第一课 视译概论

您听说过“宅经济”吗？这是由“home”和“economy”合成的新词，指休假在家的所谓“宅家一族”的各种经济活动。有消息称，和宅经济相关的信用卡交易正在明显增加。

KB国民卡最近公布了针对宅经济行业从去年第一季度到今年第二季度4,492万笔银行卡支付数据的分析结果。统计数据显示，外卖App、家电租赁、日用品配送、护理服务和娱乐等宅经济行业日均交易次数在一年内增加了将近两倍。

其中，外卖App交易数量明显增加。今年第二季度的交易数量较去年第一季度增长了2.14倍。外卖App的主要用户是25至34岁的青年群体，其交易数量占比为56.3%，超过一半。45至54岁的中年人交易数量增加了三倍多。

此外，子女托管和宠物寄养、上门保洁、洗车等家庭用车管理行业增长2.01倍，视频、音乐、图书、游戏等娱乐相关行业增长1.83倍，租赁和日用品快递增长1.38倍。

据分析，宅经济相关交易规模扩大的根本原因一方面在于居家消磨时间观念的转变，另一方面，经济遇冷也产生了影响，这就使能省则省的宅经济得到了发展。还有一个因素是实施“每周52小时工时制”后，人们的闲暇时间增加了。预计随着在家里休息和放松的宅家一族增加，宅经济也将保持增长势头。

第二课 快速阅读

大家好！

首先，衷心感谢科技信息通信部俞英民部长、首尔市朴元淳市长前来参加今天业务合作签约仪式。同时，非常高兴我们国土交通部和科技信息通信部以及首尔市合作共建基于云计算的智慧城市安全保障体系。

众所周知，智慧城市是实现城市可持续和包容性发展的核心手段。此外，借助于城市这一平台，高新技术和文化创意产业相融合，有望培育新产业，并提供优质工作岗位。实际上，发达国家推动智慧城市的目的在于应对气候变化和城市再生，新兴国家则是为了解决快速发展的城市问题并提振经济。

ISO等世界三大标准化组织将今年的主题定为“标准让城市更智慧”，可以说，对智慧城市标准化进行热烈讨论，也恰恰反映了这一趋势。去年在厄瓜多尔召开的联合国“人居三”大会也通过了指引未来二十年城市政策方向的《新城市议程》，“智慧城市”被纳入其中。

今后智慧城市将成为韩国乃至全世界解决各种城市问题和培育新产业的核心议题。同时，智慧城市也是将引领第四次工业革命的多种新技术融入城市这一空间的平台。引领第四次工业革命的全球企业正在城市里创造新的价值，而不是在工厂。谷歌和特斯拉正在以城市为实验室孵化出新的产业。

城市作为发展核心的重要性前所未有地凸显出来，因此政府将从国家战略层面扩大并推动智慧城市建设，实现交通、环境、能源等基础设施与人工智能、大数据、物联网、云计算等相结合。

前不久，为了从国家层面探讨智慧城市的建设和扩展，政府成立了智慧城市特别委员会。为了使韩国跻身于智慧城市发达国家，委员会将探讨打造具有国际水平的示范城市、老旧城市中心的智慧化以及扩大现有智慧城市成果等方案。

各位来宾，智慧城市应该以人为本，成为一个使人感到温暖的生活家园。为此，基本上最首要的就是保障安全，远离各种灾难和犯罪。

今天，国土部、科技部和首尔市在韩国第一大城市首尔共聚一堂，旨在探讨采用云计算和智慧城市的新技术构建大规模区域中心城市安全保障体系。首尔市25个区政府目前独立运行的所有监控系统将实现联网，并且和112、119以及抢险救灾、保护社会弱势群体的防灾与安全相关信息系统实现互联互通。

该项目实施后，确保首尔市民生命和财产安全的黄金时间有望得到大幅延长。希望今天起步的这一项目早日完成，大大提升首尔市民的安全。进而在环境、交通、福利和休闲等方面也利用各种新技术开展合作项目，为提高生活质量做出贡献。让我们共同努力，使所有城市早日变得更加安全而便捷！

第三课　信息提取

随着第四次工业革命的到来，我们迄今为止的生活和工作方式正在发生根本性的变化。

特别是集人工智能、空间信息、物联网等第四次工业革命核心技术于一身的无人驾驶汽车正引领着这一变化。今后自动驾驶汽车不仅将改变汽车工业生态系统，也会给我们的日常生活带来革命性变化。

首先，它将极大地减少每年夺走四千多人生命的交通事故。此外，完全自动驾驶时代的汽车不再是占有对象，也不再是单纯的交通工具，而是作为共享经济的核心，成为休闲和工作的第三空间，成为私人专属助理。

就在当下，一些企业与世界各国正在竭力抢占自动驾驶汽车市场。不仅有谷歌这样的信息通信技术公司，甚至连拥有自动驾驶核心技术的创业公司都和传统汽车厂商展开激烈竞争，传统产业的边界正在全面消失。从这个层面来看，今天开始建设的K-City将成为开发自动驾驶汽车商业化技术并帮助我们的企业进军海外市场的垫脚石。

2018年底K-City一旦竣工，我们就能够在与真实世界相似的各种各样的驾驶环境下进行实验了，包括高速公路、城市中心和郊区。此外，在全球率先实现商业化的5G通信网络还计划提供一流的试验环境。开发自动驾驶技术的机构将在K-City通过反复测试开发应用新技术并验证其安全性。竣工以后，我们将开放K-City供所有机构使用，使其成为名副其实的自动驾驶示范中心，各领域的专业公司均可在这里相互协作，分享经验。

尊敬的各位来宾，

国土交通部正在制定各种政策，争取在2020年实现自动驾驶汽车商业化。我们正在建设高精地图、GPS、道路和信号系统等自动驾驶所必需的基础设施。还将制定无人驾驶汽车安全标准，提前整顿保险、检查、召回等制度。

为了方便而贴心地将无人驾驶汽车交付给国民，计划今年年底在板桥试运营无人驾驶摆渡车。明年我们将建立一个自动驾驶数据共享中心，通过大数据分析进一步推动技术发展。

自动驾驶汽车商业化将成为未来潜力产业，但仅靠政府的努力是远远不够的。只有民间、学界、研究院等和政府齐心协力，我国才能成为无人驾驶汽车的领先国家。希望今天K-City的开工成为自动驾驶汽车商业化和相关技术发展的重要一步，希望大家今后也多加关注，让K-City能够成为最好的测试基地。

漫长的酷暑过后，秋天正向我们大步走来。正值换季期，请大家多多保重，谢谢大家！

第四课　顺句驱动

尊敬的各位来宾，大家好！我是国会议长丁世均。首先，衷心祝贺第五届全球领袖论坛开幕。非常感谢TV朝鲜代表方正午和各位相关人士为我们安排了这场意义深远的活动。同时，我代表大韩民国国会，真诚地欢迎各位开创人类文明新未来的全球意见领袖访韩。

此次论坛在人工智能即将超越人类智能的奇点时代即将到来之际展望人类未来，从这个意义上来说，向我们抛出了一个非常重要的话题。

尊敬的各位来宾，我们正处于范式革命的入口，而不是范式的转换。人类过去取得的科学文明进步使我们成了更加智慧和强大的存在，但如今我们面临着一个可能超越人类的新物种的诞生，人工智能的出现就是其序幕。

去年我们饶有兴趣地观看了人工智能阿尔法狗和李世石九段的围棋对决。在1997年深蓝战胜国际象棋冠军的时候，人们还曾预测在围棋赛上电脑要想战胜人类，还需要100年以上的时间。因为围棋的复杂程度远高于国际象棋。

但是还不到20年，阿尔法狗就战胜了顶级围棋大师李世石九段，掀起了轩然大波。阿尔法狗的升级版阿尔法李大败于阿尔法大师，而阿尔法零最近在和阿尔法大师的抗衡中又以89胜11负的绝对优势展现了二者的实力差距。最不可思议的是，阿尔法零并没有学习围棋手的棋谱，仅靠自己领悟就取得了胜利，显示了人工智能进化为超智能的可能性。

尊敬的国内外来宾，许多未来学者预测，未来30年内人工智能将超越人类。这就是说，奇点时代并不遥远，而是即将到来。

如今人工智能已经渗透到了我们生活的方方面面。特别是第四次工业革命浪潮成为这种人工智能成长和普及的沃土。此前我们一直相信技术进步可以为人类生活带来更多的便利和机会，但超越人类智能的超智能的出现是否会带领人类进入新的乌托邦？

尊敬的各位来宾，笛卡尔说过“我思故我在。”通过自我学习具备思维能力的人工智能的出现预示着机器人种这一新物种的出现。

英国电视剧《真实的人类》令人信服地刻画了人类和人工智能机器人一起生活的情景。同时也考问我们，是什么使人类成为人类？是什么使人类区别于其他生物？

希望本次论坛展望人工智能即将开启的未来，同时进行自我反思。期待各位发表真知灼见，祝各位身体健康，万事如意，谢谢大家！

第五课 断句衔接

自主练习1

首先，衷心感谢各位国内外来宾前来参加今天启动的首届KOTRA中小企业国际商务论坛。

KOTRA在贸易立国的旗帜下应运而生，55年来伴随着大韩民国贸易投资发展的历史一直走到今天。进入21世纪，根据时代的种种要求，KOTRA无论是在承揽项目，还是在公共采购、引进全球人才、支持海外就业等多个领域，其功能都得到了强化。

世界经济进入了意味着结构性低增长的新常态时代，并迎来了第四次工业革命的范式转型期。因此在全球市场上，国家之间、企业之间的竞争更趋激烈，而我国作为对外依存度较高的一个国家，对此必须要加以应对。

无论是为了我国企业的全球化，还是挖掘新的增长动力，抑或是为了贸易结构升级等韩国经济的再次腾飞，KOTRA始终都在谋求进一步强化基于开放与合作的全球商务平台作用。为此还计划通过重组建立应对第四次工业革命的大型机制，并尽力寻找未来出口潜力产品。

今天为了庆贺论坛成立，韩国科学技术院的李珉和教授准备了题为“第四次工业革命时代的全球平台”的主旨发言。另外，来自企业、政府和学术界的发言嘉宾也将通过主题发言分享各种观点。希望大家给予我们更多的鼓励和关注，使论坛今后得以持续发展。谢谢大家！

自主练习2

我是KOTRA中小企业全球商务论坛首任会长洪锡禹。我一直觉得需要一个大型向心体，让中小企业还有学术界和专家集团荟萃一堂，和KOTRA一道为实现世界化、全球化而集思广益，可惜只停留于想法。今天来到这里就本次活动交换意见，我发现金宰弘社长等KOTRA的领导和员工们非常出色地把这件事做成了，用一个汉字成语来形容，就是所谓的“青出于蓝”。

本论坛由贸易、产业通商及投资三个部分组成，成员达220余人，大家都是大韩民国各行各业的意见领袖。

希望我们在座的各位今后用半年或一年的时间，积极努力做出成绩，彻底打消对这次聚会的效果及前景的疑虑，在今后十年、二十年继续为大韩民国中小企业及众多企业的发展发挥向心作用。尽管任职时间很短，但作为首任会长，我在任期内一定竭尽全力，为打好基础尽绵薄之力。

再次表示感谢，每次提到KOTRA的名字，说真的，我都会在心中默默感谢我热爱的KOTRA各位员工，道一声你们辛苦了。谢谢大家！

第六课　词性与语态转换

自主练习1

请允许我向各位参会者表示由衷的感谢，感谢你们来参加今天由Kukinews和中小企业研究院举办的研讨会。尤其是，尽管最近处于政治混乱期，丁世均国会议长以及各党领袖都来参加今天的会议，对此我表示衷心的感谢，并致以崇高的敬意。这或许说明，今天各位对我们的主题“就业问题和民生经济”格外关注。

目前我国无论政治还是经济都面临着极其困难的局面。但是，政治的混乱局面只要按照既定程序进行，迟早都会恢复稳定，对国民来说，最大的困难非经济问题莫属。

很多人都说，目前的经济环境是1997年金融危机之后最严重的，今后似乎也没有好转的迹象，这一点使我们国民感到更加艰难。

但我们国民在1997年金融危机之后，具备了战胜金融危机困难的实力。我认为，只要集思广益、齐心协力，就能逐渐找到解决问题的头绪。

从这个意义上来说，今天Kukinews举办这个题为“创造就业岗位和搞活民生经济”的论坛，使我信心倍增。

尤其是，今天我们请到了这一领域实际上影响决策的权威专业人士，我认为这非常有意义。

总之，由衷地希望今天的讨论会为韩国经济复苏带来希望的种子并且生根发芽，绿树成荫，再次为国民营造幸福生活。谢谢大家！

自主练习2

衷心祝贺Kukinews和中小企业研究院举办今天的论坛，感谢在百忙之中前来参加今天的会议的各位来宾以及参与讨论的专家。

目前我国正面临着严重的经济危机，很多人忧心忡忡，居高不下的青年失业率和高达1,300万亿的家庭债务左右着韩国的经济命脉。“雇佣困境”“就业冰河期”等说法并不陌生。

最近统计厅的调查显示，今年1月份制造业的就业人数减少了16万，这是2009年7月以后，7年半以来人数减幅最大的一次。这导致内需严重疲软，小本经营个体户接连破产。

而且认为低增长基调有可能长期持续的担忧情绪在扩散，以人工智能为代表的第四次工业革命时代到来正在成为另一个就业威胁因素。

因此，甚至有人说，下届政府接手的将是“金杯毒酒”。无论如何，国民最大的愿望就是解决民生问题。对老百姓而言，眼前的生计和子女就业比经济增长率和GDP等冠冕堂皇的统计数据更重要。

就此而言，今天论坛的主题恰逢其时，很好地反映了近来的现实。虽然这是个难解的主题，却是我们必须解决的课题。希望各位通过今天的论坛提出良策，谢谢大家！

第七课　成分与句式转换

大家好！我是首尔市议会保健福祉委员会委员长朴英淑，很高兴见到大家！

首尔市50+财团在去年的基础上取得了进一步发展，很高兴能在本次论坛上见到国内各位专家以及关注首尔市50+论坛政策的各位市民。

来自英国、新西兰、丹麦的海外专家前来参加今天的首尔市50+国际论坛，和首尔市共同分享他们先进的知识和经验，我谨代表首尔市议会对他们的到来表示欢迎。

韩国2000年进入老龄化社会，2017年9月末跨入了老龄社会。从老龄化社会步入老龄社会的速度之快史无前例，使基于统计资料对老龄化的预测失效。

如果社会在养老方面准备充分，老年人安享晚年是最好不过了。但是如果老龄化速度过快，社会准备不充分，这就不是值得庆幸，而将成为令人担心和头痛的问题了。

老龄化社会带来的社会问题呈现出多种形态，老年贫困、独居老人、老人自杀、老年痴呆等都是老龄社会需要解决的问题。五十岁以上即将步入老年期的这一代人不久也将面临老人的处境。

五十多岁中壮年群体被称为婴儿潮一代，他们的老年生活状况将取决于是否做好充分准备，如果他们有机会做好充分准备，我们社会的负担也会减轻很多。

但现实中婴儿潮一代并非如此，他们被年轻时就开始工作的职场辞退，即使运气好实现了再就业，也大多是临时工或日薪工，工作不稳定，就业环境差，他们的经验和技术很难发挥作用。

婴儿潮一代也称引领了工业民主化时代的一代人，他们的智慧和经验无论是对于他们个人还是整个社会都是一笔宝贵的财富。

联合国教科文组织2016年的报告指出，成人教育和终身学习是一个城市社会变化战略的重要因素。法国意识到了其重要性，直接由国家开设人生规划教育课程，以帮助人们规划晚年。

首尔市比中央政府动作更快，发挥带头作用，制定了相关条例扶助婴儿潮一代，设立了50+财团和老年大学。首尔市就婴儿潮一代如何看待社会、对社会有哪些需求、希望从事什么样的工作等问题展开调研，帮助他们为人生第二幕做好准备和规划。

过去一年间，从西部校区和中部校区运营情况来看，社区从40个发展到50个左右，实施了120个项目，上万名婴儿潮出生者前来咨询，成果丰硕。

首尔市婴儿潮一代多达216万人，因此预计今后对50+政策的需求和关注将会剧增。新一届政府也认识到了对婴儿潮一代提供支持的必要性，正在将首尔市50+政策升级为中央政府政策，针对即将步入老年期的这一代人的问题寻求新的解决方式，实现范式转变。

我认为，现在需要将首尔50+政策提升到一个新阶段。英国、新西兰和丹麦等国家更早地意识到婴儿潮一代的价值并且进行了研究，在今天的首尔市50+国际论坛上，来自这些国家的专家和韩国专家共聚一堂，集思广益，将共同探索50+政策的发展方向。

希望各位在今天的论坛上踊跃发言、建言献策，找到某种建设性的发展方向，以帮助首尔市的婴儿潮一代通过各种活动为社会做出贡献，将生活规划得充实而有意义。

首尔市议会将努力把本次论坛中提出的意见和建议反映到首尔市的政策中，积极帮助首尔市民成功开启新的人生第二幕。

最后，我向为筹备本次国际论坛付出辛勤劳动的50+财团李庆熙代表和相关人士，以及发言和点评的各位国内外专家表示衷心的感谢。谢谢大家！

第八课 反说

从能源本身溯源，19世纪以煤炭为主，20世纪其实至今一直是石油中心时代。进入21世纪，天然气消费量猛增。当然，产量也在同时增长。2000年以来，我们所熟知的美国页岩气占据了主流。

还需要考虑的一点是，原来大量消耗石油的汽车行业最近转向电动汽车后，用于发电的天然气消费随之增加。也许可以这样理解，每一个时期，能源历史潮流本身的范式都会发生变化，目前是天然气正处于中心地位。

我认为，首先是因为天然气是一种比石油更有效的能源。石油比煤要更高效，不完全燃烧也少。但现在事实证明，石油的效率也并不高，人们就去寻找更高效的能源，于是找到了天然气。

这种能源的效率实际上与环保有关，这是一个时代性热门话题。随着人们越来越注重环保，不仅煤炭，就连石油的消耗量最近都在减少。这样，人们一方面转向了更加节能的天然气，同时也掀起了一股环保热潮。

美国发现页岩气后，利用页岩气技术使天然气产量空前剧增，并导致其价格下跌。因此，需求方也自然转向了天然气。

实际上，第四次工业革命与天然气密切相关。天然气主要用来发电，而电也是第四次工业革命的关键因素。运行人工智能需要数据中心，这也是半导体最近备受关注的原因。

但这里被忽略的是，维持这些东西运行的能源既不是过去的煤炭，也不是石油，而是电。正如我提到的，最近这种电力通过廉价的天然气得到供应，电力生产和天然气消费量都在增加，这是第四次工业革命的根本动力。

一个拥有第四次工业革命全部技术的城市，电力消耗将不可避免地大幅增加。这样看来，未来天然气消费必然增加，它在能源范式中的作用将变得非常重要。

众所周知，美国凭借页岩气技术，正在增加天然气消费量，降低天然气价格，而这又导致天然气消费量继续增长。可以说，第四次工业革命浪潮与页岩气生产紧密衔接，迅速而有效地改变了国家的能源范式。

以中国为例，按说煤炭时代原本应该被石油取代，但中国却跳过了石油，正在直接进入天然气时代。中国不仅进口液化天然气，同时还进口管道天然气。管道天然气就是不经液化，直接通过管道以气体形态输入。

长期以来，中国一直从天然气蕴藏量位居全球第四的土库曼斯坦大量进口管道天然气。中国也从邻国俄罗斯进口管道天然气，俄罗斯是世界上最大的天然气生产国。

其实中国才是世界上页岩气蕴藏量最丰富的国家。很多人常说中国生产不出页岩气，然而，中国的技术发展速度惊人，目前其本国页岩气产量也在不断增加。中国一方面从邻国进口管道天然气，同时增加国内的页岩气产量，其运筹速度之快丝毫不亚于美国。

事实上，迄今为止我们一直是从中东生产国进口液化天然气。正如我前面所说，我们的邻国中国，还有美国都在为利用页岩气和管道天然气做准备，而我们却还没有摆脱液化天然气的形态。

在应对新时代方面，今后我们需要更多地考虑双管齐下：既从邻国进口页岩气，也进口管道天然气。我认为，现在深刻思考如何提高天然气的利用度，并以它为中心培育出新产业正当其时。

第九课　增补

大家好！我是产业通商资源部部长成允模，祝贺第八届News Pim中国论坛成功举办！

当前，世界经济正处于前所未有的困难时期。在贸易保护主义加剧的背景下，新冠疫情的传播限制了人员交流，全球贸易萎缩。

在这种困难的形势下，中韩两国继续保持着经济合作的势头，正在共同努力克服危机。两国在世界上首次推出"快捷通道"机制，使两国企业界得以顺利往来。企业得以复工并恢复投资活动，减少了疫情的负面影响。

中韩两国应以危机状态下快速而积极的合作为契机，进一步扩大人员和物资的交流，为疫后时代做好准备。新的外部环境，即所谓的新常态，既是危机，也是机遇。

首先，应当使两个贸易与合作结构多元化。要从半导体、机械等支柱产业扩大到未来汽车、生物等新兴产业领域，并持续增加贸易品类，从中间产品到化妆品、家居用品等消费资料。

此外，随着第四次工业革命技术的发展以及新冠疫情的影响，数字转型和无接触经济规模迅速扩大，两国可以在相关领域开展新的合作。韩国富有创意的优秀文化内容与中国庞大的数字平台相结合，是两国合作一个颇有前景的领域，有可能携手进入国际市场。

韩国政府将积极沟通，并积极支持各位企业界人士应对新变化，抓住机遇。

新冠疫情的长期持续使全球经济的不确定性正在增加。但如果我们利用各自的优势，发挥协同效应，两国关系在疫后时代仍将得到持续发展。

期待在今天的论坛上就两国合作进行建设性的探讨，祝愿与会各位身体健康、事业兴旺！

第十课　省略

受疫情影响，我们的经济将如何发展？截至目前，主要是服务业萎缩，经济增长率下滑至1.3%。如果疫情在短期内结束，随着服务业的恢复，景气会回升。但如果疫情长期持续下去，耐用品消费和企业投资将会萎缩，尤其是以制造业为核心的韩国经济受到的打击可能比其他国家更大，因为韩国的制造业主要是出口与投资密切相关的资本财货和中间材料。

韩国开发研究院（KDI）根据疫情的持续时间，设定假想情境，对韩国经济将会如何发展做出了预测。

首先，如果国内疫情上半年开始平息，国外下半年开始平息，那么预计2020年经济将增长0.2%。本国消费者境内消费上半年萎缩，预计下半年大部分将有所缓解，但由于国家之间人员流动的限制解除较慢，预计明年本国消费者境外消费和外国消费者入境消费仍将停滞不前。

下半年，随着海外企业的投资回升，出口低迷状况将有所好转。即使下半年国内经济活动恢复正常，就业状况仍将存在时间差，预计明年才能恢复，估计明年之内GDP无法达到现有水平。

其次，如果通过靠治疗方法和开发疫苗使全球范围内疫情的传播速度快速放缓，那么经济增长率可达到1.1%。由于存在回避国家间流动的心态，今年年底前境内外游客的消费会持续低迷。但随着全球投资的复苏，国内消费、出口、就业等下半年可能反弹，因此2020年底GDP有望恢复到原有水平。

最后，如果疫情再次在全球扩散，则经济心态将继续颓靡，增长率将降至-1.6%。出口急剧萎缩，到明年才能缓慢恢复，直到明年末消费仍将萎靡不振。如果脆弱的企业和家庭破产，加上大规模失业，不良贷款可能使金融市场陷入资金短缺。

总之，即便疫情结束，经济复苏也很缓慢，整体生产率下降，2021年GDP将远低于现有水平，从中长期角度来看有可能下调。

由于疫情影响，韩国经济增长势头正在迅速放慢。如果出现大规模企业破产和失业，经济低迷可能加剧，复苏也更加困难，因此需要采取积极的政策来为处于财务困境的家庭和企业提供贷款，保障就业机会。

只是，为了避免这些努力被理解为中长期财政稳健性的恶化，我们应当就疫后管理财政稳健性的计划和意图做出明确的诠释。

另外，还要防止广泛的支持政策持续投入夕阳产业，反而阻碍增长型新产业的发展。还需要进行国际合作，因为疫情正在导致全球经济低迷，因此需要推迟新兴国家的债务偿还，并签署货币互换协议。

第十一课　释意

自主练习1

大家好！我是首尔新闻社社长金英万，欢迎各位国内外来宾前来参加2017首尔未来会议。特别感谢远道而来的牛津大学丹尼尔·斯坎德教授、斯坦福大学吉姆·普拉默教授、密涅瓦大学亚洲执行总裁肯恩·罗斯先生、硅谷公司内部培训顾问艾米·洛兹女士。同时对百忙之中来参会的金相坤教育副总理以及首尔大学成乐寅校长等各位大学校长表示衷心的感谢！

去年这个时候，《首尔新闻》举办了关于第四次工业革命与韩国未来的首尔未来会议，从总体上对第四次工业革命浪潮中的科技创新与人类社会的范式变化进行了评估。本次会议的主题更加具体而深入，这就是“第四次工业革命时代的工作岗位与教育”。

在人工智能时代最热门的话题无疑就是工作岗位减少的问题。包括达沃斯论坛在内，世界首屈一指的研究机构都对就业困境发出了警告。韩国雇佣情报院称，到2025年，70%的工作岗位都将受到威胁。专家也强调，应该找到人类与人工智能合作共处的方案，这里最重要的因素恐怕就是教育创新了。也就是说，注重文凭的传统教育应转变为创意型教育。

今天的演讲和讨论嘉宾都是在第四次工业革命时代发挥教育创新作用的专家中的领军人物，各位所领导的是以培养“设计思维”的人才而闻名的斯坦福大学设计学院、比哈佛大学更难考上的密涅瓦大学以及硅谷企业的人才教育开发，你们将介绍鲜活经验，为我们提出创新方案。

自主练习2

参加2017首尔未来会议的各位国内外学者和专家，大家好！感谢《首尔新闻》的金英万社长和各位工作人员筹备了这场宝贵的会议，同时也感谢发表主旨演讲的牛津大学丹尼尔·斯坎德教授、斯坦福大学吉姆·普拉默教授、韩国创造经济研究会李珉和理事以及出席会议的金相坤教育副总理、首尔大学成乐寅校长、釜山大学全虎焕校长。

世界在不断变化。尤其是第四次工业革命，预计它将给人类的生活和国家社会的运动方式带来前所未有的变化。如何应对技术发展、全球化、老龄化、气候变化、水和能源短缺等问题，需要未雨绸缪。本次会议就探讨“第四次工业革命时代的工作岗位与教育”这一紧迫的主题。

如果说18世纪第一次工业革命没有迫使农民失业，而是将他们吸收为工人，那么第四次工业革命将如何提供被机器人和人工智能夺走的更多的工作岗位？教育又将发挥什么样的作用？希望大家在首尔未来会议上就这些问题发表真知灼见。

政府也将以直属于总统的第四次工业革命委员会为中心，逐一检查这些问题并做好准备。希望首尔未来会议上提出的卓见对政府制定政策也大有帮助。谢谢大家！

第十二课　跨文化分析

大家好！欢迎各位嘉宾来到国会参加本次研讨会，能在今天这个特别的活动上致辞，我感到非常荣幸。

首先，本次研讨会在《公共外交法》生效前一天举办，我对此表示衷心祝贺。同时，我向为筹备本次会议付出辛勤劳动的韩国国会外交统一委员会沈载权委员长、外交部尹炳世部长、国立外交院尹德敏院长以及相关人员表示衷心感谢。

21世纪被称为“软实力时代”。在这个时代，决定国家竞争力的不再是军事和经济实力，而是一个社会的文化力量。白凡金九先生曾在《我的愿望》一文中谈到，唯一期望的就是高度的文化力量。因为正如先生所言，文化并非用来压制对方，而是让所有人得到幸福。

我认为外交也基本上在与对方共存的同时最大程度地发挥自身的影响力。正如白凡先生所言，文化能给所有人幸福，外交同样是在寻求实现双赢的道路，因此二者异曲同工。所有文化的核心都是人，公共外交也不例外。传统外交的主体是政府，而公共外交不仅重视政府之间的交流，同时注重国会和地方政府，特别是民间领域的交流。尽管这是极为错综复杂的活动，但其核心仍然是人。

我们不应该忘记：如果说外交是一个国家赢得另一个国家的心，那么通过多种形式的交流去赢得对象国国民的心，归根结底还是要靠人去做。

我再讲一个金九先生的故事。先生曾说过，在独立自主之后，我们必须要完成的任务就是创建天下一家和平安乐的思想。关于创建天下一家的思想，他的这一教导很好地指明了大韩民国公共外交今后应当去做的事情。

这就是要我们发掘并提出新价值观，不仅我们自己要繁荣富强，还要为人类的爱与和平做贡献。将包含我国本体性的思想融入公共外交，为世界做贡献，从而让大韩民国成为更具魅力的国家，并进一步发展，形成良性循环。从这个意义上说，本次研讨会将成为探索我们可以向世界推出大韩民国公共外交核心价值的重要平台。

要想从战略上完善韩国型公共外交的目标和手段，将我们希望传播的核心价值系统地反映到政策当中，就需要在座的各位集思广益。尤其需要更加努力增进韩国国民的理解和信任，以便我们能够始终从长远的眼光始终一贯地推进公共外交。

再次祝贺本次公共外交研讨会的召开，在各界密切关注我们公共外交发展的这一重要时刻，这将成为公共外交取得新的飞跃的第一步，衷心希望《公共外交法》的生效成为我们公共外交更上一个台阶的契机，国会也将共同努力。谢谢大家！

第十三课 隐喻的处理

大家好！我是韩国特许厅厅长崔东圭，感谢郑甲润议员、元惠荣议员以及政府部门和跨国企业的人士百忙之中参加这个重要会议，也再次感谢参会的各位听众。

每次开会，我都要讲一些题外话，尽管大家都不爱听，但我还是要占用几分钟的时间。详细的内容大家会听演讲嘉宾讲一整天，我只想从总体上评估一下目前走到了哪一步。

各位也许都很了解大数据，但可能会想，它和专利有何干系？提到人工智能和3D打印，大家可能马上会想到，这都是典型的新技术，和专利直接相关。但我的想法不太一样，我认为大数据是一个巨大的团块，它的出现足以改变现有知识产权体系。

如今通过大数据查一下，世界上所有人都知道谁在哪里发明了什么。反之，也可以知道该发明何时、何地、如何、在哪个国家的专利局注册。不仅如此，通过大数据还能够了解自己所拥有的新技术被谁窃取以及被窃取的数量。还有，让我们了解到这些情况的软件也在飞速发展。

可见世界已经走到了这一步：为你查找相关资料，如果再辅以人工智能，那么就连结论都有了。紧随而来的是，专利内在的矛盾逐渐加剧。专利中自身最大的矛盾是，我们在审查一项新技术是否真正新颖时，看的是全世界是否存在相似的技术，而专利权的效力却仅仅局限于韩国。就是说，必要条件在世界，而权利却只在国内，这是一种罕见的体制。

之所以如此，是因为世界是那么广阔，数据又是那么难以获取，只有在各个国家进行才能有效保护，否则这种基本状况就不可避免。那现在怎么样了？正如我刚才所讲，人尽皆知。

在这种情况下，我们不能再像之前那样，一方面说新颖性和创造性的必要条件是世界范围的，不论世界上哪个国家，哪个人所制造，都是既成事实；而另一方面，却将专利局限在那个国家。我认为，现在是打破这种做法的时候了。

所以结果可能是二选一，一种是采用无国界的国际专利许可方式，或者国家之间协商决定，比如效仿著作权，结成联盟，在内部本着互惠原则，承诺保护相对国的专利权，这是一条路。

另一种做法是去权利化，不以专利权来获取受国家限定的权利，而是回到我们知识产权的原状。不劳而获是一种不好的行为，因此我们才通过约束搭便车行为令其赔偿，目的是让侵权者为投机取巧付出代价，而不是获得赔偿。

众所周知，商业秘密就是去权利化的典型例子。目的应该是处罚抄袭者，而不是拥有权利。

商标也是如此，知名商标不是为了拥有商标权，而是因为抄袭他人的商标就是搭便车，很不好，是一种不正当的竞争方法。仔细观察就能发现，过去我们曾经不得已和权利搅和在一起的制度现在正朝着规范行为的本来方向走。

今天大部分发言内容都与此有关，今天的会议主要讨论我们该走向何方，世界不小，而且状况频发，怎样才能保护我们自己的技术，并让这一切能够有助于技术发展。尽管这个主题有些深奥和枯燥，但我相信，如果认真聆听，会为今后我们知识产权制度怎样发展带来启示，也会有助于对该领域从业人员的工作。很抱歉占用了这么长时间，希望大家今天过得愉快。谢谢！

第十四课　预测

各位与会代表，政府坚信，必须要跟上金融科技这一时代潮流才能保证韩国金融的未来，因此制定了四个阶段路线图，目前正在推进金融科技产业的发展。

第一阶段是放宽金融科技从业者的注册条件，搞活金融公司对金融科技产业的投资，从而降低金融科技产业的基本准入门槛。这是第一阶段，目前大部分工作已经结束。

第二是运营金融科技支援中心，政策金融机构为金融科技企业提供资金支持，从而构建起金融科技企业、金融公司和政府彼此沟通的金融科技生态圈。

今年以来，支援中心运行良好，丁有信主任也前来参加今天的活动，以支援中心为中心，生态圈的基础工作虽然没有完全结束，但已经有了很大进展。

第三是对支付安全认证等金融科技监管模式从事前监管改为事后监管。监管工作也由我们金融委员会负责，很多问题正在一个个地得到处理。

最后是向国民提供一些现实生活中能够体验到的新型金融科技服务，诸如专业电子银行、大数据、众筹以及电子保险等。这些任务都是今天我们要努力完成的。今后我们会听取研究院对这些问题的建议，争取做更多的工作。

尽管金融科技是一种不可逆转的时代潮流，但从监管当局的角度看，必须要完全改变现有的金融业模式，也就是要进行颠覆性创新，这可以说是新的挑战。

首先，金融科技不同于银行的传统存贷业务，在众筹基金等零售领域也将资金供需者联系起来，从而根本上改变了现有中介方式。金融这种去中介化使我们政府当局去完成如何改变对存款保险制度、准备金制度以及各种传统金融监管的任务。

第二，传统银行业中，顾客的交汇点是遍布全国各地的支行。韩国各地大约有六千多家支行，如果说所有金融公司的支行都是交汇点，那么如今网络和手机等正在改变这种交汇方式。

所以出现了低费用的网络交汇点，金融业也变成了一种竞争产业，现有的规模经济不再重要，思路变得更加重要。

这样以进入门槛较高的监管产业或者说垄断产业为前提制定的原有金融监管框架全部都要加以改变，而应当为这种变化着的竞争创造竞争条件的任务又落到了政府头上。

第三，目前银行主要业务集中在汇款和结算等各种金融业，而最近出现的金融科技公司的特点是在多种金融服务中只集中做一两种专业化服务，金融服务业正在出现分化现象。

因此之前用在一家银行一年之内提供所有金融服务类的监管方式无法适用于金融科技公司，这也给政府提出了新任务。

逐步解决这些问题归根结底也许就是要改变政府的监管模式，扶植金融科技产业发展，从而奠定基础。

但这些做起来并不容易。要想妥善破解这些政策性课题，必须要防止出现游离于金融科技产业现有监管框架之外的新型影子银行现象。也就是说，要把所有业务都纳入监管框架，保证其在控制范围之内运转。

更大的难点在于，金融科技在全世界都处于刚刚起步阶段，因此没有什么可以直接照搬的制度，所以我们需要采取一种创造性战略，摆脱模仿，率先主导市场。

虽然要做的工作很多，但政府绝不会停步不前，一定会竭尽全力为金融技术产业提供支持，改变监管框架。

比尔·盖茨在二十年前就曾经说过，“今后虽然还会需要银行业，但不会是现在这种业态。”我们可以感觉到，虽然时间比较漫长，但目前金融领域正在出现这种态势，而且正在逐渐化为现实。

我相信在这样一个重要的变化时期，全球金融科技研究院一定会为发展韩国金融科技产业并建立起合理的制度发挥重要作用。

希望今天这个庆祝全球金融科技研究院成立的学术会议同时也能成为为韩国金融科技产业注入新活力的纪念日，谢谢大家！

参考文献

[1] 鲍刚.口译理论概述[M]. 北京:中国对外翻译出版公司，2005.

[2] 陈菁.视译[M]. 上海：上海外语教育出版社，2011.

[3] [美]乔治・莱考夫，[美]马克・约翰逊.我们赖以生存的隐喻[M]. 何文忠，译. 杭州：浙江大学出版社，2015.

[4] 秦亚青，何群.英汉视译[M]. 北京：外语教学与研究出版社，2009.

[5] [法]塞莱斯科维奇，[法]勒代雷.口译训练指南[M]. 闫素伟，邵炜，译.北京：中国对外翻译出版公司，2007.

[6] 杨承淑. 口译教学研究：理论与实践[M]. 北京:中国对外翻译出版公司，2005.

[7] 杨承淑. 从“经济性原则”探讨“顺译”的运用[J]. 中国翻译，2002（06）：29-34.

[8] 张维为. 英汉同声传译[M]. 北京：中国对外翻译出版公司，1999.

[9] 仲伟合. 英汉口译教程（下）[M]. 北京：高等教育出版社，2007.

[10] 仲伟合主编. 英语同声传译教程[M]. 北京：高等教育出版社，2008.

[11] Cenoz，J.Pauses & Communication Strategies in Second Language Speech[J].*Reports-Research,* 1998（143）：25-36.

[12] 万宏瑜. 基于形成性评估的口译教师反馈——以视译教学为例[J]. 中国翻译，2013（4）：45-49.

[13] 王建华. 同声传译中的视译记忆实验研究[J]. 中国翻译，2009（6）：25-30.